New Management of Management

경영의 신경영

김현수 지음

머/리/말

강물처럼 흐르는 시간 따라 인간의 삶이 흐르고, 흐르는 삶의 중심에 경영이 있다. 세상은 매순간의 의사결정의 연속이며, 모든 조직이 매 순간 의사결정을 통해 진화한다. 인류의 역사가 시작된 시점부터 경영 활동과 경영 의사결정은 있어 왔고, 인간의 삶도 매순간 경영의사결정의 연속이다. 생명체의 생성과 성장과 소멸 과정은 경영의 과정이다. 기업도 국가도 모두 그러하다.

제4차 산업혁명시대를 맞이하여 경영과 경영자와 경영학의 역할에 큰 변화가 요구되고 있다. 산업경제시대에는 경영학이 여러 학문 중의 하나였으나, 제4차 산업혁명시대를 맞이하여 경영자와 경영학의 역할이 경제사회의 중심으로 부상하고 있다. 그런데, 기존의 경영학은 산업경제사회의 패러다임 위에서 논의되어 왔으므로, 새 시대의 경영학을 정립해야 할 상황이다. 경영의 대상이 영리기업 중심에서 비영리기업을 포함한 모든 조직으로 확대되었으며, 경영 활동도 기존의 기능중심 및 관리중심 경영에서 창조와 혁신 중심으로 심화되고 있다. 또한 유형재화인 제품 중심에서 무형재화인 서비스 중심으로 경영대상이 변화되고 있고, 기업의 사회적 책임 논의도 과거 기업의 사회적 책임이나 공유가치창출 논의 중심에서 전체적경영 중심 패러다임으로 진화되고 있다. 이 시점에서 새로운 경영의 패러다임을 제시하고, 경영자와 경영학이 가야할 새로운 길을 모색할 필요가 있다. 이러한 시작의 개론서로서 본 서는 의미가 있다.

본 서는 모두 7개의 장으로 구성되어 있다. 제1장에서는 경영 전반의 변화를 제시하고 기존 경영학 개론을 요약하여 소개한다. 제2장에서는 새로운 경제사회의 변화 방향을 소개하며, 무형재화인 서비스에 대한 보다 근본적인 분석을 제시한다. 제3장에서는 새 시대의 새로운 경영을 전반적인 차원에서 서술한다. 제4장에서는 경영자의 기본 기능과 새로운 경영을 하기 위한 경영자의 역할과 자질을 제시한다. 제5장과 제6장은 새로운 경영의 내용을 소개한다. 먼저 새로운 경영의 전반부 내용인 창조로서의 경영을 가치경영과 창조경영 중심으로 제5장에서 소개하고, 후반부 내용인 혁신으로서의 경영을 인적자본경영과 프로세스경영 중심으로 제6장에서 소개한다. 제7장에서는 산업간 경계가 해체된 새로운 생태계에서 변화하는 경영을 소개한다.

본 서는 대학에서의 경영 개론서로서 또는 대학원에서 새로운 경영 관련 과목의 참고도서로서 활용될 수 있을 것이며, 새 시대에 새로운 경영을 희망하는 모든 경영자들이 지침서로 활용할 수 있을 것이다.

2018년 2월 저자 씀

목차

제 1 장

경영 개요

제1절 | 경영 패러다임 변화

경영은 인류 문명의 탄생과 함께 시작되었으며, 크게 세 시기를 거쳐 발전하고 있다. 역사시대 이후 19세기 후반 산업혁명이 성숙되기까지 5,000여 년간의 경영활동은 아트(Art)적 속성의 활동이었다. 즉 경영활동의 과학화가 이루어지기 이전의 상태로서, 주로 개인 경영자의 능력에 의해 경영성과가 결정되는 시기였다. 개인 경영자는 도제식 학습으로 경영 역량을 배양하거나 타고난 재능과 본인의 자체 노력에 의해 경영 역량을 증대시켰다. 경영의 대상도 상업과 수공업 등 일부 민간 기업이 있었지만, 국가나 군대 등의 규모가 큰 공조직이 경영의 주 대상이었다.

산업혁명이 성숙되면서 민간기업들이 많이 생겨나고, 기업들의 규모가 커지면서 경영활동의 체계화와 과학화가 필요하게 되었다. 많은 학자들이 경영 현상과 경영 방법론과 경영자와 경영대상에 대한 연구를 하면서 경영이 학문으로 체계화되고 과학화되었다. 이 시기가 19세기 후반부터 20세기 후반까지라고 할 수 있다. 이 기간의 초기에는 경영의 사이클이 정립되었으며, 생산관리 인사관리 등의 기본 경영 기능들이 체계화되었다. 그리고 이 시기의 후기에는 생산성 증대와 과학기술혁신으로 산업에서의 힘의 중심이 생산자에서 소비자로 이전되고 기업의 규모가 거대해지고 기업활동의 글로벌화가 일상화되면서 경영활동과 경영학문이 전성기를 맞았다. 즉 경영전략, 마케팅, 재무관리, 경영정보, 국제경영 등 세부 경영 분야가 체계화되고 더욱 과학화되었다.

이제 21세기 초반에 다시 경영이 큰 변화의 시기를 맞고 있다. 산업혁명시기 이후로 다시 인류 경제와 사회가 큰 변화에 직면해 있기 때문이다. 산업혁명 초기시대부터 폭발적으로 증가하던 인구는 이제 증가세가 둔화되고 있고, 과학기술혁신으로 인간노동력의 기계대체가 가속화되고 있다. 또한 생산성 증대로 주요 유형재화의 공급과잉이 심화되고 있다. 정치민주화로 개인의 역할과 영향력이 크게 증대되었으며, 자본주의의 성숙으로 불평등과 빈부차이는 심화되고 있다. 무엇보다 중요한 변화는 경영의 주 대상인 기업의 역할이 인류사회의 중심으로 부상했다는 것이다. 과거에는 가족이 큰 역할을 하였다. 대가족 제도하에서는 가족을 중심으로 활동하는 개인이 많았고, 기업에서 퇴출되는 개인은 가족의 품으로 돌아가는 것이 일상적이었다. 그러나 핵가족화 되면서 기업에서 퇴출되는 개인은 사회에서 퇴출되는 것과 같은 상황이 되었다. 국가가 이를 수용하는 시스템이 대안이기는 하지만, 기업이 수익을 내지 못하는 상황에서는 세수가 부족하므로 국가도 이들을 수용하기 어려운 것이다.

이제 경영의 역할은 더 중요해지고, 과거와는 다른 차원의 전체적인 솔루션으로서의 기능을 수행해야 한다. 이제 경영은 사이언스의 확고한 기반위에서 아트적 기능을 수행해야 한다. 그리고 이러한 흐름이 21세기 초반부터 구체화되고 있다. 경영 패러다임이 변하고 있다. 전체적인 경영의 발전 역사를 그림으로 도시하면 아래 [그림 1-1]과 같다.

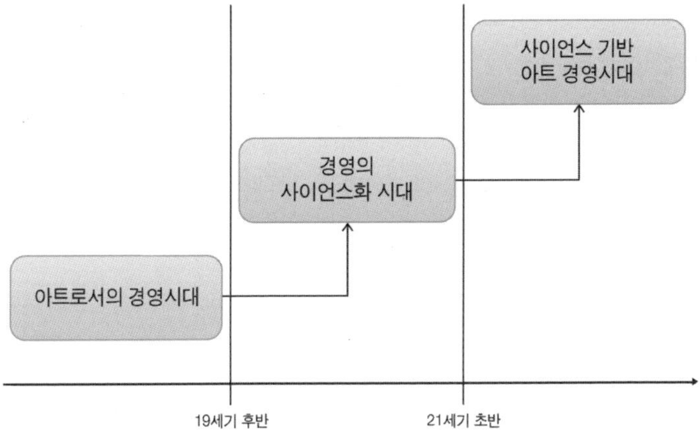

[그림 1-1] 경영 패러다임 변화

이러한 21세기 초반부터의 경영을 이 책에서는 새로운 경영, 즉 신경영으로 정의하고, 신경영에 대하여 포괄적으로 논의한다. 신경영이 대두되는 배경으로서 경제와 사회의 변화를 분석하고, 그리고 이 변화를 수용하고 선도하는 신경영을 소개한다.

제2절 | 경영의 발전

조직의 목적과 사명을 달성하는 활동인 경영은 인류 문명의 역사와 함께 시작되었다고 할 수 있다. 문명은 인간이 자신의 목적에 맞게 자연을 조작·개발하면서 발달했다. 원시 수렵사회에는 문명이라고 할 것이 없었다. 식물을 채취하거나 동물을 사냥하는 등 다른 동물과 같은 방법으로 음식을 구했다. 그러다 농사를 짓기 시작하면서 상황에 따라 자연을 조작하는 방법을 배워나간다. 문명이 싹트기 시작한 것이다. 적합한 자연 환경을 찾아 이동 생활을 하던 사람들은 이제 한 곳에 정착해 오래 살 수 있는 튼튼한 집을 짓고, 농사를 지었다. 가족이 함께 먹고 남은 농산물을 조금이나마 비축할 수도 있게 되었다. 이 과정에서 촌락이 이루어졌고, 적은 시간과 노력으로 더 많은 농작물을 거두기 위해 다른 사람들과 서로 힘을 합치거나 역할을 분담하기도 했다. 작업 과정과 인적 자원의 생산성을 높이기 위한 초보적인 수준의 경영이 나타난 것이다. 그러나 돌기구로 밭을 일군 농경사회 초기에는 생산량이 그다지 많지 않았다. 청동기를 거쳐 철이 발명된 뒤에야 농기구가 튼튼해지고, 생산량이 대폭 증가했다. 생산량이 증가하면서 잉여생산물이 늘어났고, 이를 거래하기 위한 시장이 만들어졌다. 잉여생산물이 많아지면서 빈부차가 생기고 계급이 출현했다. 시장과 계급의 출현은 도시국가의 형성으로 이어졌다.

세계 4대 문명 가운데 하나인 메소포타미아 문명 역시 이와 유사한 과정을 거쳐 발달했다. 고대 메소포타미아 지방은 비옥한 땅을 이용해 농업이 크게 발달했고, 주변의 운하를 통해 물품 교역이 활발하게 이루어졌다. 이에 기초해 도시국가들이 건설되었다. 메소포타미아 남부에는 수메르인들이 정착해 우바이드 문화, 우루크 문화로 이어지는 수메르 문명을 발달시켰다. 우루크 문화 시기인 기원전 3,200년경 수메르인은 설형문자를 발명해 최초의 역사시대를 열었다. 우루크는 수만 명의 인구가 밀집한 도시국가로서 왕의 지배 아래 관리와

군인, 노예 등으로 계급이 나뉘었다. 인류 최초의 서사시인 『길가메시 서사시』는 우루크의 왕이었던 길가메시가 영원한 생명을 찾아 떠난 영웅적인 모험담을 그리는데, 그 가운데 집권 관료가 일꾼을 고용하는 이야기가 있다. 이는 당시 사회가 확실하게 계층화되었음을 보여준다. 도시국가에서는 수많은 사람들이 머물 집을 건축·유지·보수하고, 상하수도를 건설해야 했다. 또 외적의 침입을 막기 위해 성벽을 높이 올렸으며, 신을 예배하기 위해 거대한 신전 지구라트를 건설했다. 초기 농경사회와는 비교도 되지 않을 정도로 복잡한 사회가 되었다. 이제는 경영이 초보적인 수준에 머물러서는 안 되었다. 여러 계층의 사람들을 효과적으로 다스리고, 도시국가 운영에 필요한 모든 일이 조화롭게 돌아갈 수 있도록 경영은 큰 틀에서 좀 더 체계화되었다.

기원전 3,000년경, 도시국가 우르가 세워졌다. 우르는 수메르인이 건설한 도시국가 가운데 가장 강성한 나라다. 성서에 나오는 아브라함의 출생지 갈대아 우르와 동일한 지역으로 당시 정치, 문화, 예술, 종교의 중심지였다. 주변의 많은 지역과 교역을 했다는 기록도 남아 있다. 우르는 타원형 외벽으로 주위를 둘렀고, 성벽 바깥쪽에는 외적의 침입을 막기 위한 해자(성 주위를 두른 물웅덩이)를 만들었다. 외부 침입으로부터 안전한 계획도시를 건설한 셈이다. 계획을 세우고, 조직을 만들어 계획을 실행하는 경영의 사이클을 이로부터 엿볼 수 있다. 기원전 2,600년경에 수메르의 각 도시에는 일정 규모의 군대가 있었다. 이 인류 최초의 군대는 수백 명 정도의 전문무사로 구성된

상비군과 수천 명의 예비군으로 이루어졌다. 이때에 이미 전략과 조직화 등 경영의 기본 개념이 형성되었음을 알 수 있다. 수메르 시대 이후 고대 이집트와 로마 문명을 거치면서 경영은 점점 체계적으로 발전한다. 이집트의 거대한 피라미드, 로마의 정치 · 문화 · 예술 · 법 · 군사 체제 등이 이를 증명한다.

[그림 1-2] 메소포타미아문명 수메르인의 지구라트 유적

(출처: Hardnfast)

고대와 중세 시대에도 경영은 지속되었고 후속 세대에게 경영 노하우가 전수되었다. 하지만 대다수의 현대인은 경영 하면 곧 기업 경영을 떠올리기 때문에 이 시기를 경영의 역사로서는 깊이 있게 다루지 않는다. 기업이 경영의 주요 대상이기는 하지만, 전부는 아니다.

앞에서 살펴봤듯이 경영은 인류 문명과 동시에 시작되었다. 국가, 사회, 정부, 기업, 각종 단체 등 모든 조직이 경영의 대상이다. 사회 전반에 걸쳐 있던 경영 활동이 17세기 이후에는 기업 조직을 중심으로 이루어지기 시작했다. 1602년 네덜란드 동인도회사가 세계 최초의 주식회사 형태로 설립되면서 기업 시스템과 그에 대한 경영이 발달했다. 1675년에는 많은 사람들이 경영학의 시발점으로 생각하는 프랑스인 사봐리(J. Savary)의 저서 『완전한 상인(Le parfait negociant)』이 발간되었다.

1769년 제임스 와트가 증기기관을 발명하면서 1차 산업혁명이 시작되었고, 현대식 기업 조직이 활성화되었다. 기업에 대한 경영 활동 역시 질적·양적으로 성장하였다. 자연히 경영학에 대한 수요도 증가했다. 1881년 미국 펜실베니아대학에 경영대학이 최초로 설립되었고, 1898년에 시카고대학과 캘리포니아대학에 경영대학이 설립되었다. 같은 해에 독일에서도 상업교육기관이 처음으로 설립되었다.

경영이 수천 년 동안 수행되었고 주식회사 시스템과 산업혁명의 진전으로 인해 기업 조직이 융성하였지만, 20세기 직전까지도 경영은 여전히 아트(art)적인 속성이 강했다. 실천적인 속성이 강하고, 경영자의 역량에 의해 성과가 좌우되었다. 유능한 경영자의 자질을 타고난 사람은 경영을 잘하고, 그렇지 못한 사람은 경영을 잘하지 못했다. 이론보다는 실무적 속성이 강하여 과학적 학문으로 발전시키는데 어려움이 있었다.

20세기 초에 전기 산업이 발달하면서 2차 산업혁명이 일어났다.

이 시기에 경영학도 혁신적인 변화를 겪는다. 1911년 미국의 테일러(F. Taylor)가 『과학적 관리법(The Principles of Scientific Management)』을 출간하고, 1916년 프랑스의 페이욜(H. Fayol)이 『산업 및 일반관리(Administration industrielle et generale)』를 출간하면서 종래 아트적 속성이 강했던 경영이 과학으로서 학문적 체계를 갖추기 시작했다. 이것이 제1차 경영혁신이다.

테일러는 수천 번의 실험을 통하여 경영자의 바람직한 직무 및 업무 수행 방식을 보여주었다. 경영자의 직관이 아니라 실험과 측정, 계산 등 과학적인 방법에 기초해 의사결정을 내릴 때 성과가 가장 높음을 보여주었다. 각각의 근로자에게 적합한 직무를 할당할 때도 마찬가지였다. 그는 주어진 인적 자원을 활용해 생산성을 최고로 높일 책임이 경영자에게 있음을 명확히 하였다. 페이욜은 경영의 원칙을 제시하고, 경영자가 반드시 수행해야 하는 활동을 제시했다. 이 시기에 경영 수준은 한 차원 격상되었다.

20세기 중반, 경제가 인류 역사상 최고 성장기를 맞이하면서 제2차 경영혁신이 일어났다. 과학기술의 발전과 생산성 증대로 인해 공급이 수요를 초과하는 공급과잉 현상이 나타났다. 기업의 수가 매우 많아지면서 기업 간의 경쟁이 치열해졌고, 자본주의가 성숙해 자본거래 및 잉여자본의 투자 활동이 증가했다. 아래 [표 1-1]에 기존 경제와 현대 경제의 특징적 차이를 대비하여 제시하였다.

[표 1-1] 현대 경제와 기업의 특성

	기존 경제 및 기업	성숙한 경제 및 기업
수요 공급	수요 초과	공급 과잉
힘의 중심	생산자	소비자
경쟁 기업 수	소수	다수
축적 자본	소량	대량
기업 활동 범위	로컬	글로벌

따라서 경영의 범위와 역할이 대폭 확대되었다. 소비자 중심 경제에 대응하기 위해 마케팅 등의 새로운 경영 기능이 융성했고, 치열한 경쟁에 대응하기 위해 경영전략 기능이 필요해졌으며, 활발한 자본 거래와 투자를 위해 재무관리 등이 발달했다. 글로벌 경제에 대응하기 위해 국제경영학 등이 활성화되었고, 컴퓨터와 같은 과학기술의 발전에 따라 경영정보학 등이 경영학의 체계 안으로 들어왔다. 경영학의 중심도 기존의 회계나 인사관리, 생산관리에서 새로운 경영·경제 현상에 대처하기 위한 마케팅, 경영전략, 국제경영, 경영정보 등으로 확대되었다.

20세기 후반에 들어 컴퓨터와 인터넷 등에 의해 3차 산업혁명이 일어나면서, 경영학도 변화를 맞이했다. 1·2차 산업혁명에서는 과학기술이 인간의 육체노동을 대체하면서 육체노동 일자리는 일부 줄었지만, 총 수요의 폭발적 증가로 새로운 일자리가 많이 생겨났고, 경제도 지속적으로 고도성장하였다. 그런데 3차 산업혁명 시기에는 기존과 다른 양태가 나타났다.

경제는 성장했지만 일자리는 늘지 않는 고용 없는 성장이 나타났고, 컴퓨터가 인간의 지적 노동을 일부 대체하면서 단순 지적 노동 종사자들의 일자리가 많이 사라지게 되었다. 1980년대를 지나면서는 세계 경제 전반의 성장 속도도 많이 둔화되었다. 자본주의 시스템의 문제인 양극화 현상도 나타났다. 기업 간의 수익이 양극화되었고, 경영자와 근로자 간의 격차, 근로자들 간의 임금 편차도 벌어졌다. 경제 성장의 혜택이 상위 소득자에게 돌아가는 불균형 문제도 나타났다. 일자리 부족과 소득 양극화 문제를 해결하기 위해 기업의 사회적 책임 이슈가 대두되었으며, 지속 가능한 경영 이슈도 부상했다.

비즈니스 리엔지니어링(Business Reengineering) 등의 경영혁신 기법으로 기업의 생산성을 높이는 동시에 기업의 사회적 책임 이행, 지속 가능한 경영 도입 등을 함께 추진한 최근의 시기를 2.5차 경영혁신시기라고 할 수 있다.

제3절 | 경영의 기본 구조

경영은 조직의 목적을 달성하기 위해 계획을 수립하고, 조직을 구축하고, 조직을 지휘하여 성과를 도출하며, 활동과 결과를 통제하는 구조로 수행된다. 아래에서 이러한 경영의 기본 구조를 설명한다.

3.1 계획

경영의 시작은 계획 수립이다. 경영목적을 설정하고 계획을 수립하는 활동은 경영활동의 기본이 된다.

조직의 계획은 설립목적과 임무에 해당하는 미션과 조직의 바람직한 미래상을 제시하는 비전, 중장기 전략, 사업부 계획 등으로 수립된다.

모든 조직은 그 조직의 설립 목적과 임무를 가진다. 즉 설립목적과 임무가 조직을 설립하게 한다. 조직의 거시적 목적과 임무(미션)는 시대의 변화에 따라 수정되고 진화된다. 경영자는 주기적으로 또는 수시로 조직의 거시적 목적과 임무를 점검하고, 현재 상황에 부합하는 미션으로 설정하는 과업을 수행해야 한다.

또한 모든 조직은 조직의 비전을 설정해야 한다. 조직의 바람직한 미래상을 의미하는 비전을 설정하는 활동은 매우 중요하다.

독일 철학자 칸트는 사고(생각하는 것)는 운명이라고 하였다. 조직의 리더와 구성원이 조직의 꿈을 어떻게 가지는가에 따라 그 조직의 운명이 결정된다. 이러한 맥락에서 비전 설정은 매우 중요하다. 미래에 대한 명확한 비전이 없는 조직은 제자리에서 맴돌다가 도태될 가능성이 많다. 조직의 비전은 조직의 바람직한 미래상을 표현한 것으로서, 미래에 어떤 조직이 되고 싶은가를 나타낸 조직 구성원의 희망이다. 비전은 조직에 목표를 정해주고, 중장기적인 조직의 방향을 제시한다. 비전은 미래의 모습과 거기에 도달하는 시나리오를 제시해

준다.

비전은 조직의 현재와 미래를 연결시켜주는 고리로써 조직이 추구해야할 가치가 무엇인지를 제시해줄 뿐 아니라 이를 통해 조직 구성원들에게 활력을 불어넣고 각자의 담당 업무에 의미를 부여하는 역할을 한다.

조직의 비전은 조직의 이념(미션)아래에서 구체화되며, 조직 비전은 중장기 경영계획을 구체화한다. 조직 이념과 조직 비전, 중장기 계획 간의 관계는 아래 그림과 같다.

조직이념 : 조직의 존재 목적, 이상적인 목표

△

조직비전: 조직이 도달할 수 있는 장기적 목표

△

중장기 경영계획: 3 - 5년 정도의 조직 목표

[그림 1-3] 조직이념과 조직비전

아래 [그림 1-4]에서 좋은 경영비전의 조건을 도시하였다. 명쾌한 사상과 장기적 시점 및 일체감이 조건이다.

비전 구축 작업의 핵심 성공요소는 전체 구성원의 참여와 공감대 형성, 그리고 구성원의 비전 달성에 대한 확신이다. '참여'는 누구나 의견을 개진할 수 있는 열린 공간에서 비전 구축 작업을 수행하고,

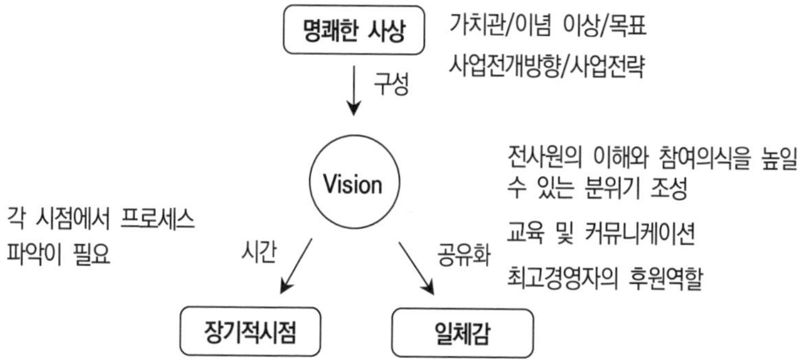

[그림 1-4] 좋은 경영비전의 조건

(출처: 경영프로세스혁신, 김현수, 국민대 출판부, p.41, 2006)

적극적인 의견 수렴과, 효과적인 팀원 구성을 통해 극대화 될 수 있다. '공감'은 비전 구축 작업 진행 상황을 계속적으로 공유하고, 구성원의 아이디어 제시에 대해서 성의 있는 피드백을 제공함으로서 확대될 수 있다. '확신'은 구체적이고 가시적인 비전을 설정함으로써 증대될 수 있고, 비전의 일부를 단기간에 실현시킨다면 비전 전체에 대한 확신이 증대될 수 있다.

구축된 조직 비전에 따라 조직의 중장기 전략이 수립된다. 전체 조직차원의 중장기 전략에 따라 기능별 또는 사업부별 계획 수립이 수행된다. 기능별 전략은 재무전략, 인사전략, 마케팅전략, 생산전략, R&D전략 등으로 세부적으로 수립된다. 개별 사업부 및 부서별로도 전략계획과 단기 및 중장기계획이 수립된다.

각 부서별 계획에 따라 개인별, 팀별 계획이 수립된다.

이때, 목표관리가 주요 기법으로 사용된다. 목표관리(MBO:

Management by Objective) 는 목표설정에 조직원을 참여시켜, 공동으로 관리하는 방식이다. 조직원과 조직이 협의하여 목표를 설정하고 함께 관리하는 방식인데, 목표가 위에서 아래로 하달되는 전통적 하향식 방식의 단점을 보완하여 상향식 방식이 병행되는 기법으로서 조직원들에게 동기부여를 할 수 있는 장점이 있다.

최근에 시도되고 있는 홀로닉경영(Holonic Management)에서는 개인이 스스로 목표를 설정하고 스스로 성과를 관리하는 방식이 사용되는데, 개인이 스스로의 수익목표와 자신의 급여를 책정하여 사실상의 책임경영단위로서 경영한다. 홀론(Holon)은 전체라는 의미의 그리스어 홀로스(Holos)와 부분이라는 의미의 그리스어 온(on)이 결합한 단어로, 완전하고 자율적인 기본 단위인 동시에 전체를 구성하는 단위라는 의미이다. 따라서 홀로닉경영은 조직원 개개인이 완전한 책임경영단위로서 역할을 수행하는 경영 방식이다. 개인이 비전을 설정하고, 중장기 목표를 설정하고, 중장기 계획을 수립하고, 단기계획을 수립하여 업무를 수행하고, 스스로 평가하고 스스로에게 급여를 지급하는 방식인 것이다.

3.2 조직화

경영 목적을 달성하기 위해 조직을 구축하는 활동을 수행한다. 부분의 합보다 전체의 합이 더 크도록 하는 것이 경영활동의 기본 목적이다. 따라서, 조직화는 개인들의 개별적 활동이 더 효과가 커지도록 전체적 활동으로 구축하는 과업이며, 경영의 기본이 되는 활동이다. 조직화는 계획된 목표를 달성하는데 필요한 구체적인 활동을 정의하고, 그 활동을 잘 수행하고 목표를 달성하기 용이한 구조로 조직을 설계하는 활동이다.

조직화는 효과적이고 효율적인 조직을 설계하고, 조직원을 충원하고 배치하는 일을 포함한다.

먼저 조직은 경영목적에 부합하게 설계된다. 조직의 구조와 세부조직에 대한 권한의 배분이 먼저 수행된다.

경영조직의 형태는 라인조직, 기능식조직, 위원회조직, 사업부제조직, 프로젝트조직 등 다양하며, 혼합적으로 사용되는 경우가 많다. 라인조직은 상급자의 지휘가 라인상의 하위자에게 직선적으로 전달되는 조직 구조로서 지휘통제가 용이한 구조다. 하위자는 상위자의 명령에 의해 업무를 수행하는데, 상위자는 하위자에게 일정 부분 권한위임을 하여 업무수행 효율성을 높이게 된다. 기능식조직은 조직이 수행하는 기능을 중심으로 편성된 조직구조인데, 인사부, 재무부, 마케팅부, 생산부, 운영부 등과 같이 기능을 기준으로 조직화가 수행된다. 기능식조직과 라인조직이 혼합된 형태가 많다.

집단 의사결정이 필요한 경우는 관련되는 위원들로 구성되는 위원회 조직을 활용하며, 특정 목적으로 가지고 한시적으로 수행하는 업무는 프로젝트조직을 활용한다. 사업부제조직은 조직의 단위를 제품이나 서비스, 또는 고객 시장을 중심으로 나누어서 책임경영단위로 조직화를 하는 방식이다. 사업부의 장은 사실상 독립된 사업체의 장으로서 경영 활동을 수행한다. 사업부를 매우 작은 단위로 나누어 책임경영활동을 수행하게 하는 방식도 활용되고 있다. 일본 교세라에서 시작된 아메바경영 방식은 제품 단위보다 매우 세분화된 공정 단위로 책임경영단위를 나누어 조직화를 하여 경영하는 방식이며, 최근에는 개인 단위로까지 책임경영단위가 세분화되는 경우도 있다(앞서 설명한 홀로닉 경영 참조). 전통적으로는 지휘와 통제가 용이한 라인조직이 많이 활용되었다. 계층의 단계도 매우 많은 거대한 피라미드 조직이 많이 있었다. 그러나 경영활동의 중심이 관리 중심에서 창조 중심으로 변화함에 따라 다양한 형태의 조직들이 설계되고 활용되었으며, 거의 모든 경우에 계층단계도 많이 축소되었다.

정부 등 공공조직과 기업 등 민간 조직 간에 조직 구조 및 조직운영방식 차이도 커지고 있다. 정부기관 등 공공조직은 아직도 피라미드형 조직이 대다수이며, 기업은 점점 계층이 매우 단순화되고 권한이 하부로 많이 위양된 구조를 채택해가고 있다. 창조활동이 경영의 중심이 되면서 조직원 개개인이 조직의 중심이 되는 구조가 증가하고 있다.

조직이 구축되면 조직상의 각 역할을 수행할 수 있는 적합한 사람을 배치 또는 충원하고, 경영활동을 개시한다. 충원과 배치는 경영기능 활동이므로 아래 4.1 인사관리에서 설명한다.

3.3 지휘통제

지휘통제활동은 조직에서 사람들이 열심히 일을 할 수 있도록 동기를 부여하고, 경영 목적을 달성하기 위해 조직에 필요한 일을 할 수 있도록 하고, 그 성과를 지속적으로 모니터링 하면서 성과향상을 유도하는 활동이다.

조직원들에게 열심히 일하도록 동기를 부여하는 것은 경영자의 주요 활동이다. 경영자가 중요하게 생각하는 일, 조직의 목표와 부합하는 활동을 조직 구성원들이 열심히 하게 하도록 경영자는 효과적인 조직 운영 시스템을 구축하고 리더십을 발휘해야 한다.

일반적으로 보상과 벌칙 시스템을 구축하여 조직원들의 행동을 지휘한다. 보상을 받을 수 있는 바람직한 활동들을 안내하고, 벌칙이 가해질 수 있는 바람직하지 못한 활동들을 제시한다. 조직원들에게 비전을 제시하고, 업무에 흥미를 유발하고, 책임감을 개발하고, 인정과 칭찬을 통해 자발적으로 업무에 충실할 수 있도록 유도한다. 때로는 조직 내 경쟁을 촉진할 수도 있고, 외부 인재를 영입하여 조직에 자극을 줄 수도 있다.

효과적인 지휘를 위해서 리더십을 발휘해야 한다. 조직의 목표달성을 위해 조직의 바람직한 비전을 설정하고, 구성원의 목표와 조직의 목표를 조화시키고, 유기적으로 조직을 재편하고, 구성원과 효과적으로 커뮤니케이션할 수 있어야 한다.

조직원들의 성과를 측정하고, 바람직한 방향으로 성과를 향상시키는 통제활동도 경영의 주요 활동이다. 통제를 위해서는 성과목표를 설정하고, 성과를 측정하고, 목표와 실적을 비교하여 차이의 원인을 분석하고, 성과 향상을 위한 가이드를 제공하는 프로세스가 필요하다.

통제를 위해 여러 가지 기법을 사용하는데, 전통적으로는 돈으로 통제하는 예산통제시스템이 많이 사용된다. 수익, 비용, 판매, 생산, 운영 등의 예산을 편성하고 집행하고 차이를 분석하며 통제하는 시스템인데, 활동내용이 수치화되므로 이해하기 쉬운 장점이 있다. 수치화되지는 않지만 조직원들의 바람직한 활동 방향을 통제하는 내부통제시스템도 가동한다. 조직원들이 조직의 목표와 경영방침을 준수하도록 하며, 조직의 각종 규정을 잘 준수하며 업무를 성실하게 수행하는지를 통제하는 시스템을 구축하고 있다. 내부감사제도를 구축하여 조직의 통제시스템이 원활하게 가동되는지 검증하는 경우도 많으며, 규모가 큰 조직은 법률에 의해 외부감사제도의 통제를 받기도 한다.

지휘 통제를 위해서는 성과 평가가 매우 중요한데, 가장 널리 알려진 성과평가 모델은 균형점수카드(Balanced Scorecard: BSC) 방법이다. 이 방법은 전통적으로 사용되던 재무적 지표의 한계를 극복하기 위하여 개발되었으며, 사업의 성과와 경쟁력을 종합적으로 나타내기 위한 4가지 차원의 척도를 사용한다.

1) 혁신 및 학습 관점(innovation and learning perspective) : 급변하는 경영

환경에서 조직이 경쟁력을 확보하기 위하여 변화 및 혁신 능력을 갖추는 것은 매우 중요하다. 혁신 및 학습관점에서 사업과 개인을 평가한다.

2) 내부 사업프로세스 관점(internal business process perspective) : 고객만족이나 경쟁력 확보를 위하여 조직이 뛰어나게 수행해야할 내부 프로세스에 대한 평가의 관점이다. 이러한 내부 프로세스는 전략적인 필요성 관점으로 이해될 수 있다.

3) 재무적 관점(financial perspective): 조직의 재무적인 성과가 어느 수준인지를 나타내주는 성과지표이다.

4) 고객 관점(customer perspective): 고객이 조직을 생각하는 관점이다. 일반적으로 시간, 품질, 성능, 비용 등의 4가지 관점을 포함한다.

따라서 균형점수카드(Balanced Scorecard) 방법은 종합적인 관점에서 조직 및 개인의 성과를 평가할 수 있는 방법이고, 필요에 따라 평가 목적에 부합되도록 관점을 조정하여 사용할 수 있다.

3.4 경영혁신

경영활동을 수행하는 전체 과정에서 경영자는 지속적으로 혁신활동을 수행해야 한다. 사업을 혁신하고, 조직을 혁신하고, 조직원을 혁신하고, 경영방식을 혁신하고, 조직전략을 혁신하는 등의 활동을 지속적으로 수행해야 한다. 즉 조직이 태동기를 지난 시점부터는 경영자의 주된 활동이 경영혁신 활동이 될 필요가 있다.

경영혁신은 조직과 구성원에 변화를 추진하는 활동인데, 변화가 발생하고 지속되기 위해서는 다음과 같은 요소가 필수적이다. 아래 5가지 요소 중 하나라도 결여되면 조직의 혁신의 성공하기 어렵다.

- 비전 (Vision)
- 기술 (Skills)
- 인센티브 (Incentives)
- 자원 (Resources)
- 실행계획 (Action Plan)

비전은 모든 구성원이 동일한 목표를 향해 전진하도록 하기 위해 필수적이다. 비전이 없으면, 조직은 혼란스럽고 초점이 없는 상태가 된다.

기술은 새로운 과업에서 필요한 작업을 수행하기 위해 필요한 기술을 의미한다. 그러한 기술이 없으면, 각 개인은 초조하게 되며, 요구되는 수준의 작업을 수행할 수 없다.

인센티브는 개인의 이익에 대한 이해와 보상을 포함한다. 인센티브가 없으면 사람들은 잘 변화하지 않으며, 점진적인 변화만을 수행한다.

자원은 변화를 수행하는데 필요한 사람, 자금, 정보, 설비 등의 요소를 포함한다. 자원이 없으면, 사람들은 좌절하게 되고 변화는 비현실적인 기대가 된다.

실행계획은 변화를 달성하기 위한 활동, 책임. 목표일 등으로 구성되며, 이 계획이 없으면, 사람들은 다음에 수행해야 하는 작업을 알지 못하고 같은 목적을 위해 서로 다른 행동을 하는 현상이 발생한다.

변화에 대한 준비가 잘 되어 있는 조직일수록 더욱 혁신적인 변화를 추진할 수 있으며, 변화의 성공가능성이 높다. 조직변화 준비상태를 측정할 필요가 있다. 변화를 용이하게 하는 힘을 기회력 (opportunity forces)이라 하고, 변화를 방해하는 힘을 위험력 (danger forces) 이라 할 때 두 힘의 균형이 깨지는 상태에서 변화가 일어나기 때문이다.

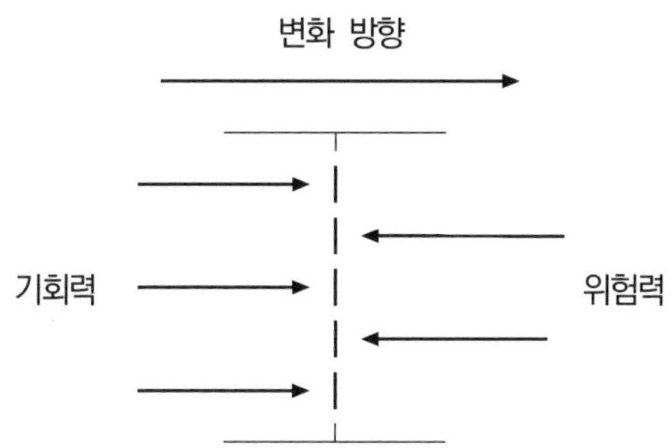

[그림 1-5] 기회력과 위험력

(출처: 경영프로세스혁신, 김현수, 국민대 출판부, p.16, 2006)

경영자는 기회력과 위험력의 개념을 이용하여 조직 및 조직원들의 변화에 대한 수용 수준을 측정하고, 저항 요소를 발견하여 경영혁신 전략에 반영할 수 있다.

제4절 | 경영의 기본 기능

경영은 조직의 목적을 달성하기 위해 여러 가지 세부 기능을 수행한다. 즉 목적을 달성하기 위해 사람을 경영하는 인사관리, 경영목적을 달성하기 위해서 자기자본과 타인자본을 활용하고 경영하는 재무관리, 목적을 달성하기 위해 시장을 창출하고 고객을 관리하는 마케팅, 고객을 위한 제품과 서비스를 생산하고 전달하는 생산전달관리 등이 경영의 기본기능이다. 조직목적을 달성하기 위해 정보를 관리하는 일, 사회적 책임을 관리하는 일 등도 주요기능이 되어가고 있다. 아래에서 이러한 경영의 기본 기능을 설명한다.

4.1 인사관리

조직원을 관리하는 활동을 통칭하여 인사관리라고 한다. 직무를 분석하고, 적합한 인재를 채용하고, 조직원의 성과를 평가하고, 승진과 배치 등의 업무를 수행하고, 조직원의 경력을 관리하고, 교육훈련을 수행하는 등의 다양한 활동이 인사관리의 기능 영역이다. 임금관리와 노무관리, 노사관계관리도 인사관리의 영역으로 포함할 수 있다.

조직에서 수행해야 하는 직무를 정의하고, 각 직무들을 수행하기 위해 필요한 조직원의 역량, 자격 등을 정의하는 일이 직무관리의 중심이다. 각 직무에 대해 직무에 대한 표준적 설명, 직무의 내용과 도구 등의 사용 여부 설명, 직무의 입력과 과정과 산출물 설명, 직무 수행 성과 측정 방법 설명, 직무 수행자의 역량 자격 요건 등을 명시하고 직무를 중심으로 업무를 관리하는 것이 인사관리에서 중요하다.

직원을 채용하고 배치하는 일도 인사관리의 주요 업무다. 제4차 산업혁명시대를 맞이하여 인재의 중요성이 높아지면서, 각 직무에 필요한 인재를 채용하는 일은 현대 경영에서 가장 중요한 일로 부상하고 있다. 대개 서류 전형과 면접을 거쳐 인재를 선발하게 되는데, 면접의 비중이 커지고 있으며, 면접의 단계도 매우 많아지는 추세다. 여러 방식을 동원하는 면접은 조직에 적합한 인재, 직무를 잘 수행할 수 있는 인재를 보다 정확하게 파악하는 좋은 방법이기 때문이다. 채용된 직원을 배치하는 일은 인재가 수행하기에 적절한 업무에 배치하는 것이 중요하며, 중장기적 차원에서 인재를 역량 있는 조직원으로 양성하기 위한 계획에 부합하는 방향으로 수행되어야 한다.

경력관리는 조직원의 경력개발을 유도하고 관리하는 일인데, 조직원의 현재 업무 및 장래 계획을 반영하여, 현재와 미래에 필요한 역량을 개발하도록 지원하고 관리하는 활동이다. 경영자의 주요활동 중의 하나가 부하를 육성하는 활동이다. 조직원들의 역량을 향상시키는 일을 경영자가 수행해야하는데, 역량 향상 활동을 위해 세계경제포럼에서 2016년에 발표한 21세기가 요구하는 인간의 능력을 참조하면 좋을 것이다. 21세기에 인간에게 필요한 역량은 언어, 수리, 과학 이해 역량은 물론이고, 비판적 사고력, 문제해결 능력, 창의성, 의사소통능력 등과 함께 자기주도성, 도전정신, 리더십 등의 자질을 포함하고 있다([표 1-2] 참조).

[표 1-2] 21세기가 요구하는 인재 역량

기초문해	일상생활에 핵심기술을 적용시키는 역량	언어 이해, 수리 이해, 과학 이해, ICT 이해, 재정 이해, 문화 및 시민 이해
역　　량	복잡한 도전상황에 대처하는 역량	비판적사고/문제해결력, 창의성, 의사소통력, 협력
인성/자질	변화하는 환경에 대처하는 역량	창의성, 자기주도성, 도전정신, 적응력, 리더십

출처: New Vision for education: Unlocking the potential of technology, World Economic Forum, 2016

조직원들에 대한 교육훈련도 위와 같은 역량이 향상되도록 수행할 필요가 있다. 각 업무 수행에 필요한 대응적 교육훈련에 추가하여 조직원들의 잠재적 역량 향상에 필요한 교육훈련을 강화할 필요가 있다.

조직원의 승진과 배치를 위한 인사고과도 인사관리의 주요 활동이다. 상대고과와 절대고과를 병행하며 공정하게 객관적인 평가를 수행한다. 개인 고과와 팀에 대한 고과를 병행하여 사용하기도 하며, 이때 앞서 언급한 균형점수카드(BSC)와 같은 종합적 기준을 사용하기도 한다.

인사고과와 함께 조직의 임금관리도 경영 목적 달성의 중요 수단이다. 신입직원과 최고경영자간의 임금 격차 관리를 비롯하여 전체 임금 수준 관리, 임금 인상률 관리 등이 조직원들에 대한 동기 부여 및 조직성과 향상에 중요한 수단이 된다.

노사관계 관리는 노동조합을 비롯한 근로자 조직과의 상생관리를 의미하는데, 전통적 제조업의 비중이 축소되면서 노사관계관리의 방향이 발전적으로 진화되고 있다.

4.2 재무 · 회계관리

재무관리는 조직에 필요한 자본을 조달하고, 조직의 자본을 운용하는 경영기능이다. 여기서는 경영분석과 회계기능을 재무관리에 포함하여 설명한다. 재무관리의 목표는 조직의 가치를 증대하는데 있다. 또한 재무관리를 통해 조직의 수익성을 증대하고 재무적 안정성을 유지하며, 유동성을 확보할 필요가 있다.

전통적으로 조직의 투자 결정과 자본조달결정은 중요한 재무관리 기능이다. 자본의 현재가치와 미래가치를 고려하여 최적 의사결정을 수행하는 기능이다. 조직운영이나 투자에 필요한 자본을 조달하는 방법은 금융기관 등에서 대출을 받거나 주식 또는 채권을 발행하는 것이 일반적이다. 주식을 발행하는 것은 상환 의무가 없는 대신 조직의 소유권에 영향을 미치는 특징이 있고, 금융기관 대출은 대체로 담보 제공이 필요한데 점차로 물적 담보 없이 신용으로 대출이 가능한 경우가 증가하고 있다.

자본의 운용은 투자활동이다. 금융자산에 대한 투자, 설비에 대한 투자, 연구개발에 대한 투자, 고객자본에 대한 투자 등을 포함하여 광범위한 투자 대상에 대한 최적 의사결정을 수행한다. 재무적 안정성을 유지하기 위해 적절한 수준의 현금 흐름 관리, 현금 유동성 관리도 수행한다. 유가증권을 관리하고, 매출채권을 관리하고, 재고자산을 관리하는 기능도 자본 운용기능에 포함된다.

재무적 의사결정을 효과적으로 수행하기 위해 경영분석 활동을 수행한다. 경영분석은 유동성 분석, 부채비율분석, 수익성 분석, 활동성 분석 등 다양한 분석을 포함하는데, 그 목적에 따라 적절한 수준의 분석을 수행한다.

회계기능도 넓은 의미의 재무관리에 포함할 수 있다. 조직에서 발생된 모든 거래를 재무적으로 기록하고, 일정기간(회계연도)마다 결산을 수행하여, 조직의 재무적 상태를 파악할 수 있게 해야 한다. 손익계산서를 작성하고, 대차대조표 등을 작성하여 조직 내·외부 이해관계자들에게 조직의 활동 상황과 결산시점에서의 재무적 상황에 대한 정보를 제공한다. 현금흐름표, 이익잉여금처분계산서 등도 작성하여 종합적인 정보를 제공한다. 최근에는 국제회계기준에 따라 글로벌 기준에 의해 회계업무를 수행하고 있으며, 조직의 재정 상태를 고의로 조작하는 분식회계를 방지하기 위해 감리 제도가 도입되어 있다. 한 조직이 다른 여러 조직에 투자하여 소유권을 가지는 경우가 늘어남에 따라 관계되어 있는 모든 조직의 회계를 종합하는 활동을 연결회계라고 하며, 이렇게 종합적으로 작성된 재무제표를 연결재무제표라고 한다. 즉 연결재무제표는 지배회사와 종속회사의 재무상태와 경영성과를 하나의 조직체의 경영성과인 것처럼 표시하는 것인데, 투자자 등 각종 이해관계자들에게 유용한 정보를 제공하게 된다.

4.3 마케팅관리

마케팅은 조직이 제공하는 제품이나 서비스를 개념화하고, 가격을 결정하고, 판매를 촉진하고 유통을 계획하는 데 관련되는 모든 활동을 지칭한다. 산업이 발전하면서 생산성이 증대되었고, 이에 따라 공급이 수요를 초과하는 현상이 발생하면서 시장을 파악하고 고객의 욕구를 분석하고 조직의 전략을 수립하는 활동인 마케팅이 중요한 경영 분야로 등장하게 되었다.

마케팅전략은 대체로 전통적인 마케팅믹스라고 표현되는 4P에 최근 산업 변화를 반영하는 3P를 추가하여 수립된다. 즉 Product(제품), Price(가격), Place(유통), Promotion(촉진) 등의 4P와 Process(프로세스), People(인적자원), Physical evidence(물리적 기반)의 3P를 합친 7P로 마케팅 전략이 구축된다. 제품기획 및 관리, 가격기획 및 관리, 유통기획 및 관리, 촉진기획 및 관리가 전통적 전략 구성요소이며, 신경제 발달에 따라 프로세스 기획 및 관리, 인적자원 기획 및 관리, 물리적 기반 기획 및 관리가 주요 전략 요소로 추가되었다.

제품과 서비스를 기획하고 관리하는 활동은 아이디어 창출부터 출시까지의 활동은 물론이고, 시장의 변화와 제품과 서비스의 수명주기를 파악하여 제품과 서비스의 퇴출 전략까지를 포함하는 활동이다. 가격 기획 및 관리는 전통적으로는 원가기반의 기획 및 관리가 수행되었지만, 신경제의 도래에 따라 가치 기반의 기획 및 관리로 진화되고 있다. 유통 기획 및 관리의 경우 전통적인 오프라인 경제에서는 생산과 소비가 분리된 경우가 많아서 유통경로와 유통 단계를 중심으로 최적 전략이 구축되었지만, 현대 신경제에서는 생산과 소비가 비 분리되는 경우가 많고, 온라인과 오프라인이 통합되는 경우가 많아 새로운 유통 개념 및 전략으로 진화하고 있다. 촉진 기획 및 관리를 위해서 표적 소비자에게 최소의 비용과 시간으로 도달하는 전략이 중요한데, 온라인이 활성화된 신경제시대를 맞이하여 더욱 지능적인 전략이 요구되는 상황이다.

프로세스기획 및 관리는 고객에게 제품이나 서비스를 전달하는 프로세스를 기획하고 관리하는 활동인데, 정보기술 등 첨단 과학기술의 발달로 다양한 전략을 구사할 수 있게 되었다. 인적자원 기획 및 관리는 고객과 직접 및 간접적으로 접촉하는 모든 인적자원에 대해 기획하는 활동인데 서비스경제에서 더욱 중요한 요소가 되었다. 물리적 기반 기획 및 관리는 제품이나 서비스가 고객에게 제공되는 실물 환경에 대한 전략 수립 활동이다. 종업원의 복장과 매장의 분위기, 제품의 포장상태 등을 모두 포함한다.

시장을 세분화하고 표적시장을 선정하는 활동도 주요 마케팅 활동이다. 지리적으로 또는 인구통계학적으로 또는 고객들의 관심과 생활유형에 따라 다양한 시장 세분화가 가능하며, 조직은 세분화된 시장을 분석하여 집중 투자할 소수의 표적시장을 선정하고 마케팅 활동을 집중하게 된다. 제품이나 서비스의 수명주기에 따라, 도입기의 경우는 시장 전체를 하나의 표적시장으로 삼아 마케팅을 하는 비차별적 마케팅이 사용되는 경우도 있다. 경쟁이 심화되는 성숙기에는 대체로 소수의 표적시장에 집중하는 차별적 마케팅이 선호된다.

수요자 우위 시장이 형성되면서, 소비자 행동분석과 관계마케팅도 중요한 마케팅 분야가 되었다. 소비자의 행동에 영향을 주는 요인은 사회문화적 요인, 개인적 요인, 심리적 요인 등 다양하다. 소비자의 준거집단이나 사회계층이 영향을 많이 주게 되며, 개인의 연령과 라이프스타일도 소비자 행동에 영향을 많이 준다. 소비자의 개인적 욕구, 동기, 태도 등도 소비에 영향을 주게 된다. 서비스산업의 규모가 커지면서 조직과 소비자가 접촉하는 시간과 범위가 증대되었고, 따라서 소비자의 구매 행동에서 관찰되는 관심의 강도인 관여도가 높아져서 소비자 행동 분석은 더욱 중요한 마케팅 활동이 되고 있다.

공급이 수요를 초과하는 상황에서는 고객을 획득하는 활동만큼 고객을 지속적으로 유지하는 활동도 중요해졌다. 고객을 획득하고 유지하는 두 가지 측면을 고르게 강조하는 활동이 관계마케팅이다. 고객과의 관계를 구축하고 유지하는 것은 물론이고, 조직원과의 관계를 구축하고 유지하는 활동, 공급자 등과의 관계를 구축하고 유지하는 활동도 모두 관계마케팅의 범위에 포함된다.

조직 구성원에 대한 마케팅은 내부마케팅으로 명명하기도 하는데, 역량 있는 조직원을 유치하고 개발하고 동기를 부여하고 이들을 장기간 유지하는 활동을 의미한다.

4.4 생산/프로세스관리

조직이 제공하는 제품이나 서비스를 생산하고 고객에게 전달하는 과정은 정보기술 등의 발달로 지속적으로 혁신되고 있다. 제품이나 서비스의 생산을 계획하고, 원재료와 부품 등을 조달하고, 공정을 관리하여, 고객에게 전달하는 전체 과정이 정보기술로 관리되면서 생산 및 프로세스 관리는 정보시스템과 긴밀하게 연동되고 있다. 정보기술과 자동화기술을 이용하여 생산의 전체 공정을 자동으로 관리하는 제조시스템인 스마트팩토리(Smart Factory)의 도입이 확산되면서 생산관리활동은 빠르게 발전하고 있다.

생산관리는 기본적으로 생산 활동이 효율적으로 수행되도록 생산설비를 배치하는 활동, 자재소요계획을 포함한 생산계획 전체를 수립하고 관리하는 활동, 각종 구매활동, 생산과 판매 공정을 관리하는 활동, 관련되는 각종 통제 활동을 포함한다. 전통적으로 제품과 서비스의 품질관리가 생산관리의 주요 활동이었으며, 품질관리를 위해 결함률을 식스시그마 수준(즉, 표준편차의 6배 범위: 결함이나 실수가 1백만 번 중 3.4회 이내)으로 엄격히 관리하는 방식인 식스시스마 기법을 많이 활용하고 있다. 품질관리 활동은 PDCA (Plan, Do, Check, Action)라 불리는 계획, 실시, 확인, 조치 단계로 수행된다. 식스시그마 기법은 핵심 관리 항목들을 선정하고, 이들에 대해 목표 수준을 시그마 레벨 3, 4, 5, 6 등으로 설정하여 품질관리를 수행한다.

제4차 산업혁명시대를 맞이하여 사이버시스템과 물리시스템의 통합이 가속화되고 있어 생산 및 전달프로세스의 자동화는 더욱 촉진되고 생산관리 활동의 내용은 향후에도 큰 변화가 전망된다.

4.5 경영 인프라관리

정보관리 및 정보시스템관리도 경영기능으로서 중요해지고 있다. 조직이 생산하는 각종 정보를 관리하는 활동과 조직 업무의 대부분이 수행되는 기반인 정보시스템을 관리하는 활동의 중요성이 커지고 있는 것이다. 제반 경영 활동에서 대량의 정보가 생산되고 처리되고 있어 빅데이터 관리 및 데이터사이언스의 중요성이 커지고 있다. 또한 조직에서 수행되는 업무의 거의 대부분이 정보시스템 기반으로 수행되고 있기 때문에 정보시스템의 안정적이고 효율적인 관리는 필수적 활동이다. 정보시스템이 중단되거나 침해당하면 조직 업무 수행이 중단되기 때문이다. 보안위험 증대로 정보보호 활동도 비중이 커지고 있다.

사회적 책임관리의 비중도 증대되고 있다. 조직은 사회의 주요 기관이고 경영 활동은 사회적 기능이 되고 있기 때문에, 조직의 사회적 책임관리 활동 비중은 계속 증대될 것이다.

제2장

신경제사회와 서비스

제1절 | 신경제사회

20세기 100년 동안 세계 주요국이 모두 산업 구조의 큰 변화를 겪었다. 우선 농업 등 1차 산업의 GDP 비중은 전 세계에서 급속하게 감소했다. 제조업의 비중은 20세기 전반기에는 전 세계적으로 대폭 증가했지만, 후반기에는 선진국을 중심으로 줄어들기 시작했다. 서비스 산업의 비중은 20세기 후반에 급증해 현재 대다수 선진국의 서비스 산업 비중이 70%를 웃돈다. 러시아, 중국, 인도 등도 매우 빠른 속도로 서비스 중심 국가가 되어가고 있다. 러시아는 서비스업 비중이 절대적으로 높고, 중국은 서비스 산업 비중이 2015년에 50%를 넘

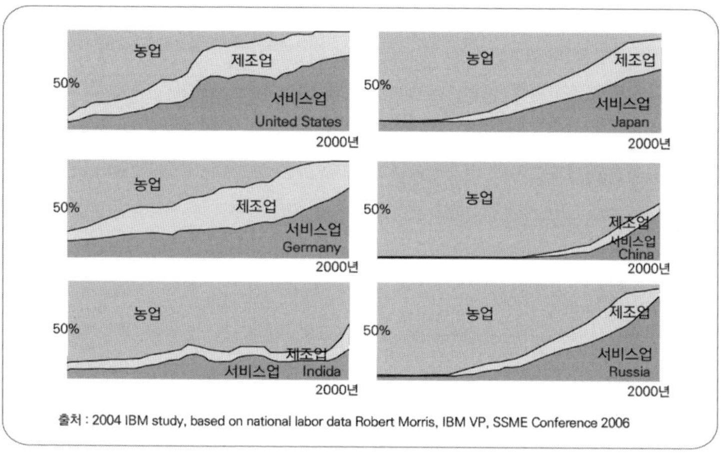

[그림 2-1] 20세기 100년간 주요국의 산업 비중 변화

(자료: Moris, R., SSME(Service Science Management and Engineering) Conference, 2006)

어섰으며, 인도는 제조업과 서비스업의 비중이 최근 빠르게 함께 증가하고 있다. 더구나 3D프린팅과 소프트웨어, 인공지능 기술 등의 발달로 제조업의 서비스화도 촉진되고 있어 서비스업의 비중은 세계 각국에서 더욱 높아질 것으로 보인다.

신경제 패러다임

신경영은 신경제에 기반을 둔다. 산업 경제 등의 기존 경제와 현대의 신경제는 크게 다르다. 신경제의 가장 큰 특징은 지식보편화다. 기존에는 제품과 지식의 가치가 높았다. 아는 것이 곧 힘이요 권력이었다. 그러나 방송통신과 인터넷, 정보 기술이 발달해 보통 사람도 고급 지식을 손쉽게 접할 수 있는 현대에는 지식의 가치가 많이 낮아

[표 2-1] 기존경제와 신경제 비교

기존경제		신경제
제품과 지식 중요	⇒	지식보편화(인터넷, 방송통신발달)
욕구 안정	⇒	욕구 확장 (광고산업, 마케팅 발달)
제품 중심	⇒	무형적 비가시적 재화 중심 (브랜드, 프로세스, 사람중요)
인소싱 중심	⇒	아웃소싱 발달 (글로벌 최적화, 계약문화발달)
규제 시대	⇒	탈규제 시대

졌다. 어떤 분야에 문외한이라도 구글이나 네이버 등에 관련 검색어만 넣으면 전문가 수준의 정보를 얻을 수 있다. 최근 인공지능 기술이 발달해 컴퓨터가 일부 학습 기능까지 보유하게 되면서 지식의 가치는 더욱 낮아졌다. 지식만으로 경쟁 우위를 확보하기는 어려운 상황이다. 인간의 지혜와 감성이 중심인 시대가 된 것이다.

두 번째 특징은 욕구 확장이다. 기존에는 인간의 욕구가 상당히 안정되어 있었다. 따라서 의식주와 같은 인간의 기본 욕구 충족에 초점을 두고 산업과 경제가 움직였다. 반면 현대는 마케팅이나 광고학과 같은 욕구개발 학문의 발달, 인터넷의 보편화, 방송·통신·교통의 발달 등으로 인간의 잠재 욕구가 지속적으로 표면화되고 확대되는 상황이다. 기업은 고객 니즈를 분석해 고객이 지갑을 열 만한 상품을 출시하고, 마케팅 전략을 짜서 고객으로 하여금 '이건 꼭 갖고 싶다.'는 마음이 들도록 한다. 인터넷 쇼핑몰을 들여다보거나 방송에서 소개하는 아파트, 자동차, 옷, 각종 서비스 등을 보면 '있으면 편리하겠네.' 혹은 '나도 저런 게 있으면 좋겠다.' 하는 욕구가 올라온다. 특별히 통제하지 않는 한, 인간의 욕구는 지속적으로 크게 확장될 것이다.

세 번째로 기존 경제는 눈에 보이는 제품 중심의 가시적 경제인데 비해, 현대 경제는 눈에 보이지 않는 것들이 더 중요한 무형적이고 비가시적 경제이다. 기업 가치를 평가할 때도 토지나 건물, 기계설비 등 유형적 자원보다 브랜드가치, 평판도, 고객충성도 등을 더 중요하게 여긴다.

네 번째 특징은 아웃소싱이다. 기존에는 글로벌 거래 환경이 갖춰

지지 않았고, 경쟁이 지금처럼 심하지 않아서 경제 활동에 필요한 자원을 조직 내부에서 조달하는 인소싱(in-sourcing)만으로도 충분했다. 인소싱을 한 데는 기업이나 국가 내부의 보안을 지키려는 목적도 있었다. 그러나 현대에는 계약 기술과 보안 기술이 발달해, 경제 활동에 필요한 자원이나 활동을 외부로부터 조달하는 아웃소싱(out-sourcing)의 위험이 많이 줄어들었다. 글로벌 경제가 성숙하고 통신과 교통이 발달해 국가 간 장벽이 낮아지면서 아웃소싱이 일반화되고 있다. 자유무역협정(Free Trade Agreement: FTA)의 활성화는 아웃소싱 경제를 더욱 부채질하고 있다.

다섯 번째 특징은 탈규제이다. 기존 경제는 안정 사회를 부르짖으며 규제를 강화했지만, 신경제에서는 신산업 및 새로운 일자리 창출을 위한 혁신을 강조하면서 규제 개혁 또는 완화를 적극적으로 추진하고 있다. 그 결과 기존의 산업 경계를 무너뜨리고 많은 신산업이 탄생했으며, 기존의 수직적 규제를 완화하거나 폐지함으로써 신산업이 활성화되고 있다.

앞에서는 기존 경제와 신경제의 환경이 어떻게 다른지를 알아보았다. 기존 경제를 대표하는 제조업 중심의 산업 경제와 신경제를 대표하는 서비스업 중심의 서비스경제는 운영 방식과 수익 원천에서도 확연하게 차별화된다. 자원 및 자본의 원천, 자원 조달 방법, 수익의 원천, 주력 산업, 경제 초점 등 대표적인 다섯 가지 차이를 살펴보자.

[표 2-2] 산업경제와 서비스경제 패러다임 비교

	산업경제 패러다임	서비스경제 패러다임
자원 및 자본	정태적 자원 경작 및 제조용 토지와 건물 시설 설비, 원자재	동태적 자원 인적 자본, 지식 자본 서비스 플랫폼
자원 조달 방법	자원 획득 및 구매 주식과 채권	자원화(창조, 통합 등) PF, 리츠, 민간시설투자 등
수익 원천	제품(서비스 공존)	서비스(플랫폼(서비스인프라) 구축을 위한 제품 중요)
주력 산업	자동차, 철강, 화학, 전자, 조선 등	금융, 정보통신, 문화관광레저, 의료보건, 교육, 예술 등
경제 초점	제조업 경쟁력 강화를 위한 서비스업	서비스업 발전 전체 산업의 서비스화

우선 산업 경제에서는 유형적 자원이 중심이다. 경작이나 제조에 필요한 토지, 생산 공장 등의 건물, 생산설비와 원자재가 주요 자원이다. 이들은 크기가 고정되어 있고, 움직이기 어려운 특성을 지니는 정태적 자원이다. 서비스경제에서는 인적 자본과 지식 자본이 중심 자원이다. 토지나 건물, 생산설비가 중요한 생산요소의 일부이기는 하지만, 서비스를 위한 플랫폼(인프라)을 구축하는 용도로 사용될 뿐 그 자체가 부가가치를 창출하지는 않는다.

부가가치를 창출하는 주체는 인적 자원이나 지식 자원이다. 사람이 지식을 이용해 서비스플랫폼 위에서 부가가치를 창출하는 형태가 일반적이며, 때로는 서비스플랫폼에 내재된 지식 자원이 부가가치를 창출하기도 한다. 인적 자원이나 지식 자원은 형태가 없으므로 크기와 가치가 고정되지 않는다. 활용 방식이나 상황에 따라 가치가 높아지기도 하고 낮아지기도 한다. 따라서 동태적 특성을 보인다고 할 수 있다. 예를 들어, 미국 자동차회사 로컬모터스는 온라인 커뮤니티를 만든 후 크라우드소싱 방식(다수의 사람을 제품 및 서비스 생산 과정에 참여시키는 방식)으로 자동차 디자인을 하고, 3D프린팅으로 자동차를 제작한다. 디자인 팀이나 공장이라는 정태적 자원을 소유하지 않고, 동태적으로 필요한 자원을 창조하며 생산 활동을 하고 있다.

이와 같이 보편화된 지식과 3D 프린팅 기술을 이용해 생산과 소비가 같은 장소에서 이루어지는 등 제조의 민주화도 속도를 높이고 있다. 개인이 공장에 가지 않고 지금 있는 곳에서 쉽게 제조 활동을 할 수 있게 되면서 제조업마저도 서비스업화 되는 추세이다.

자원 조달 방법도 큰 차이가 있다. 산업 경제에서는 토지 매입이나 생산 설비 구축, 원자재 구입을 위해 대규모 자본이 필요했고, 주로 주식과 채권 등의 금융자본으로 이를 조달했다. 주식은 기업의 소유권과 관련된다. 주식을 소유한 주주는 그만큼 기업을 소유한 것이며, 기업의 이익에 대해 배당을 받는다. 기업 입장에서 주식의 증가는 자본의 증가이다. 주식은 1602년 네덜란드에서 인도 사업을 위해 동인도회사를 설립하면서 최초로 발행한 뒤, 400년 넘게 자본주의 경제에서 대표적인 자본 조달책으로 쓰였다. 한편 채권은 정부나 공공기관, 특수법인과 주식회사 등이 일반 대중으로부터 대규모의 자금을 한 번에 조달하기 위해 발행하는 일종의 차용증서이다. 채권 소유자는 채권을 발행한 정부나 기업에 대해 채권자로서 정해진 이자만 받는다. 채권은 소유권에 영향을 받지 않으면서 대규모 자본을 조달하는 방법으로서 널리 사용되어 왔다. 그러나 현대 서비스경제가 성숙하면서 대규모 자본이 필요한 산업은 급격히 감소했다. 대신 사람과 지식, 관계자원 등을 결합 또는 변형해 자원을 창출하는, 무에서 유를 창조하는 활동이 늘어났다. 심지어 대규모 자본 조달이 필요한 경우에도 주식이나 채권을 발행하지 않고, 무형의 프로젝트 계획서로 사업 자본을 조달하는 프로젝트 파이낸싱(Project Financing; PF)이나 운영수익자가 선투자를 하는 민간시설투자 방식이 활성화되었다. 금융자본을 반드시 획득해야 자원을 구매할 수 있던 시대에서, 무형의 아이디어나 인적 자본, 지식 자본을 활용하여 부가가치 창출에 필요한 자원을 만들어내는 경제가 된 것이다.

이런 흐름은 업종을 가리지 않는다. 제조업의 경우, 전에는 대규모의 자본 투자가 있어야만 했는데 최근에는 지식 보편화와 제조기술 혁신에 힘입어 소규모 자본으로 창업 및 운영하는 업체가 늘어나고 있다. 서비스 업종 내에서도 자원 조달 방식에 큰 변화가 일고 있다. 예를 들어, 대형 호텔 체인인 힐튼 호텔과 온라인 숙박중개기업인 에어비앤비는 기업가치가 유사하지만, 에어비앤비는 땅이나 건물을 소유하지 않기 때문에 대규모 자본이 필요하지 않다.

산업 경제와 서비스경제는 수익 원천도 전혀 다르다. 산업 경제에서는 냉장고나 휴대폰 등 유형의 제품을 판매해 수익을 올렸고, 서비스는 제품 품질 불량이나 고장에 대한 대응으로서 부수적인 역할만 했다. 산업 경제에서 서비스는 제품에 종속되었으며, 부가가치를 창출하지 못했다. 반면 서비스경제에서는 제품을 쓰기는 하지만, 제품이 아닌 서비스를 통해 수익이 창출된다. 금융과 교육, 통신, 관광레저 서비스를 포함한 거의 모든 서비스 산업이 장치 및 설비, 건물 등 유형 제품을 사용한다. 그러나 이들은 서비스플랫폼으로서의 역할을 할 뿐이고, 수익을 창출하는 원천은 플랫폼을 이용하여 고객에게 서비스되는 활동이다. 제품을 팔아서 수익을 내는 경우라도 수익의 비중이 제품 기능보다 서비스에 더 많이 실린다. 자동차는 기본 성능보다 소프트웨어로 구현하는 서비스 기능이나 디자인으로, 휴대폰은 통신 기능보다 소프트웨어로 구현된 부가 서비스 기능으로 차별화하여 높은 가격에 판매한다.

산업 경제의 주력 산업은 자동차, 철강, 화학, 전자, 조선 등을 비롯한 대형 제조업이었다. 서비스경제는 금융, 정보통신, 문화관광레저, 의료보건, 교육, 예술 등 소프트 산업이 중심이다. 이제는 제조만으로는 경쟁력을 갖지 못하기 때문에 대형 제조업체도 인간의 확장된 욕구를 충족할 수 있도록 끊임없이 제품을 서비스화하고 있다. 이미 휴대폰은 애플리케이션이 중심인 서비스기기가 되었고, 자동차도 소프트웨어를 장착해 서비스 기기화하고 있다. 무인자동차를 이동 사무실 기능이 있는 서비스기기로 개발하는 사례를 들 수 있다. 한편 서비스업은 연구개발을 강화하고, 신기술을 응용해 생산성을 높임으로써 제조업의 특성을 보이는 주력 산업으로 변모하고 있다.

[그림 2-2] 번창하는 관광서비스산업

(체코 프라하성 관광객들)

전 산업의 서비스화

신경제의 큰 특징은 서비스의 서비스산업화 촉진이다. 과거 서비스는 주로 개인이 소규모로 수행했으므로 기업화되거나 산업으로 인정받지 못했다. 그런데 전통 산업의 생산성이 향상되면서 서비스의 기업화, 산업화가 시작됐다. 예를 들어 열 명이 먹을 만큼의 농산물을 생산하려면, 과거에는 열 명이 농사를 지어야 했지만, 현재는 농업 생산성이 높아져 한 명만 농사를 지어도 된다. 나머지 아홉 명은 각종 제품을 생산해 1차 산업의 생산성을 더욱 높이거나, 인간의 잠재된 욕구를 충족시키는 제품을 생산하는 등 다른 일에 종사하게 되었다. 이러한 생산성 증가는 제조업에서도 똑같이 진행되어, 과거 열 명이 생산하던 제품 물량을 현재는 두 명 정도만 일해도 맞출 수 있다. 나머지 여덟 명은 농업이나 제조업 종사자들에게 봉사하거나, 인간의 근본적인 욕구를 충족시켜주는 서비스업에 종사하게 되었다.

서비스 수요가 커지면서 서비스업의 기업화와 산업화가 촉진됐다. 가족이 함께 운영하는 자영 음식점 위주였던 외식업은 외식 수요 증대에 따라 매출 규모가 커지고 대규모 투자자본이 필요해지면서 주식회사 등의 기업 형태로 바뀌었고, 대형 음식점이 일반화되었다. 프랜차이즈 방식이 확산됨에 따라 기업이 더욱 대형화되었고, 최근에는 외식업이 주요 산업으로 부상했다.

서비스 활동이 산업화되면서 서비스업의 비중이 가파르게 상승하고 있다. 미국, 프랑스, 영국 등 많은 선진국에서 서비스 산업의 국민총생산(GDP) 비중 및 고용 비중이 모두 80%에 육박한다. 개발도상국도 대부분 50%를 넘는 상황이다. 아래 그림과 같이 세계 주요국 서비스 산업의 GDP 비중이 60%에서 80% 사이에 있으므로 세계 경제는 이미 서비스 산업 중심의 서비스경제가 성숙했다고 할 수 있다.

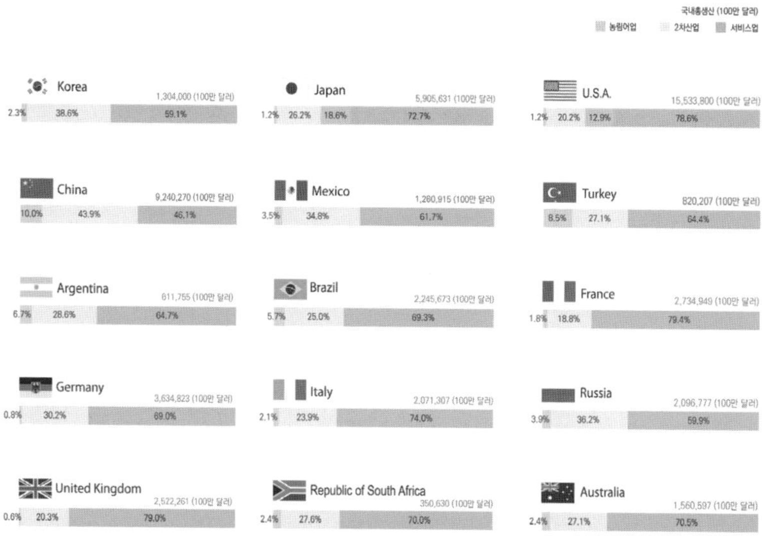

Kosis : 국가통계포털(2013): 미국(2011), 일본(2011)

[그림 2-3] 전세계 주요국의 산업별 비중

(자료: 서비스네트워크경제 이행로드맵, 김현수, 김종열, 정준, 서비스강국 코리아 2015 자료집, 2015.12.16.)

한국은 전체 GDP와 고용에서 서비스 산업이 차지하는 비중이 2010년에 각각 60%, 67%를 넘어섰다. 2018년 현재 서비스산업의 GDP 비중은 약 60%, 고용은 약 70% 수준으로 추정된다. 이는 사업장을 기준으로 한 통계이므로, 실제 서비스 산업 종사자 수는 더 많다. 예를 들어 제조업 사업장에서도 연구개발이나 영업 인력은 서비스 직무를 수행한다. 따라서 서비스 직무에 종사하는 인력은 전체 노동인력의 70%를 훨씬 웃돌 것으로 보인다.

세계 경제에서 서비스 교역 규모는 이미 상품무역의 약 4분의 1에 이른다. 증가율도 제조업과 유사한 패턴을 보이고 있어 향후 교역에 있어서 그 중요성이 더욱 커질 전망이다. 서비스 산업 내에서 개별 산업의 비중은 거의 모든 국가에서 부가가치가 낮은 서비스 산업 비중은 줄고, 부가가치가 높은 서비스 산업의 비중이 증가하고 있다.

서비스 산업을 보는 경제의 관점도 크게 변화하였다. 과거에는 서비스가 제조업의 보조 역할을 할 뿐, 부가가치를 만들지는 못한다는 인식이 있었다. 그래서 독자적인 산업이 아닌, 제조업 경쟁력 강화를 위한 수단으로서의 서비스업을 강조했다. 그러나 서비스 산업의 비중이 커지고 산업간 융합이 촉진되면서 서비스 산업을 보는 눈이 달라졌다. 서비스업이 제조업과 동등한, 아니 오히려 제조업을 넘어설 경제의 중심임을 인식하게 되었다. 그 결과, 전체 산업의 서비스화를 위한 서비스 혁신 활동에 경제 운용의 초점이 맞춰졌다. 제조업이나 농업을 서비스화하여 글로벌 경쟁력을 갖추고, 서비스업은 혁신을 거듭해 산업화하는 일이 점점 중요해지고 있다.

정보통신과 인공지능 등 신기술과 제조가 융합해 새로운 산업이 나타나는 현상을 4차 산업혁명이라고 부른다. 4차 산업혁명을 촉진하는 요인에는 3D 프린팅 및 3D 스캐닝 기술의 개발, 사물인터넷 확산, 로봇 기술 발전 등이 있다. 3D 프린터는 3D 도면에 기초해서 입체 실물을 만들어낸다. 덕분에 생산과 소비가 한 곳에서 이루어질 수 있게 됐다. 생산, 유통, 소비로 이어지는 제조업의 전형적인 3단계 프로세스에 변화가 일어나면서 제조업이 서비스업의 속성을 갖게 되었다. 기존 제조업은 생산과 소비의 분리 구조인 데 비해, 현대 제조업은 생산과 소비의 비분리 구조가 되고 있는 것이다.

사물인터넷은 모든 사물이 인터넷으로 연결돼 서로 정보를 공유하는 하나의 연결망이다. 지금까지는 인간이 직접 개입해서 명령을 내려야 시스템이 돌아갔지만, 사물인터넷이 도입되면 네트워크를 통해 사물끼리 정보를 주고받으며 합리적인 결정을 내려 인간에게 서비스를 제공하게 된다. 미국은 이미 사물인터넷 기술을 적극적으로 활용하고 있으며, 세계 각국이 차세대 육성산업으로서 발전시킬 계획이다. 사물인터넷으로 인해 제품은 그 자체로서의 의미보다 서비스 플랫폼의 구성 요소로서의 의미가 강해졌다. 다시 말해, 제품 가치보다는 서비스 플랫폼에서 갖는 기능적 가치에 따라 수익이 달라지게 되었다. 제품은 서비스 플랫폼을 구축하는 데 쓰고, 수익은 서비스 플랫폼에서 이루어지는 서비스로부터 얻는다. 따라서 모든 현대 조직의 경영 목표와 수단이 서비스적 관점에서 재정립된다. 어떤 서비스 맥락에서 이 제품이 이용되고 활용되는지가 기준이 될 것이다.

삼성전자 휴대폰이나 현대자동차의 자동차처럼 제품을 팔아서 수익을 내고 서비스는 비용중심점으로 유지하는 사업방식이 줄어들고 있고, 은행의 ATM기기나 테마파크의 놀이 시설들처럼 제품을 서비스 인프라 구축에 사용하고, 수익은 서비스 사용에서 내는 경우가 늘어나고 있다.

[그림 2-4] 놀이공원 시설은 고가이지만 수익은 이용서비스에서 발생

(미국 플로리다주 디즈니월드 EPCOT센터에 온 손님(Guest)들)

로봇과 인공지능 기술의 발전으로 거의 모든 생산 작업이 자동화되면서 노동현장의 일자리가 상당히 감소하는 추세다. 인간을 위한 새로운 서비스를 개발해서 새로운 일자리를 계속 창출해야 한다. 그러지 못하면 인간은 로봇에 의해 사회 바깥으로 밀려나게 될 것이다. 이것이 신경영의 핵심 기능 가운데 하나이며, 전 산업의 서비스화를 촉진하는 요인이다.

[그림 2-5] 자동화되고 있는 자동차 공장 조립라인

제2절 | 신경제사회와 서비스의 본질

현대 사회는 관계 중심 사회다. 서비스가 현대사회에서 중심 주제로 부상한 이유도 서비스의 본질이 관계 중심 세계관에 부합하기 때문이다. 문명의 진화와 도시화의 진전, 그리고 과학기술의 발전으로 점점 더 많은 서비스가 탄생하고 있다. 서비스의 근본을 안다면 현대사회를 이해하고 미래를 준비하는 데 큰 도움이 될 것이다.

서비스는 무형 재화이면서, 노동과도 구분되는 역량 재화이기 때문에 본질적으로 기존 재화와 다르다. 눈에 보이지 않는 데다 최근

급속히 성장했기 때문에 서비스가 무엇인지 제대로 알지 못하는 경우가 많다. 현대 경제사회에서 경영을 잘하려면 서비스의 본질을 깊이 이해해야 한다. 서비스의 본질은 관계성, 쌍방향성, 수평성, 조화성이라고 할 수 있다.

관계성

"소유에서 공유로, 유형에서 무형가치 중심으로"

서비스는 관계를 통해 가치가 발생한다. 당연한 얘기지만, 관계가 성립하지 않는 곳에서는 서비스가 성립하지 않는다. 관계 속에서 무형 재화인 서비스가 발생하고, 인간에게 가치가 구현된다. 이때 유형

[표 2-3] 서비스 공급자와 수요자 변화

	서비스 공급자	서비스 수요자
과거	인간(노예나 하인 등)	인간
현재	인간	인간
	사물(기계)	인간
	인간+사물(기계)	인간
미래	인간	인간
	사물(기계)	인간
	인간+사물(기계)	인간
	사물(기계)	사물(기계)
	인간+사물(기계)	인간+사물(기계)

재화는 서비스를 수행하는 도구나 플랫폼으로 활용된다. 따라서 서비스는 관계 중심 세계관에서 특히 중심 주제가 된다. 관계의 유형이 다양해지면서 서비스의 양태도 여러 유형으로 나타나고 있다.

로봇, 인공지능, 사물인터넷 등 과학기술의 발달로 새로운 사물이 증가하고, 사물의 유형이 다양해지는 추세이다. 인구 증가와 도시화에 따라 관계 맺는 사람의 수와 관계 활동 유형도 무수히 늘어나고 있다. 이 모든 것이 서비스의 발전을 견인하고 있다. 미래 서비스는 더욱 다양해질 것이다.

모든 사물과 모든 인간이 관계 속에서 의미를 가진다. 예를 들어, 의사 혼자서는 환자에게 진단이나 치료 서비스를 할 수 없다. 환자가 있어야만, 그와의 관계에 기초해 진단이든 치료든 가능해진다. 물건과 인간의 관계도 마찬가지다. 시가 1억 원짜리 다이아몬드가 무인도에서 먹을 것조차 구하기 힘든 사람과의 관계에서 지니는 가치와, 고급 호텔에서 유명 인사들과 파티를 벌이는 사람과의 관계에서 지니는 가치는 하늘과 땅 차이다. 무인도에서는 다이아몬드와 인간 사이에 의미 있는 관계가 형성되기 어렵다. 하지만 고급 호텔에서 다이아몬드는 인간에게 고급 서비스를 제공하는 의미 있는 물건이 된다. 언어도 관계 속에서 의미를 가진다. 예를 들어, 그다지 아름답지 않은 대상일지라도 그와의 관계 때문에 '아름답다'고 말할 수 있다.

철학과 종교의 역사를 보면, 고대 사회에서는 관계론적 세계관이 중심이었다가 산업사회에서 실체론적 세계관 중심으로 바뀌었고, 현대에 들어 다시 관계론 중심으로 복귀하였다. 고대 서양철학의 대표적 인물인 탈레스(Thales, 기원전 624-545년)는 물이 만물을 구성하고 배양하고 키워내므로 물은 만물의 원리라고 주장했다. 고대 동양 철학서인 노자의 『도덕경』에서는 상선약수(上善若水)라고 하여, 진리는 물과 같은 성질이라고 하였다. 물은 만물에게 좋은 것을 베풀고 이롭게 해주면서 자신의 이익을 위해 다투지 않고, 언제나 낮은 곳에 처해 있으니 진리라는 것이다. 세상에 존재하는 무수히 많은 물질 가운데 물을 중심으로 철학관을 정립한 이유는 물이 가지는 관계성, 물이 흐르고 순환하며 형성하는 무수한 관계성에 주목했기 때문이다.

[그림 2-6] 물은 관계를 형성하는 중심

(스페인 알함브라 궁전 내부 중앙 정원)

고대 그리스의 철학자인 헤라클레이토스(Herakleitos, 기원전 540-480년)는 '만물은 유전한다.'고 했고, 동양철학서 『주역』은 음과 양이 순환하는 가운데 시간축이 더해져 끊임없는 변화 속에 세계가 운행된다고 했다. 항구적인 실체가 있는 것은 아무것도 없고, 모든 것은 변화의 흐름 속에 있다는 뜻이다. 음과 양의 관계 속에 실체가 존재하고, 그 관계가 시간축에 따라 변화하면서 새로운 관계를 만들어 가는 곳이 세상이다. 변화한다는 사실만이 변하지 않는다. 따라서 프로세스 자체가 세상을 구성하는 중심 요소이고, 프로세스를 일으키는 관계가 세상의 중심이다.

고대에 탄생한 종교에서도 관계론적 세계관이 절대 우위에 있다. 불교의 기본 원리인 제법무아, 제행무상은 모두 관계를 중심에 둔다. 제법무아(諸法無我)는 이 세상 모든 것은 모두 원인과 조건, 즉 인연(因緣)에 의해 생겨나고 변화하고 사라지기 때문에 영속적인 실체성은 없다는 말이다. 제행무상(諸行無常)은 모든 것이 유한하며 영속하는 것은 없다는 뜻이다. 이에 따르면, 인간은 끊임없는 변화의 과정을 겪고 있으므로 현재의 관계 변화가 중요하다. 우주와 인간에게 항구적이거나 영원한 것은 하나도 없으므로 항구성이나 항상성에 집착하는 대신 서로 의지하고 있는 현재의 관계, 곧 변할 관계에 주목한다. 자신과 남이 서로 다른 사람이 아니라는 자타불이(自他不二), 즉 서비스적 세계관의 가장 큰 특징 중 하나인 비분리성이 불교의 중심 철학이다. 스스로는 아무것도 가지지 않는 무소유 개념 역시 관계성에 기반을 둔다. 자신이라는 실체가 아니라 다른 대상과의 관계를 중심에 두기 때문이다.

기독교의 기본 원리인 사랑은 관계의 제1 원리이다. 관계의 기반은 사랑이다. 요한복음 13장에서 예수는 제자들의 발을 씻어주면서 사랑의 관계를 몸으로 실천했다. 고린도전서 13장 사도 바울의 서한 가운데 "사랑은 오래 참고, 사랑은 친절하고, 사랑은 시기하지 아니하고, 허세 부리지 않고, 교만하지 않고, 사랑은 무례하지 않으며, 자기 것을 찾지 않고, 사랑은 화내지 않고, 원한을 품지 않고, 불의를 기뻐하지 않고, 진리를 기뻐한다."는 구절은 관계의 이상적인 정점을 보여준다.

관계론적 세계관의 대척점이 실체론적 세계관이다. 실체론적 세계관은 이 세상에 뚜렷한 실체가 있으며 그것이 중심이라는 입장이다. 다시 말해 인간과 자연, 물건 등 모두가 고유한 각각의 실체와 본성이 있다는 말이다. 유형적 세계관에 가깝다. 문명과 과학기술이 발전하면서 실체론적 세계관에 상당한 힘이 실렸다. 특히 근대에는 산업혁명 등 인간이 이룩한 과학기술의 혁신에 힘입어 실체론적 세계관이 중심으로 부상했다.

현대에 접어들어 고도 문명사회가 되면서 관계의 중요성이 다시 부각되었다. 도시화, 생활의 다양화, 글로벌화의 진전 등으로 관계가 복잡해지고 신경 써야 할 관계가 매우 많아졌기 때문이다. 서양에서도 관계론적 세계관을 대표하는 동양의 철학서인 『도덕경』이나 『주역』 등을 많이 읽고 연구하면서 관계론적 시각을 수용해가고 있다.

[표 2-4] 실체론과 관계론 대비

실 체 론	관 계 론
실체론적 세계관	관계론적 세계관
유형적 세계관	무형적 세계관
수직적	수평적
개체 주체성 강조	개체 사이의 관계 강조
뉴톤 역학	양자역학
형체 있음	형체 없음
안정적 변화	다양한 변화
주체성	변화성
형식가치	무형가치

쌍방향성

"실명성, 주체성, 신뢰성, 공정성의 사회적 자본 기반 위에서 서비스가 발전"
"상대에 대한 믿음이 없으면 서비스가 성립되지 않아"
"물적 자본 시대에서 인적 자본 시대로 이전함에 따라 쌍방향성이 매우 중요"

두 번째로 중요한 서비스의 본질은 쌍방향성이다. 관계는 일방향에서는 성립하지 않는다. 쌍방향이라야 한다. 서비스하는 무엇과 서비스 받는 무엇 간의 쌍방향성은 서비스의 본질이기도 하지만, 인간 세계와 자연 세계의 본질이기도 하다.

우선 자연계의 쌍방향성은 작용 반작용의 법칙으로 불리는 물리학 제3 법칙을 따른다. A가 B에 힘을 가하면 같은 크기의 힘이 반대로 A에도 작용하는 법칙이다. 이를 서비스에 적용해보자. 서비스하는 사람의 행위만큼, 서비스 받는 사람으로부터 반대 방향의 힘이 작용하는 쌍방향성이 성립한다. 교육서비스를 하는 경우, 강사가 수강생에게 열심히 강의를 하면 수강생은 그만큼 적극적으로 반응하게 되고, 수강생이 적극적으로 반응하면 강사는 그만큼 더 열심히 강의하게 된다. 의료서비스의 경우에도 의사가 진심을 다해 진단하고 치료하면 환자는 그만큼 더 열심히 회복을 위해 노력하게 되고, 환자의 회복 노력이 의사에게 전해지면 의사는 더 열심히 치료하게 된다.

인간 세계, 문명 세계의 사례로는, 아놀드 토인비(Arnold J. Toynbee, 1889~1975)가 『역사의 연구』(A Study of History, 1934~1961)에서 제시한 '도전과 응전' 이론을 들 수 있다. 영국 런던에서 태어난 역사학자 토인비는 1914년 보편적 문명사에 대해 깨달음을 얻고, 1934년부터 장장 28년에 걸쳐 열두 권에 달하는 『역사의 연구』를 저술했다. 도전과 응전 이론은, 사회에 도전이 들어올 때 그 사회의 주체가 도전에 대해 응전(response)함으로써 역사가 발전한다고 설명한다. 예를 들어 나일강 유역은 자주 범람하는 특성상 인간이 살기 불리함에도 불구하고 고대 이집트 문명이 발전하였다. 강의 범람이라는 도전에 대해 사람들이 천문학을 이용해 범람 주기를 읽고, 범람 이후의 토지 구획을 위해 측량술을 개발하는 식으로 응전했기 때문이다. 중국의 황하 문명도 마찬가지이다. 중국에서 사람이 살기 좋은 쪽은 양쯔강 유역이었다. 황하는 홍수와 범람으로 인해 농경하기가 어려웠다. 그럼에도 사람들은 응전을 통해 그 지역에 문명을 탄생시켰다.

현대 경제에서 서비스의 쌍방향성은 제조 프로세스와 서비스 프로세스의 차이 도식에서도 뚜렷이 확인할 수 있다. 제조 프로세스에는 일반적으로 고객의 피드백(반작용 또는 고객으로부터의 힘)이 작용하지 않는데, 서비스 프로세스에서는 고객의 피드백이 반드시 작용하는 특징이 있다.

서비스를 활성화하고 경영을 잘하기 위해서는 쌍방향성을 적극적으로 활용해야 한다. 그 첫걸음은 서비스 공급자와 고객 간의 신뢰 구축이다. 환자가 의사를 신뢰해야 의사에게 적극적으로 자신의 증세를 이야기하고 진찰을 받게 된다. 의사를 신뢰하지 않는 환자는 적극적인 노력을 하지 않을 것이다. 마찬가지로 의사가 환자를 신뢰하지 않는 경우에도 진료를 적극적으로 하지 않을 것이다. 환자가 의사를 믿고 의사의 처방대로 열심히 치료에 임하리라는 믿음이 있으면 의사는 적극적인 진료 행위를 하게 된다. 상대에 대한 믿음이 있어야 서비스가 성립하기 때문에 서비스가 발전하려면 사회적 신뢰 자본의 기반이 튼튼해야 한다. 기업도 경영을 잘하려면 고객과 기업, 경영자와 종업원, 종업원 각자 간에 신뢰 자본이 튼튼하게 구축되어 있어야 한다.

고객과 서비스 공급자가 책임감을 가지고 각자의 역할을 주체적으로 수행한다는 믿음이 강할 때 서로에게 신뢰가 생긴다. 그리고 이러한 믿음은 실명성에서 나온다. 각자가 자신의 이름을 걸고 역할을 수행해야 책임감이 뒤따른다. 실명인 경우 문제가 발생했을 때 책임 소재가 명확하기 때문이다. 실명이 아닌 경우에는 책임 소재가 불확실하여 신뢰 형성이 어려워진다. 따라서 실명성 → 책임성 → 신뢰성으로 연결되는 사회적 자본의 구축 과정이 서비스사회 선진화의 주요 과제이며, 신경영, 서비스 경영을 잘하는 지름길이다.

수평성

"서비스 가치를 기준으로 소비를 결정하기 위한 조건"

서비스 공급자와 서비스 수혜자는 대등한 지위에 있어야 한다. 그래야만 서비스 가치에 따라 소비 여부를 결정할 수 있다. 양쪽의 힘이 다르면 정당한 가격으로 이상적인 서비스가 공급 또는 소비될 수 없다. 수평성은 이상적인 서비스의 본질이지만, 근대에 들어서야 빛을 보기 시작했다. 본질을 회복하는 데 참으로 오랜 시간이 걸렸다. 고대의 서비스는 노예-주인의 피지배-지배 관계가 중심이었다. 서비스 수혜자(주인)가 서비스 공급자(노예)를 사고팔 수 있었다. 일부 예외는 있었지만, 이상적인 서비스의 본질과는 거리가 먼 방식이었다. 중세 봉건사회에서는 서비스 수혜자와 공급자가 계약 관계로 전환되었다. 서비스 수혜자(영주)가 공급자(농노)를 물건같이 사고팔 수는 없었다. 농노는 영주의 명령에 따라 서비스할 의무를 지고, 영주는 농노를 보호할 의무를 지니는 것으로 발전하였다.

근대에 들어서, 주인이라는 개념이 없어지고 고객(Client)이라는 개념이 탄생했다. 이를 통해 서비스 수혜자(고객)와 서비스 공급자의 관계가 대등해졌다. '고객이 왕'이라는 잘못된 인식이 일부 있다. 고객들은 은연중에 '내 돈 내고 서비스를 받는데, 나를 최고로 대접해줘야지' 하는 생각을 할 수도 있다. 이러한 생각은 서비스의 본질에 대한 오해에서 비롯되었다. 전문서비스업 종사자들이 고객의 이익을 위해 최선을 다하겠다고 서비스 목표를 설정하고 스스로 약속한 것을, 고객 입장에서 잘못 해석하여 '나를 위해 그렇게 최선을 다하겠다고 하니, 고객은 왕이나 마찬가지구나.'라고 오해한 결과이다.

현대에는 갑을문화를 타파하고, 감정 노동에 시달리는 서비스업 종사자들을 존중하자는 움직임이 일면서 수평성이 사회 전반으로 확산되고 있다. 수평성이 보장되어야 서비스 공급자가 가치를 창출하고, 창출된 가치를 유지할 수 있다. 수평성이 흔들리면 가치를 창출하지 못하거나, 창출하더라도 장기간 지속할 수가 없다. 노자의 『도덕경』에서도 기자불립(企者不立)이라고 했다. 발끔치를 들고는 오래 서 있을 수 없다는 뜻이다. 수평성이 유지되지 않는 상황은 까치발을 하고 서 있는 모습과 같다. 수평성이 무너지면 결국 서비스가 무너진다. 예를 들어 의사가 환자를 무시하면서 환자의 말을 제대로 듣지 않는다면, 환자에게 적합한 처방을 내리기 어렵다. 이 경우, 의료 서비스가 가치를 잃고 만다. 환자가 의사의 말을 귓등으로 흘리고 처방을 따르지 않아도 마찬가지이다. 서로가 서로를 대등한 존재로 존중할 때, 비로소 서비스가 바람직한 가치를 가질 수 있다.

개인뿐 아니라 국가나 문명의 단위에서도 수평성이 가치 창출의 결정적 요인이다. 로마가 인류 역사에서 가장 오랜 기간 강대국으로 가치를 창출하는 데도 수평성의 건국 철학이 결정적인 기여를 했다(77쪽 [박스사례] 참조).

조화성

서비스의 네 번째 본질은 조화성이다. 서비스는 하나의 시스템이므로 전체적인 조화가 중요하다. 서비스 시스템은 고객과 공급자, 서비스 플랫폼을 구성하는 제품과 기술, 외부 시스템과 내부 시스템을 연결하는 중심가치, 시스템에 공유되는 정보 등으로 구성된다. 이 모든 요소가 전체적으로 조화되어야 서비스 시스템이 성과를 발휘한다. 가정이나 사회가 유지되려면 구성원 각자가 자신에게 주어진 역할을 충실하게 수행해야 한다. 마찬가지로 서비스가 성립하려면 서비스 공급자와 소비자 집단이 모두 자신의 역할을 조화롭게 수행해야 한다. 서비스 공급자와 소비자가 연결되어 있고, 서비스 공급자 집단이 서로 연결되어 있고, 서비스 소비자 집단도 서로 연결되어 있다. 따라서 어느 한 부분이 역할을 제대로 하지 못하면, 다른 서비스 시스템에 영향을 주어 전체적으로 서비스 파국 상황이 발생할 수 있다.

예를 들어, 의사가 환자에게 적합한 처방을 한다 해도 환자가 대인관계에서 심한 스트레스 상태에 있으면 치료 서비스가 무용지물일 수 있다. 교사가 학생에게 좋은 강의를 한다 해도, 학생의 몸과 마음이 강의를 수용할 만한 상태가 아니라면 교육 서비스는 효과가 없을 것이다. 모든 서비스는 서로 연계되어 있으므로 다른 서비스들이 정상적으로 수행되어야 내 서비스의 목적 효과가 나타난다. 조화롭게 돌아가는 우주의 원리와도 같다. 우주를 COSMOS라고 하는데, 이는 혼란스럽지(Chaos) 않고 질서와 조화를 유지한다는 의미이다. 지구는 1초당 평균 460m의 속도로 자전하고, 30km의 속도로 태양의 주위를 공전한다. 이렇게 빠른 속도로 움직이는데도 우리는 느끼지 못하고 편안하게 생활한다. 그 이유는 전체 시스템이 조화 속에서 돌아가기 때문이다.

조화성은 자연계의 주요 원리이다. 꽃을 피우는 현화식물과 곤충은 서로 서비스를 주고받으며 번성했다. 식물은 암술의 머리에 수술의 꽃가루가 수정되어야 씨를 맺는다. 벌과 나비가 꽃에 앉아 꿀 등을 먹을 때 몸과 다리에 묻은 꽃가루가, 다른 꽃으로 옮겨 갔을 때 그 꽃의 암수술에 묻어 수정된다. 한곳에 뿌리를 내리고 사는 식물은 이처럼 곤충으로부터 꽃가루받이 서비스를 받는다. 곤충은 그 대가로 꿀을 얻는다. 윈윈(Win-Win)하는 상호 서비스 덕분에 식물도 번성하고 곤충도 번성한다. 서비스로 생명이 살아간다. 경제와 사회를 유지하는 각종 서비스가 조화롭게 수행될 때, 경제와 사회는 가치를 창출하며 발전한다.

모든 관계와 모든 서비스가 연결되어 있으므로 전체적인 조화성이 중요하다. 신경영인 서비스 경영은 이와 같은 조화로운 시스템에 대한 체계적인 경영이다. 관계성, 쌍방향성, 수평성, 조화성을 본질적 특성으로 가진 서비스는 인류 사회의 본질로서 신경영의 본질이라고 할 수 있다.

제3절 | 서비스의 특징과 서비스중심논리

3.1 서비스의 특징

현대 경제사회를 이해하기 위해서는 중심 재화인 서비스의 특징을 이해해야 한다. 서비스와 서비스산업은 무형성, 비분리성, 비일관성, 무재고성이라는 네 가지 주요 특징을 지닌다. 이러한 특징으로 인해 서비스와 서비스산업을 경영하는 것은 제품과 제조업을 경영하는 것보다 어려워진다. 서비스 경영은 이 네 가지 특징을 활용하거나, 네 가지 특징으로 인한 어려움을 극복하는 활동이라고 할 수 있다.

무형성(비가시성)

제품은 눈에 보이고 만질 수 있으며, 생산 과정이 명확하게 확인되는 유형성이 특징이다. 반면 서비스 결과물은 눈에 보이지도 않고 만질 수도 없다. 서비스가 수행되는 과정도 명확하게 단계를 구분하기 어렵다. 그래서 서비스는 무형성과 비가시성(非可視性)이 첫 번째 특징이다.

비일관성

제품은 제조공정이 정형화되어 있고, 상당 부분이 자동화·기계화되어 산출물의 품질이나 규격이 일정하게 일관성이 있다. 제품 백만 개 가운데 불량품 개수를 서너 개 이하로 관리한다는 식스시그마 기법이 확산되어 있어서 제품은 일관성이 매우 높은 편이다. 그러나 서비스는 주로 사람이 수행하기 때문에 어제와 오늘 제공되는 서비스의 품질이 다르며, 그 밖에도 서비스 환경이나 서비스 수혜자의 상태에 따라 서비스 내용 및 결과가 달라진다. 따라서 비일관성은 서비스의 기본 특징 중 하나이다.

비분리성

서비스의 세 번째 특징은 비분리성이다. 서비스 공급자와 서비스 수혜자를 분명하게 구분하기가 어렵다. 둘이 함께 서비스 품질을 만들어가는 것이다. 강의 서비스를 예로 들어보자. 강사가 아무리 강의를 잘해도 수강생들이 적극적으로 받아들이지 않으면 좋은 결과를 얻기 어렵다. 반대로 강사가 적당히 강의를 해도 수강생들이 적극적인 반응을 보여 쌍방향으로 활발하게 메시지가 오가면 좋은 강의서비스이다. 비분리성은 자연계의 특성과 많이 닮았다. 양자역학의 불확정성 원리에서와 같이 관련 대상들을 분리하여 명확히 구분하기 어려운 것이 자연의 진리이고, 인간사회의 본질일 수 있다.

무재고성

제품은 팔리지 않으면 재고로 보관하다가 나중에 고객 수요가 발생하면 그때 팔면 된다. 자동차나 전자제품 등은 장기간 재고를 둘 수 있으며, 재고를 쌓아두기 어려운 신선 식품조차도 며칠 정도는 보관하다가 나중에 팔 수 있다. 그러나 서비스는 오늘, 지금 당장 팔지 않으면 가치를 잃는다. 숙박서비스의 경우 호텔 방은 유형적 실체이지만, 숙박서비스는 오늘 방을 팔지 않으면 안 된다. 오늘 팔지 못한 방들에 대해서는 하루치 숙박 수익이 상실된다. 제품을 가지고 제공하는 서비스라도 지금 기회에 팔지 못하면 그 수익이 사라지므로, 서비스는 재고를 보관하지 못하는 특징이 있다.

[그림 2-7] 오늘 팔지 못한 호텔방은 즉시 수익 소멸

(포시즌스호텔 룸 사진)

이 때문에 서비스는 측정이나 관리가 쉽지 않고, 과학적인 경영을 하기 어렵다. 서비스 산업의 비중 증가에 비해 서비스 경영 관련 이론이나 연구의 발전이 매우 더딘 이유도 여기에서 찾을 수 있다. 그러나 이러한 서비스의 특성을 활용하거나 그 한계를 극복하는 것이 경영의 주요 활동이므로, 현대의 서비스 경영은 과거 경영보다 더 집중적으로 연구할 필요가 있다. 기존의 관리 기술에 창의성까지 요구되는, 새로운 차원의 경영이다. 서비스를 경영한다는 것은 사람과 관련되는 일을 경영한다는 것이다. 서비스 프로세스(서비스를 생산하고 전달하는 과정 등), 서비스 기업 및 조직, 서비스 산업, 제조업의 서비스 부문 등이 모두 서비스 경영의 대상이다.

현대 경영에서는 기업의 서비스적 특성을 경영하는 것이 중심이 된다. 무형재화를 다루는 서비스기업은 물론이고, 유형의 제품을 생산하여 판매하는 제조업의 경우에도 제품의 서비스적 특성을 부각시켜 제품의 부가가치를 높이고, 기업의 수익성을 제고하는 활동이 현대 경영의 중심이다.

산업 간의 구분이 의미가 없어지면서 기업이 어떤 제품이나 서비스를 제공하는지가 중요한 것이 아니고, 제품이나 서비스를 통해 고객에게 어떤 가치를 제공하느냐가 기업경영의 중심이 되고 있다. 가치 제공은 서비스를 통해 이루어지므로 서비스 경영이 현대 경영의 중심이 된 것이다.

3.2 서비스중심논리

20세기 중반까지만 해도 세계 경제는 제품 중심 논리로 움직였다. 그러다 20세기 후반 들어 유형 경제의 한계가 명백해지면서 서비스 중심 논리가 자리 잡았다. 서비스 중심 논리는 제품 중심 논리와 확연히 다르다. 서비스는 비분리성 특성을 지닌 하나의 시스템이다. 서비스 공급자와 수요자가 함께 시스템을 만들고 제공한다. 제품 중심 논리에서는 공급자와 수요자의 접점이 없지만 서비스 중심 논리에서는 공급자가 고객과 함께 시스템을 설계하고, 공급 후에도 동일한 철학에 기초하여 서비스를 수행한다.

[표 2-5] 제품중심 논리와 서비스중심 논리

제품 중심 논리	서비스 중심 논리
정태적 자원(Operand Resources)	동태적 자원(Operant Resources)
자원 획득	자원화(창조, 통합 및 저항 제거)
제품과 서비스	서비스와 경험
가격	가치 제안
촉진	대화
공급사슬	가치 창출 네트워크
행동 극대화	교환을 통한 학습
시장 · 고객에 대한 마케팅	시장 · 고객과 함께 마케팅

자료: Toward a conceptual foundation for service science: Contribution from service-dominant logic, by R.F. Lusch, S.L. Vargo, G. Wessels, 2008.1, IBM Systems Journal, Vol.47, No.1, pp.5-14

서비스 중심 논리에서는 자원화를 통해 자원을 만들어낸다. 자원화(Resourcing)란 잠재적인 자원을 가치 있는 자원으로 전환하는 활동이다. 이러한 활동에는 세 가지 본질적인 측면, 즉 자원 생성(창조), 자원 통합, 장애 제거 등이 있다. 무형 자원을 유형 자원으로 창조하고, 서로 관련성이 낮은 자원을 통합하여 하나의 유의미한 자원으로 생성해내고, 자원 활용에 장애가 되는 이슈를 제거하는 활동 등을 자원화라고 한다. 서비스 시스템에서는 고객의 경험을 이해하는 데 초점을 맞추어야 한다. 서비스 제공의 효율성이 아니라 고객의 필요에 부응하여, 그 필요를 충족시킬 수 있도록 효과성에 집중해야 한다. 서비스 중심 논리에서 고객은 공동으로 가치를 창출하는 협력 파트너이다. 기업의 가치를 일방적으로 주입받는 객체가 아니다. 고객은 가치를 창출하기 위해 서비스 조직에 자원(Input)을 제공하는 주체이며, 통합자이다. 기업은 필요한 역할을 발견하고 그 역할을 수행하는 조직이다. 가치 창출의 중심에는 고객이 서 있다. 서비스 시스템 자체가 바로 대화의 장으로 작용한다.

서비스 시스템은 공동의 가치 창출을 목표로 연결된 네트워크다. 서비스 조직은 이 가운데 일부 역할만 직접 수행하고, 나머지 서비스는 다른 조직에 아웃소싱할 수 있다. 그럼으로써 특정 역량에 집중하고 서비스 품질과 생산성을 높일 수 있다. 서비스 네트워크는 360도 전방위로 확산되어 거의 무한한 방식으로 가치를 창출할 수 있다. 스스로 학습 기능을 강화하여 자체 혁신도 가능하다.

서비스 중심논리로의 변화는 경영 패러다임의 변화에 큰 영향을 주고 있다.

박스사례

로마가 보여준 수평과 연대의 가치

수평사회

싱가폴의 국부 리콴유(李光耀)와 세계적인 국제정치 전문가 조지프 나이(Joseph S. Nye Jr.)가, 중국이 미국을 능가하는 세계 제1의 강국이 될지에 대해 이야기를 나누었다. "인구 격차로만 보면 중국이 미국을 압도하고 있으며, 머지않아 미국을 능가하는 경제 규모로 성장하리라고 쉽게 예측할 수 있습니다. 그러나 중국과 미국의 결정적 차이를 이해한다면 중국이 미국을 능가하기가 결코 쉽지 않음을 알 수 있습니다. 중국 인구는 13억, 미국 인구는 3억 명입니다. 미국은 이민제도를 통해 전 세계에서 모여든 사람들이 만든 일종의 다국적 다민족 국가입니다. 전 세계인을 포용하는 다원성(多元性)과 관용이 시민문화로 자리 잡았지요. 전 세계 70억 명을 포용하는, 중국과는 본질적으로 다른 철학을 건국 초기부터 사용해왔습니다."

미국의 건국 철학은 다원성에 기초한다. 수평적 관계를 이야기하기 위해 잠시 로마의 건국 이야기를 해보자. 기원전 753년, 로물루스와 레무스 쌍둥이 형제가 현재 이탈리아의 중부를 흐르는 테베레 강이 보이는 언덕에 나라를 세웠다. 왕의 자리를 두고 형제 사이에 다툼이 생기고, 결국 로물루스가 승리했다. 그 뒤 로물루스의 이름을 따서 나라 이름을 로마라고 정했다. 당시 로마 건국에 참여한 로물루스 일행은 대략 3천 명 정도의 라틴인 남자로 추정하고 있다. 이들은 각 부족으로부터 내쫓긴, 이른바 '배제 당한 사람들'로 알려져 있다. 인류 역사상 가장 강력하고 오랫동안 지속된 로마의 역사는 이처럼 초라하고 보잘 것 없는 집단에서 시작한다. 일단 나라는 세웠는데, 남자밖에 없으니 어디에선가 여자를 데려와야 했다. 이에 로물루스는 약탈 결혼 계략을 도모했다. 축제를 빙자해 이웃 사비니 부족을 초대한 뒤 여자들을 강제로 빼앗아서 로마 남자들과 결혼시켜 아이를 낳게 하는 야만적인 행위를 벌인다. 이를 계기로 로마와 사비니 부족은 네 차례의 전쟁을 벌인다. 사비니 부족에게 로마는 그야말로 극악무도한 원수와도 같은 나라였다. 그런데 반전이 일어났다. 로마 남자와 강제 결혼을 하여 아이를 낳고 살던 사비니 여자들이 전쟁을 멈추도록 간절히 애원하며 나선 것이다. 로물루스와 사비니 족의 왕은 여자들의 중재로 마침내 전쟁을 멈춘다.

로마는 사비니족에게 로마로 이주해 함께 살기를 제안했다. 건국 초기 인구가 부족했던 로마는 사비니족 여자뿐 아니라 모두를 자신들 편으로 만들고 싶었을 것이다. 사비니 족의 왕인 티투스가 로마로 이주하자 로물루스는 그를 극진한 예우로 맞이하고, 왕위를 나누어 두 왕이 공동 통치하는 전략을 쓴다. 사비니 족에게는 로마 시민권을 주어 투표권을 행사하도록 했다. 당시 정복 국가와 피정복 국가의 관행으로 볼 때 이러한 처우는 파격이었다. 그리스의 시인이자 철학자인 플루타르코스는 이 사건을 로마 특유의 동화 정책으로 평가하고, 이렇게 '패자마저도 자신들에게 동화시키는 전략'을 지속한 덕분에 로마가 영토를 확장하고 패권을 잡을 수 있었다고 기술했다. 『로마인 이야기』를 쓴 시오노 나나미는 책에서 이 내용에 '제국의 원점은 여기에 있다'라는 부제를 달 만큼 엄청난 역사적인 사건으로 소개했다. 로마 역사상 가장 위대한 인물 중 하나인 율리우스 카이사르도 사실 '동화된 패자' 출신이었다.

포에니전쟁과 로마연합

2,200년 전 로마는 신생 국가였고, 지중해 건너에는 대국 카르타고가 있었다. 그러나 기원전 264년부터 130년 동안 세 차례의 포에니 전쟁을 벌인 끝에 로마는 카르타고를 멸망시키고 지중해의 확고부동한 패권국가가 된다. 로마의 역사가인 리비우스(T. Livius, BC 59 - AD 17)가 『로마사』에서 포에니 전쟁과 관련하여 책의 3분의 2를 할애했을 정도로 로마의 역사에서 포에니 전쟁은 절대적인 스토리이다. 포에니 전쟁은 카르타고의 위대한 장군인 한니발과 로마의 대결이라고 요약할 수 있다. 28세의 한니발이 보병 2만 명과 기병 6,000명을 이끌고 알프스를 넘어 로마를 경악케 했고, 제2차 포에니 전쟁의 칸나에 전투에서 로마를 괴멸시켰다. 한니발의 엄청난 전력 앞에 로마는 어쩔 도리가 없었다. 그러나, 한니발은 위대한 명장이었지만, 로마와 로마 동맹국의 연대를 뛰어넘지는 못했다. 로마는 각지의 콜로니아(식민도시)에 시민권을 확대 부여하고 로마가도를 정비하는 등 오랜 시간 동안 정치적으로 운명공동체적 연합을 구축해왔다. 이는 결국 로마를 전쟁에서 이기게 했고, 로마의 역사를 더욱 튼튼하게 하는 계기가 되었다.

지식정보화 사회를 넘어 새로운 철학을 고민하고 있는 21세기 현재의 국가와 사회, 시민들에게 로마가 주는 교훈은 작지 않다. 정치 이데올로기의 지배를 받던 세계 질서가 경제-문화-기술 권력으로 이동하고, 자본주의에 기초한 시장질서는 최악의 양극화를 양산하는 재앙으로 치닫고 있다. 혼란스러운 현재를 극복하기 위해 2,000년 전 로마의 이야기에서 수평과 연대의 가치를 빌려올 필요가 있다. 신경영은 기본 가치를 어디에 둘 것인가의 고민에서 출발한다. 로마를 패권국가로 만들었던 수평과 연대의 가치가 혼란에 빠지고 붕괴하면서 로마는 결국 멸망했다. 수평적인 관용의 관계를 지속하기가 얼마나 어려운지 알 수 있다. 신경영의 기본 가치를 어디에 두고 어떻게 유지할지 생각해보아야 하겠다.

자료: 『강자의 조건』, 이주희, MID, 2014 등 관련 자료 요약 발췌 및 수평성 관점 사례 구성

제3장

신경영 개요

제1절 | 현대경영의 기본

현대 사회의 필수기관

경영은 현대경제사회의 필수기관이다. 경영자가 경영활동을 하지 않으면 현대 사회에 필요한 재화를 창출하지 못하기 때문이다. 과거에는 인간이 자원을 변화시켜 재화로 만들기 어려웠다. 즉 자원은 인간이 변화시킬 수 없는 한계 조건이었으나 현대경제사회에서는 경영활동으로 인해 자원을 변화시켜 재화를 창출할 수 있게 되었다. 따라서 경영의 정의를 피터드러커는 '자원을 생산적으로 변화시키고 경제를 조직적으로 발전시키는 책임을 맡은 사회기관'으로 정의하기도 하였다. 경영은 조직원들이 공동으로 성과를 올리도록 하는 과업이며, 이를 위해 공통의 목표와 가치, 적절한 조직구조, 적절한 교육훈련이 필요하다.

현대경영에서는 과학기술 등의 각종 지식이 중요 자원이 된다. 과거에는 지식이 장식품에 불과했으나, 현대에는 지식을 이용하여 재화를 생산한다. 지식이 자본이 된 것이다. 앞서 제2장에서 소개한 바와 같이 신경제사회에서 무형적 자본이 주요 생산요소가 되면서, 경영이 더욱 중요한 필수 활동이 되었다. 경제 활동이 더욱 고도화될 필요가 있고, 또 현대사회에서 필요한 재화는 경영활동을 통해서 주로 창출되어야 하기 때문이다.

현대의 경영은 과거 '어떻게 하느냐?' 중심의 경영에서 '무엇을 하느냐?' 중심의 경영으로 변화되고 있다. 따라서 현대 경영은 경영 기능 수행 도구들의 묶음이 아니라 무형 재화에 대한 활동이고 인간에 관한 활동이다. 경영은 구성원들이 변화에 맞추어 성장하도록 훈련하는 활동이기도 하다.

관리 경영에서 창조 경영으로

19세기 중반 이후 기업이 서구사회에서 보편적인 조직 형태가 되면서 경영은 중요한 학문으로 발전하였다. 20세기 초에 프레데릭 테일러가 『과학적 관리법』을 출간하면서 경영이 과학의 영역으로 들어왔고, 경영학이 본격적인 학문으로 발전하게 되었다. 현대 경영의 기본 골격은 그로부터 한참 후, 피터 드러커(Peter F. Drucker)시대에 와서 완성되었다고 볼 수 있다. 피터 드러커는 경영의 세 가지 과업을 제시하였다(변화리더의 조건, 피터 드러커, 2000).

① 조직의 목적과 사명을 달성한다.
② 조직이 수행하는 작업과 인적 자원의 생산성을 높인다.
③ 조직이 사회에 미치는 영향과 책임을 파악하고 관리한다.

과거에는 경영의 과업 가운데 조직의 목적과 사명을 달성하고, 생산성을 높이는 처음 두 가지에 초점을 두었다. 피터 드러커는 여기에서 한 발 나아가 기업의 사회적 책임 이행 의무까지 경영의 과업으로 제시했다. 이 기본 과업에서 출발하여 현대 경영이 무엇을 해야 하는지 살펴보겠다.

우선 경영의 첫 번째 과업은 조직의 목적과 사명 달성이다. 국가든 사회든 정부든 공기업이든 민간기업이든 각종 단체든 모두 조직의 목적과 사명을 가지고 있다. 목적과 사명이 구체적이지 않은 경우가 많으므로, 선언적인 목적과 사명을 시대의 요구에 맞게 구체적으로 정의하는 일부터 시작해야 한다. 시대의 요구에 맞는다는 말은 사회와 고객이 원하는 효용을 조직이 제공한다는 의미이다. 예를 들어 자동차 회사라면 좋은 차를 만들어 인류 사회에 기여하는 것이 기업의 목적인데, 좋은 차의 정의가 시대 환경에 따라 달라진다. 친환경 자동차가 좋은 차인지, 연비가 높은 차가 좋은 차인지, 성능 대비 가격이 싼 자동차가 좋은 차인지는 시대에 따라 달라지며 한 경영자의 재임기간 중에도 변화하는 경우가 많다.

피터 드러커는 '기업의 목적은 고객 창조'라고 했다. 기존 학자들은 기업의 목적이 이윤 창출이라고 보았으나 피터 드러커는 고객에 초점을 맞췄다. 기업의 목적은 고객에게 효용가치가 있는 제품이나 서비스를 설계하여 제공하는 데 있다. 기업을 경영한다 함은 시장과 고객에게 가치가 있는 무엇을 창조하는 활동이라고 할 수 있다. 조직의 현재 사업 분석, 고객 분석, 변화할 사업에 대한 분석, 바람직한 사업모델(To Be 모델) 설계 등을 통해 경영목표를 구체화할 수 있다. 사회적 수요를 찾아내거나 잠재된 수요를 발굴하여 창출하는 일, 문명의 발전에 기여하는 제품과 서비스를 만들어 새로운 시장을 탄생시키는 일이 경영의 첫 번째 과업이다. 이런 면에서 경영은 인류 문명의 본질에 기반을 두며, 역사를 창조하는 활동이다.

목표를 구체적으로 설정하고 표현하기는 쉽지 않다. 기업의 자원과 노력을 집중할 중요한 대상을 선택해야 하는데, 중요하게 생각되는 것들이 상당히 많기 때문이다. 자동차회사만 해도 안전성이 높은 차, 연비가 높은 차, 친환경 자동차, 디자인이 좋은 차, 가격 대비 성능이 좋은 차, 시장에서 잘 팔리는 자동차, 이동수단의 혁명을 선도하는 자동차 등 다양한 목표 개념이 있고 그 계량적 수준도 다양하다. 내부 경영 목표까지 고려하면 더욱 많은 목표가 있다.

경영은 목표들 간의 우선순위를 정하고 적절한 균형을 찾아내어 제시하는 활동이다. 피터 드러커는 마케팅, 혁신, 인적 자원, 재정자원, 물적 자원, 생산성, 사회적 책임, 이익 등 여덟 가지 영역에 대한 목표는 반드시 설정해야 한다고 했다. 이 가운데 마케팅에 대한 목표는 기존 제품과 서비스에 대한 목표, 과거 제품 및 서비스와 시장의 폐기에 대한 목표, 새로운 제품 및 서비스에 대한 목표, 새로운 시장에 대한 목표, 유통조직에 대한 목표, 서비스 기준 및 성과에 대한 목표를 포함한다. 혁신에 대한 목표는 제품 및 서비스의 혁신에 대한 목표, 시장과 소비자 행동과 가치와 관련된 혁신에 대한 목표, 기술과 활동 혁신에 관한 목표 등으로 세분했다. 즉 제품 및 서비스 혁신, 사회적 혁신, 관리적 혁신, 이 세 가지가 필요하다는 말이다. 위에 제시한 여덟 가지 목표에 추가하여, 현대 경영에서는 사회 변화라는 거시적 목표를 설정해야 한다. 기업에 부여된 사회적 책임을 달성하는 소극적 차원이 아니다. 사회를 변화시키는 주체로서 사회 발전에 대한 목표를 추가로 설정하는 것이다. 공급 과잉과 지식보편화 시대에 일상적인 경영만으로는 성공하기 어렵기 때문이고, 기업이 본래 지닌 사회 변화 속성에 충실하기 위함이다. 테슬라가 전기자동차를 만들고, 알리바바가 중소기업의 글로벌 무역 지원 시스템을 구축하여 제공하고, Space-X가 우주 개발 과업을 수행한 사례들은 사회 변화라는 거시적 목표 아래 추진됐다고 볼 수 있다.

두 번째 과업은 조직의 생산성 향상이다. 서비스 산업이 중심인 현대 경제에서는 인적 자본의 생산성을 높이는 데 중점을 둔다. 생산성 향상을 위해 기업은 인적 자원 관리, 조직 관리, 운영 관리, 기술 관리, 품질 관리, 마케팅 관리와 같은 제반 활동을 수행한다. 특히 제품과 서비스의 경계가 없어진 대다수의 현대 기업에서는 무형성(無形性) 관리가 생산성 향상의 핵심 주제가 된다. 인적 자원과 서비스, 품질의 무형성 관리 등 신개념 경영이 중요하다.

세 번째 과업은 조직이 사회에 미치는 영향과 책임을 파악하고 관리하는 일이다. 이는 20세기 중반 이후 기업에 부과된 사회적 책임 목표를 달성하는 것이다. 현대 기업은 사회의 중심 조직으로서 이윤 창출에 대한 책임, 고용에 대한 책임, 사회복지에 대한 책임, 환경에 대한 책임 등을 진다. 책임 목표를 달성함으로써 기업과 사회가 선순환을 이루며 발전하게 된다. 이타적 행동으로 인한 개체와 종족의 선순환적 발전은 자연계의 원리이기도 하다.

rB 〉 C

이는 포괄적응도(inclusive fitness) 이론으로 알려진 해밀턴(William Hamilton)의 법칙이다. 비용(cost, C), 유전적 연관도(the coefficient of relatedness, r)와 이득(benefit, B), 세 가지 변수로 이뤄진다. 이 법칙은 유전적 연관도를 고려해서 동물이 이타적인 행동을 하는 조건을 알려준다. r과 B를 곱한 값이 C보다 크면 동물이 이타적 행동을 한다고 설명한다. 유전적 연관도란 이타적 행동을 받을 개체와 이타적 행동을 할 개체가 동일한 유전자를 지니는 정도이고, 이득은 이타적 행동을 통해 얻을 수 있는 이득, 곧 그 개체가 낳을 수 있는 자손의 수 등을 가리킨다. 비용은 이타적 행동을 하는 데에 드는 비용, 다시 말해 자신이 살아 있을 때 낳을 수 있는 자손의 수 등을 의미한다. 이런 행동을 하는 이유는 자기 종의 유전자를 더 잘 보존하기 위해서이다. 즉 자신의 희생으로 자기 종의 유전자를 더 구할 수 있다면 그렇게 한다는 말이다. 예를 들어 자신의 형제 세 마리가 물에 빠졌다. 그 개체군은 보통 자식을 네 마리 낳는다면 3(형제 세 마리)*0.5(r, 형제간의 유전적 연관도)*4(B, 한 개체가 낳을 수 있는 자식의 수) 〉 4(C, 이타적 행위를 할 개체가 낳을 수 있는 자식의 수)이므로 그 개체는 자신의 형제들을 구하기 위해서 물에 빠져들게 된다.[1)]

---

1) 네이버 위키백과, 2015.2.5.

기업의 타깃 시장은 곧 그가 속한 사회이므로 기업과 사회는 유전적 연관도가 높은 친족이라고 볼 수 있다. 따라서 이타적 행동은 결국 기업에 이익으로 돌아오게 된다. 경영은 기업과 사회의 균형점을 찾아 최종적으로 기업에 이익이 되는 수준의 사회적 책임을 수행하는 활동이다. 현대 경영은 이처럼 기업 조직 관리 중심의 경영에서 사회와 고객을 고려한 창조 중심의 경영으로 급속히 변화하고 있다.

제2절 | 3세대 경영으로서의 신경영 서비스경영

21세기 들어 인공지능(AI: Artificial Intelligence)과 사물인터넷(IoT; Internet of Things) 기술이 발달하면서 초지능사회, 초연결경제가 되었다. 사회 전체가 예전보다 훨씬 빠른 속도로 변화하고 있다. 또한 기술이 발달해 유형 재화 생산 업무는 거의 기계가 담당하고, 관리 업무를 포함해 기존에는 인간이 하던 경영 업무의 대부분을 컴퓨터 등 기계가 수행하게 되었다. 유형 재화의 공급 과잉이 날로 심해져 경영의 주 대상이 무형 재화로 바뀌었다. 이는 경영학과 경영 활동에 본질적인 변화를 요구했다. 이에 따라 21세기에는 무형 재화 중심, 창조적 활동 중심의 경영이 이루어지고 있다.

[표 3-1] 20세기 경제와 21세기 경제 하의 기업 비교

	20세기 경제와 기업	21세기 경제와 기업
성장 유형	고용 창출 성장	고용 없는 성장
일자리	기계가 단순 지식노동 대체	기계가 고급 지식노동 대체
경영지식	중요	지식보편화
경영자	관리와 창조 병행	창조 활동 중심

조직이 생산하고 인류가 소비하는 재화는 크게 제품과 서비스로 나뉜다. 앞서 언급했듯이 유형경제가 한계에 부딪치면서 서비스재화로 관심이 기울어지고 있다. 무형재화인 서비스 재화의 증대를 통해 인류 경제를 다시 성장시키고, 일자리를 창출할 수 있게 되었다.

[표 3-2] 기존경영과 신경영 특징 비교

	기존 경영	신경영
경영 대상	유형 재화 중심	무형 재화 중심
경영 활동	관리 중심	창조 중심

서비스는 무형 재화이자 관계재화이며, 인적 자본의 행사 과정이다. 서비스는 무에서 유를 창조하는 활동이므로 유형 재화의 한계를 극복하고 지속적으로 관계재화와 무형 재화를 창조할 수 있다. 따라서 신경영자의 중점 활동은 서비스 창조 활동이어야 한다. 서비스 경영이 곧 3세대 경영, 21세기 신경영이라고 할 수 있다. 기존의 서비스 경영이 서비스 활동에 대한 경영으로 부분적으로 해석되고 논의

되었던 이유는, 서비스를 매우 좁은 의미로 정의했거나 서비스의 성격을 잘못 인식했기 때문이었다.

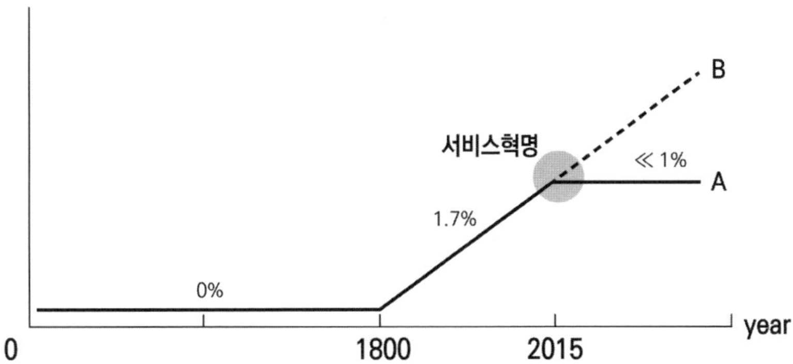

[그림 3-1] 인류사회의 경제성장 개략 추이

(자료: Piketty, Thomas, Capital in the Twenty-First Century, Harvard University Press, 2013. 통계를 보수적으로 보정하고 2015년 이후 가능성 있는 추세선을 도시함)

위 [그림 3-1]에서와 같이 1800년까지는 인류의 경제성장률이 연평균 거의 0%였는데, 지난 200여 년간 보수적으로 추정하여도 연평균 1.7% 정도의 고성장을 구가했다. 특히 1950년부터 1980년까지는 2.5%의 높은 성장률을 보였다. 그 뒤로는 성장률이 점차 하락하여 다시 저성장 시대로 돌입하고 있다.

이는 유형경제의 한계 탓으로 분석된다. 따라서, 무형경제, 서비스경제로 전환해 다시 고성장 모드를 회복하고, 일자리 감소문제와 불균형 성장 문제를 해결해야 할 것이다.

요약하면, 아래 그림과 같이 경영의 역사와 경영혁신의 시대가 전개되고 있다. 경영의 역사는 제1장에서 설명한 바와 같이, 세 시기로 구분된다.

아트 경영 시대 (아트적 경영)	⇒	유형재화/산업경영학 시대 (사이언스적 경영)	⇒	무형재화/서비스경영학(신경영학)시대 (사이언스기반 아트적 경영)

경영혁신은 아트(Art)에서 사이언스(Science)로의 혁신을 1차 경영혁신이라 할 수 있고, 생산자에서 소비자로 힘의 중심이 이동되면서 경영학이 경제의 전면으로 부상하는 2차 경영혁신 시기가 있었고, 그리고 지금이 신경영으로 이전하는 3차 경영혁신 시기가 된다. 이를 도시하면 아래 [그림 3-2]와 같다.

경영시대	1세대 경영 아트(Art)경영	2세대 경영 사이언스(Science) 경영		3세대 경영 사이언스기반 아트 경영
경영혁신 시대		1차 경영혁신 (아트에서 사이언스로)	2차 경영혁신 (사이언스경영 성숙)	3차 경영혁신 (신경영으로)
연대	BC3000년	19세기 후반	20세기 중반	21세기 초반

[그림 3-2] 경영 발전을 촉진한 세 차례의 경영혁신 시대

신경영 = 서비스경영

신경영과 서비스경영이 사실상 동격이 된 것은 양자가 무형재화와 창조경영을 공유하고 있기 때문이다. 따라서 서비스와 서비스산업의 속성을 정확히 이해하는 것이 신경영을 이해하는 과정이다.

서비스(service)는 인간 또는 인간과 기계 등의 조합이 타인의 욕구 충족을 위해 역량을 행사하는 행위이다. 역량을 행사하는 과정이자 인간의 욕구 충족 활동이다. 현대 경제에서는 산업 경제 시대와 달리 물적 자본의 중요성이 낮아지고 인적 자본의 중요성이 높아졌다. 그만큼 인적 자본이 역량을 행사하는 서비스의 중요성이 커졌다. 서비스를 용역(用役)이라고 표현하기도 하는데, 기본적으로 물질적 재화 이외의 생산이나 소비에 관한 모든 경제활동을 일컬으므로 서비스라고 포괄적으로 표현하는 편이 더 적합하겠다.

서비스의 역사는 인류의 역사와 함께 한다. 인간은 어떤 형태이든 역량을 가진 존재로 태어나는데, 인류가 집단사회 생활을 하면서 타인의 욕구 충족을 위해 자신의 역량을 사용하게 되었기 때문이다.

문명사회에서 인간은 혼자서는 생활이 불가능하다. "인간은 사회적 동물이다." 그리스 철학자 아리스토텔레스가 2300여 년 전에 남긴 이 말이 아니더라도 우리 모두는 인간이 혼자서는 살기 어려움을 체험적으로 알고 있다. 아침에 일어나서 누군가가 배달해준 신문을 보고, 음료를 마시고, 누군가가 운영하는 교통수단을 이용해 출근하고, 누군가와 함께 일하고, 누군가가 서비스하는 식당에서 점심식사를 하고, 잠깐 시간을 내어 은행에서 금융서비스를 받고, 혹시 몸이 아프면 누군가가 운영하는 병원에서 진단과 치료를 받고, 퇴근 후에는 누군가의 공연을 보러 가거나 누군가가 가르치는 학원에서 자기계발 교육을 받고, 주말에는 누군가가 운영하는 상점에서 쇼핑을 하고, 누군가가 운영하는 놀이공원에서 즐거운 시간을 보내는, 이 모든 일이 서비스를 받는 것이다. 최근에는 과학기술의 발달로 서비스 제공 형태가 훨씬 다양화되었다. 스마트폰으로 사이버상의 각종 서비스를 받는 등 과거 인적 서비스 중심에서 그 범위가 크게 확장되고 있다.

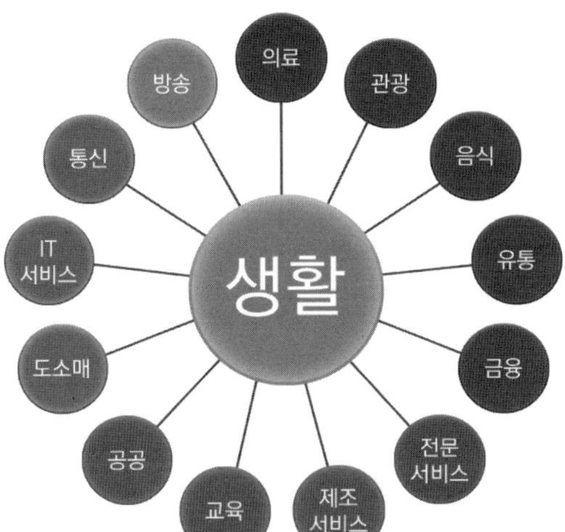

[그림 3-3] 생활의 모든 것이 서비스

자료: Silvester, M. and Ahmed, M., Living Service, Prentice Hall, 2008, p. 23 활용 재작성

문명사회의 발전과 서비스의 발전 과정은 궤를 같이한다. 초기 서비스는 단순 서비스 중심이었다. 인간이 인간에게 단순 용역을 제공하는 서비스 중심이었다. 노예나 하인이 주인을 섬기는 것이 여기에 해당한다. 사람들이 많이 모여 살게 되면서 고급 서비스가 활성화되었다. 교환 활동의 필요에 따라 상업서비스가 탄생하고, 질병을 치료하는 의료서비스와 사람을 가르치는 교육서비스 등이 생겨났다. 1600년을 기점으로는 현대 자본주의 경제의 근간을 이루는 금융서비스가 나타났다. 20세기에 들어서는 비즈니스 서비스, 요식업 서비스, 숙박업 서비스, 관광레저 서비스, IT 서비스, 엔터테인먼트 서비스 등이 주요 서비스로 활성화되었다.

이때만 해도 서비스 '활동' 혹은 서비스적 마인드에 방점이 찍혀 있었다. 서비스는 목적이기보다는 기업 이익을 높이기 위한 수단이었다. 대다수 기업이 서비스적 마인드를 외쳤지만 실제 경영 방식은 그렇지 못했다. 앞에서 언급했듯이 서비스의 범위를 제한했기 때문이다. 서비스란 무형재화이자 관계재화이며, 인적 자본의 행사 과정이다. 무에서 유를 창조하는 활동이다. 신경영은 서비스에 기반을 두고 무형 경제에서 창조 경영을 펼쳐간다. 제조업에 기초한 유형 경제의 한계를 극복하기 위해 경영활동은 창조적 경영활동인 신경영으로 발전되었다.

[그림 3-4] 크게 발전하고 있는 엔터테인먼트 서비스산업

제3절 | 신경영 패러다임

경영 패러다임 변화

신경제사회로의 변화는 관계론적 세계관으로의 변화, 서비스경제의 성숙 등의 요인과 함께 신경영 패러다임을 체계화했다.

신경영 패러다임의 가장 큰 특징은 기업 중심 경영에서 기업과 사회와의 조화 중심 경영으로의 변화이다. 전통적으로 경영은 기업 중심이었다. 기업의 효율성과 생산성 향상이 경영의 주된 목적이었다. 윤리경영도 기업의 관점에서 이루어졌기에 실업이나 사회 체계의 변화에 대한 고려가 부족했다. 신경영은 기업과 사회의 조화를 강조한다. 무조건 업무 생산성만 높이지 않고, 생산성이 높아진 뒤에 남는 인력을 어떤 업무에 배치할지를 미리 고려하여 실업의 발생을 줄이는 식이다. 실업으로 인해 사회에서 소외되는 사람이 생기지 않도록 최대한 노력하고, 실업의 사회적 비용까지 고려해 조화 경영을 펼친다.

기존 경영은 주주와 공급자 중심이었다. 기업의 주인인 주주의 이익과 공급자의 이해관계를 중시했기 때문에 근로자와 소비자는 상대적으로 소외되었다. 신경영은 반대로 근로자와 소비자 중심이다. 서비스경제에서는 고객과의 접점이 중요하기 때문에, 내부고객인 직원의 만족도가 기업의 주요 성과지표로 부각되었다. 일하기 좋은 직장 운동(GWP: Great Work Place)이 활발해지고, 고객과의 쌍방향 소통과 윈윈 전략이 중요해졌다.

기존에는 영리 기업이 주요 경영 대상이었고, 단기 성과를 주로 생각했다. 그러나 현대에는 영리 기업은 물론이고 비영리조직, 공공조직, 공기업, 사회, 국가, 심지어 개인으로까지 경영(학)의 영역이 확장되고 있다. 이제 경영은 모든 사람들의 공통 주제이다. 또한 단기 성과와 중장기 성과의 균형을 고려해 의사결정을 내린다.

기존에는 관리 경영에 주안점을 두고, 조직화와 일반 관리 업무에 힘을 쏟았다. 인사, 재무, 마케팅, 생산, 정보 등으로 경영 기능을 구분하고, 이러한 경영 기능을 기술로 해석하여 발전시키는 기술적 경영이 중심이었다. 현대에는 일반 관리 업무가 정보기술(IT)의 도움으로 시스템화되면서 창조 활동이 중심으로 떠올랐다. 서비스경제에서 피플비즈니스에 성공할 수 있도록 기술보다는 인문학을 강조하는 추세이다. 또한 ERP(Enterprise Resource Planning), CRM (Customer Relationship Management), SCM(Supply Chain Management) 등 IT 기술 혁신 덕분에 기능적 지식이 보편화되고, 여러 기능이 통합돼 통합·융합 경영이 가능해졌다.

기존 경영은 개인의 지식에 의존하는 측면이 강했다. 그러나 테일러 이후 경영이 과학으로 인정받으면서 현대에는 과학적 경영의 분위기가 무르익었다. 최근에는 서비스사이언스가 등장해 무형적 경영도 과학화를 강조하고 있다. 기존에는 단위 산업이나 단위 사회에 속하는 고객과 공급자만 염두에 두고 안정을 추구하는 로컬 최적화 경영을 했다. 사회의 범위가 넓어지면서 단위 산업이나 단위 시장, 단위 사회의 의미는 점점 퇴색하고 있다. 과거에는 폐쇄된 산업이나 시장이 존재했고, 시장도 상당 기간 지속되었지만 현대에는 산업간 경계가 허물어지고, 시장이 글로벌화 되었기 때문이다. 이에 신경영은 글로벌 최적화를 추구하며 창조적 혁신 활동을 펼친다.

결론적으로 기존 경영은 일방향 중심인데, 새로운 경영, 즉 신경영은 쌍방향 중심이다. 이와 같은 기존 경영과 신경영의 패러다임 차이를 표로 요약하면 아래 [표 3-3]과 같다.

[표 3-3] 기존 경영과 신 경영의 패러다임 비교

기존 경영	신 경영
유형 재화 중심 경영	관계재화 무형재화 중심 경영
일방향 경영	쌍방향 경영
관리 경영 중심	신사업, 신산업 창조경영 중심
기업 중심 경영	기업과 사회 조화 경영
주주 중심 경영	종업원 중심 경영
기능 중심 경영	통합 융합 경영
기술적 경영	인문적 경영
수직 경영	수평 경영
로컬최적화 경영	글로벌 최적화 경영
영리 조직 중심	비영리 조직 포함 전체 조직 경영

신경영은 현대 경제와 서비스의 본질을 반영해 고객과 시장을 창조해야 한다. 기존 경영과 신경영의 본질적 차이를 서비스 관점에서 살펴보자.

관계론적 세계관에 따르면, 비어 있는 곳을 어떻게 경영할지가 관건이다. 그릇이나 방 같은 공간은 비어 있어야 쓸모가 있다. 마찬가지로 사람과 사람, 사람과 사물의 관계에서 비어 있는 부분이 주 경영대상이다. 따라서 신경영은 관계재화의 창출을 강조한다. 유형 재화의 창출은 관계재화의 창출을 보조하기 위해 필요한 경우가 많아진다. 관계재화는 눈에 보이지 않기 때문에 찾기가 쉽지 않다. 이에 신경영의 중심은 창조 활동으로 자연스레 이동한다. 창조 활동을 강조하지 않으면 눈에 보이지 않는 신사업과 신산업을 찾아내기가 어렵기 때문이다. 기존에는 하나의 기능에 불과했던 신사업 창출 업무가 신경영에서는 중심 업무로 부상한다.

신경영은 무형적 가치 창출을 중시하기 때문에 기존의 유형성 경영과 달리 무형성 경영에 주력한다. 가치 창출 방식도 수직적 공급사슬에서 수평적 네트워크 구조로 바뀌었다. 고객, 공급자, 사회, 관련 산업, 플랫폼 공급자, 고객의 고객 등이 모두 네트워크 구조 위에서 상호작용하기 때문에 네트워크 전체에 대한 수평 경영이 강조된다. 또한 서비스경제가 성숙하고 산업간 경계가 무너지면서 일방향 경영에서 쌍방향 경영으로의 이동이 빨라지고 있다. 기존에는 관리 업무가 중심이고 창조 활동은 보조적인 역할이었는데, 신경영에서는 정반대로 창조 활동이 중심이고 관리가 보조 역할이다.

신경영 패러다임에서 신경영의 주요 과업은 세 가지로 종합할 수 있다.

① 신 경영 철학 구현

쌍방향성, 수평성 등 서비스철학이 국가, 사회, 기업, 개인 등 모든 단위에 충실하게 구축되어 있을 때 조직의 목적을 효과적으로 달성할 수 있다.

② 통합적 서비스시스템 경영

현대에는 경영에 있어 서비스의 4대 특징(무형성, 비분리성, 비일관성, 무재고성)을 적절히 활용하거나 그로 인한 한계를 잘 극복해야 한다. 1차, 2차, 3차 산업 모두 서비스의 기능적 측면이 중요하다. 이를 효과적으로 경영해야 한다. 서비스시스템을 효과적으로 경영해야 한다.

③ 조화적 기업 경영

서비스경제, 사회 변화, 과학기술 발전과 같은 현 시대의 특성에 맞춰 기업을 경영해야 한다. 기업 운영에 필요한 기본 업무 외에 사회와의 조화, 신사업 및 신산업 창출 등 앞서 언급한 조화로운 신경영이 필요하다.

신경영학 패러다임

기존 경영학도 경제사회 변화를 반영하며 계속 진화를 거듭하며 발전하고 있기 때문에 신경영학과의 차이를 명확하게 구분하기가 쉽지는 않다. 대체로 그 중심점을 기준으로 아래 [표 3-4]와 같이 신경영학의 특징을 요약할 수 있다.

[표 3-4] 기존 경영학과 신경영학 비교

기존 경영학	신경영학
이(이익) 경영학 (기업의 이익 및 성과 중심)	의(의로움) 경영학 (전체적 균형 성과 중심 / 중도경영)
리(불)과 경영 (외양내음, 외유내무, 유형중심)	감(물)괘 경영 (외음내양, 외무내유, 무형중심)
실체 경영 (조직의 성과 창출에 관계되는 눈에 보이는 가시적인 것에 대한 경영)	관계 경영 / 대대원리경영 (비가시적인 중층의 여러 관계에 대한 경영 / 상반상성 경영)
기능/기법 중심 경영 (회계/인사/재무/마케팅/생산 등 경영기능 및 기법 강조)	본질 경영 (천지인 3재 본질 차원 경영)
관리 경영 (안정화 경영 중심)	창조와 조화 중심 경영 (Holistic Management)

먼저 신경영학은 이(利:이익) 중심 경영학이 아닌 의(義:옳음) 중심 경영학이다. 기업의 이익과 성과에 초점을 맞추는 경영이 아닌, 조직과 사회 전체의 성과 균형에 초점을 맞추는 경영을 체계화하는 것이다. 조직과 사회의 관계성을 중시하며, 이익 추구보다 기업과 사회에 최적의 선(善)을 창출하는 활동으로 경영을 포지셔닝 한다. 조직이 추구하는 목적이 바른 선한 경영과 조직이 목적을 달성하기 위해 수행하는 활동 과정이 바른 아름다운(美) 경영이 신 경영이다. 조직의 재화는 물론이고 임직원, 고객, 사회 모두를 전체적으로 경영하는 것이다. 현대 경제사회에서 기업조직 등의 사회적 역할이 크게 증대되면서 경영의 역할 변화가 요구되고 있는 것이다. 과학기술의 적절한

사용과 각종 사회문제 해결에 경영활동의 기여가 요구되고 있다.

또한 신경영은 리(離) 괘 경영이 아닌 감(坎) 괘 경영이다. 리 괘와 감 괘는 대한민국 태극기에도 나타나있는 두 가지 대비되는 형상이다. 리 괘는 양(━)이 음(--)을 감싸고 있는 형상이며, 감 괘는 음(--)이 양(━)을 감싸고 있는 형상이다. 즉 리 괘는 양과 유형에 해당되는 제품이 음과 무형에 해당하는 서비스를 감싸고 있으면서, 제품으로 판매하고 제품으로 수익을 얻는 형상이며, 감 괘는 음과 무형에 해당하는 서비스가 양과 유형에 해당하는 제품을 감싸고 있으면서 서비스로 판매하고 서비스로 수익을 얻는 형상이다. 리 괘 경영에서는 서비스가 제품의 품질향상과 경쟁력을 높이는 부수요소로 기능을 수행하게 되며, 감 괘 경영에서는 제품이 서비스의 품질향상과 경쟁력을 높이는 부수요소로 기능을 수행하게 된다. 또한 리 괘가 의미하는 불과 같은 공격적이고 가시적인 경영에서 감 괘가 의미하는 물과 같은 유연하고 조화적이며 무형적인 경영으로 변화가 요구되고 있는 것이다. 감 괘 경영에서 경영자의 역할은 제품과 서비스를 결합하여 고객과 사회에 유용한 재화로 만들어내는 서비스디자이너의 역할이라고 할 수 있다. 인간을 위한 서비스, 사회를 위한 서비스를 디자인해서 사회에 제공하고 가치를 창출하는 활동이 경영자의 주된 활동이 된다.

[그림 3-5] 태극기 (왼쪽 아래가 양이 음을 감싸고 있는 리 괘, 오른쪽 위가 음이 양을 감싸고 있는 감 괘)

(출처: 네이버)

신경영은 실체경영이라기보다는 관계경영이라 할 수 있다. 경영은 조직과 사회, 조직과 임직원, 경영자와 임직원, 임직원과 임직원, 고객과 조직, 고객과 사회, 재화와 고객, 재화와 사회 등의 다층 중층의 관계를 경영하는 활동이다. 재화나 임직원의 실체성보다 재화와 임직원이 관련되는 중층의 관계를 효과적이고 효율적으로 경영하는 것이 중요해졌다. 서로 반대되는 것을 자기 존재의 성립 전제로 삼는 상반상성(相反相成) 원리가 경영에서 중요해졌다. 상반상성 원리는 노자 도덕경 제2장 양신 편에 나타난 철학 원리다. 미(美)를 아름답다고 여기기 때문에 추(醜)의 관념이 나타나고 선을 착하다고 인식하기 때문에 불선의 관념이 나타나듯이, 유와 무는 상대적으로 나타나고 어려움과 쉬움도 상대적으로 이뤄지고 길고 짧은 것도 상대적으로 형성되고 높고 낮음도 상대적으로 대비되며 음과 소리도 상대적으로 어울리고 앞과 뒤도 상대적으로 있다는 것이다. 고객이 있어 우리 조직이 있고, 사회가 있어 우리 조직이 있고, 직원이 있어 우리 조직이 있고, 경쟁자가 있어 우리 조직이 있는 것이다. 우리 조직과 사회와 고객과 임직원과 때로는 경쟁자가 상대의 존재로 인해 자신이 발전하게 되므로, 서로 조화롭게 관계를 상생 발전시키는 것이 경영의 요체다. 대대(對待)원리에 따라 서로 마주하고 기다리며 함께 발전하는 것이다.

이와 함께 신경영은 결과 중심 경영이라기보다는 과정 중심 경영이라 할 수 있다. 시원하게 달려가는 고속도로와 같은 직선적 경영이라기보다는 굽이굽이 돌아 흐르는 강물과 같은 곡선적 경영이라고 할 수 있다. 따라서 신경영은 과정의 아름다움을 중시한다. 중장기적 성과와 관계의 아름다움을 중시한다. 화려하고 복잡하기 보다는 꾸미지 않은 단순한 자연의 아름다움을 중시한다.

신경영은 기능중심 경영이라기보다는 본질 중심 경영이다. 인사, 재무, 회계, 마케팅, 생산 등의 경영기능이 여전히 중요하기는 하지만, 경영 본질을 구현하는 수단으로 사용된다. 경영의 본질은 우주를 구성하는 천지인(天地人) 3재(才) 3요소와 일치되는 가치경영, 프로세스경영, 인적자본경영이다. 즉 조화로운 천 경영, 쌍방향과 수평성의 지 경영, 관계성의 인 경영이다. 가치경영은 조직 및 경영 목적 발견, 무엇을 하는가? 추구, 관계가치와 재화가치 창출 등을 중심으로 하는 근본 경영이다. 프로세스경영은 경영계획 수립부터 지휘통제활동까지를 포괄하며 생산과 마케팅까지의 전통 경영 기능을 모두 포괄하는 활동이다. 인적자본경영은 이들 두 가지 본질 활동을 수행하는 인적자본에 대한 경영 활동이다.

신경영은 관리 활동이라기보다는 창조활동이며, 전체적인 조화를 추구하는 활동이다.

박스사례

이(利)경영에서 의(義)경영으로 발전된 사례

이나모리 가즈오는 일본의 대표적 경영자 중 한 사람이다. 그가 교토상을 제정하는 등 사회의 전체적 발전을 위해 노력하는 경영자가 된 계기를 그의 책 "좌절하지 않는 한 꿈은 이루어진다"에서 소개했고 '카르마 경영'에서도 강조하였다. 기업의 이익을 추구하는 이(利) 경영자에서 기업과 직원과 사회의 전체적 균형발전을 함께 추구하는 의(義) 경영자로 발전된 사례로서 소개한다.

그가 교세라를 창업한 후 초년 경영자였던 시절에 젊은 직원들이 임금 인상과 장래 보장 약속을 요구하며, 요구가 받아들여지지 않으면 모두 그만두겠다고 하였다. 사장으로서 약속을 하는 것은 어렵지 않지만, 만약에 지키지 못하게 되면 신뢰를 잃게 되므로 약속을 하지 않고 직원들에게 자신의 진심을 전달하려고 설득을 시작하였다. 직원들과 집에 와서 여러 날 설득을 하는 과정 중에 그는 많은 것을 깨달았다고 한다.

자신이 회사를 창업한 것은 좋은 기술로 좋은 제품을 만들어서 자신의 뜻을 실현하고 회사를 성장시키려는 것이었을 뿐인데, 자신의 회사에서 근무하는 직원들은 그들의 인생 전부를 회사에 바치고 있는 것임을 깨닫게 되었다.

직원들의 인생 전체를 책임지고 있는 경영자의 생각과 행동은 많이 달라져야 한다고 결심하게 되었다. 이익을 내는 것이 경영활동의 중심이 아니고 회사는 직원들의 인생을 책임져야 하고 직원들과 공동운

명체가 되어야한다고 결심하게 된 것이다.

이렇게 직원들의 성장과 함께하는 기업으로 경영철학이 변화된 후, 나중에는 사회 발전을 위한 기업경영으로 경영철학이 발전되었다. 1985년에 자신의 재산 200억엔을 투자하여 아시아의 노벨상이라 불리는 교토상을 제정한 것도 그의 경영철학의 반영이었다. 교세라의 발전으로 늘어난 자신의 자산은 사회의 많은 사람들이 지원해준 결과인 만큼 그것을 자신의 것으로 여겨서는 안 된다는 생각이었다. 사회로부터 받은, 혹은 사회가 자신에게 맡겼던 자산을 사회에 도움이 되도록 환원하는 것은 너무나 당연한 일이라는 것이다.

그가 전기통신사업에 진출하는 과정에서도 사회를 위한 경영이라는 철학이 적용되었다. 사업 진출을 결심하는 과정에서 그는 매일 밤 자기 전에 스스로에게 물었다고 한다. "내가 전기통신사업에 뛰어들고자 하는 것은 정말로 국민을 위해서인가? 회사나 자신의 이익을 꾀하고자 하는 사심이 섞여 있지는 않은가? 아니면 세상에 잘 보이고 싶은 과시적 행동은 아닌가? 그 동기는 한 점 부끄러움 없는 순수한 것인가?..." 이런 생각을 6개월이나 한 끝에 자신의 마음속에 전혀 사심이 없다는 것을 확신하고 DDI(현 KDDI) 설립에 착수했다고 한다. 이후 여러 역경 속에서도 좋은 실적을 올린 것은 국민을 위해 도움이 되고자 했던 사심 없는 동기 때문이었다고 자평하였다. "국민을 위해 장거리 전화요금을 낮추자", "한 번밖에 없는 인생을 뜻있게 만들자"라는 철학을 종업원들에게 주지시켰으며, 창업자인 자신이 많은 주식을 보유할 수 있었음에도 불구하고, 자신은 주식을 단 한 주도 소유하지 않았으며, 종업원들에게는 액면 주식을 구매할 기회를 주었다. 국민의 이익을 위해 도움을 주려 한다는 자신의 순수한 뜻을 직원 및 사회와 공유하였고, 따라서 직원들이 열정을 다해 일하고 사회가 호응하여 큰 성과를 거두게 된 것이었다.

휴대전화사업을 시작할 때도 마찬가지였다. 동일지역 내에서는 신규 진출하는 1개 회사만이 영업을 할 수 있다는 기준에 따라 사업구역을 두 개로 나누어 그 중 하나를 맡아야 했는데, 인구가 밀집된 수도권 구역을 서로 차지하려해서 협상이 장기 교착 상태에 있었다. 이때 이나모리 가즈오는 스스로 수도권과 중부권이라는 큰 시장을 상대에게 양보하고 남은 지역을 맡기로 결정하였다. 자신들에게 불리한 결정을 내린데 대해 이를 비난하는 임원들에게 이렇게 얘기했다고 한다. "'손해 보는 것이 이득이고, 지는 것이 이기는 것이다.' 라는 말이 있습니다. 다 같이 노력해서 속 알맹이 없는 그 껍데기를 황금알로 만들어봅시다." 그런데 정작 사업이 시작되니 예상을 뒤엎고 DDI의 매출은 계속 증가했다고 한다. 동기가 선하면 반드시 성공하게 되어 있다는 그의 경영철학이 또 한 번 증명된 것이라고 자평하였다. 2010년에 8,400억엔 규모의 채무를 지고 법정관리에 들어간 일본항공 JAL의 CEO를 맡았을 때도 의(義) 경영 철학을 통해서 위기에 처한 기업을 고수익기업으로 탈바꿈시키는 데 성공하였다.

2005년 교세라 그룹 경영 일선에서 은퇴하며 받은 퇴직금 6억엔도 모교와 교육기관에 전액 기부했다. 창업자의 공로에 비해 퇴직금이 너무 적으니 더 받으라는 임원들의 권유에 대해서도 '나는 일을 즐겼고, 사회에 공헌한 것으로 만족한다'며 거절했다고 한다.

자료: 좌절하지 않는 한 꿈은 이루어진다, 이나모리 가즈오 저, 홍성민 역, 더난출판사, 2011., 카르마 경영, 이나모리 가즈오 저, 김형철 역, 서돌, 2005. 등 요약 발췌하여 의(義)경영 관점 사례 구성

제4장

경영자론

제1절 | 경영자론 개요

경영자는 경영활동을 수행하는 사람이다. 경영활동을 잘 수행하기 위해 조직의 내·외부 자원을 잘 활용하는 사람이다.

경영자론에 대한 역사는 깊다. 황석공이 장량에게 전수한 비밀의 책이라고 알려진 소서에서는 준, 호, 걸 론으로 경영자론을 제시하였다. 문이원에서 편저한 황석공 원저 소서의 번역을 참조하여 경영자 관점으로 해석하면, '믿음(信)으로서 서로 다른 사람들이 함께 일할 수 있도록 만들 수 있고, 의로움(義)으로서 대중들의 마음을 얻을 수 있고, 재능(才)으로서 옛 지혜를 본받을 수 있고, 밝음(明)으로서 아래를 환하게 비출 수 있는 사람을 뛰어난 사람 준(俊)'이라 한다는 것이다. 즉 투명하고 의롭고 믿음이 있고 재능 있는 사람이 경영자가 될 수 있는 것이다. 또 '행동(行)이 다른 사람의 본보기가 될 수 있고, 지혜(智)를 가지고 의심스러운 일을 해결할 수 있고, 믿음(信)이 있어 약속을 잘 지키고, 청렴함(廉)이 있어 자신의 재물을 나눌 수 있는 사람을 호(豪)'라고 하였는데, 믿음과 지혜가 있으며, 행동으로 본보기를 보일 수 있는 청렴한 사람이 지도자의 모델이 된다. '직무 수행에 어려움이 있어도 포기하지 않고 열심히 하며, 의로운 일을 꿋꿋이 해내고, 의심을 받아도 구차하게 변명하지 않고, 이익에 초연할 수 있는 사람을 걸(傑)'이라고 하였는데 앞서 제3장에서 제시한 의(義) 경영을 잘할 수 있는 경영자의 자질과 유사하다.

요약하면, 경영자는 믿음이 있고, 겸허하며, 지혜가 있고, 의지가 굳건하며, 사람을 포용하며 역량을 발휘하는 사람이다.

또한 중국 한나라를 건국한 한 고조 유방의 아래 이야기는 경영자론의 기본을 보여준다.

박스사례

중국 한 고조 유방 이야기

내부 및 외부 자원을 잘 활용하는 능력은 경영자의 가장 중요한 능력이며, 역사적으로도 이러한 능력을 잘 발휘한 경영자들이 성공하였다. 중국 고대 한나라를 건국한 한 고조 유방의 경우, 장량, 소하, 한신과 같은 걸출한 인재들이 있었다. 이들은 한고조 유방이 초패왕 항우를 물리치고 한나라를 세우는데 가장 큰 공을 세웠다. 어느 날 한 고조 유방이 신하들에게 말했다 한다. '멀리서 계획을 세우고 그 계획을 실천에 옮겨 승리를 거두게 하는 능력으로는 내가 장량만 못하고, 내정이나 병참의 재능으로는 내가 소하만 못하고, 백만 대군을 이끌고 반드시 이기는 장군의 재능으로는 내가 한신만 못한데 어찌하여 나는 황제가 되고 경들은 내 아래에 있는 것인가?' 장량이 이렇게 답했다고 한다. '그것은 폐하께서 재능을 가진 인재들을 믿고 그들로 하여금 열과 성을 다해 일할 수 있도록 하는데 더 큰 재능을 지니셨기 때문입니다'. 철강왕 카네기가 묘비명에 새겨 달라고 했던 '여기 자신보다 뛰어난 사람을 볼 줄 알았고, 그를 활용할 줄 알았던 사람 잠들다'라는 말이 함께 생각나는 대목이다. 경영자가 가져야하는 가장 중요한 역량은 동서양에서 공통적일 것이라 생각된다.

자료: 초한지, 소서(황석공저, 문이원 편저) 등 요약 편집 사례 구성

경영자는 경영자가 아닌 사람과 구분된다. 사장으로 불리는 사람은 많지만, 사장이 모두 경영자로서 역할을 수행하는 것은 아니다. 경영자와 비경영자를 구분하는 기준은 급여나 직위가 아니기 때문이다. 그 사람이 수행하는 업무의 내용이 구분 기준이다. 경영자는 "다른 사람에게 비전을 제공하고 업무 수행 능력을 제공하는 기능 담당자(피터 드러커)" 이며, 또한 "경영 의사결정을 수행하는 사람"이며, "다른 사람들의 성과에 대한 책임을 지고 있는 사람"이다.

경영자가 해야 하는 가장 중요한 임무는 "개인성과의 합보다 경영조직 전체성과가 더 크게 되도록 하는 일"이다. 경영자는 장기적 과제와 단기적 과제를 모두 수행하며 조화로운 의사결정을 해야 한다. 수년 후 큰 강을 건너야 한다면 지금 교량 건설 작업을 시작해야 한다.

경영자는 미래를 스스로 개척해야 한다. 미래를 위한 로드맵을 만들고 임직원들과 함께 이를 실행해야 한다. 피터 드러커의 표현대로 경영자는 작곡자이면서 동시에 지휘자다. 지휘자는 악보가 있으나 경영자는 악보가 없기 때문이다. 스스로 악보를 만들고 스스로 지휘를 해야 하는 사람이 경영자다. 스스로 미래를 위한 계획을 세우고

스스로 계획의 실행을 지휘해야 한다. 따라서 경영자는 조직의 가장 중요한 기관이다.

'땅이 척박하면 큰 산출물을 얻을 수 없고, 물이 얕으면 큰 고기가 살지 않고, 나무가 작으면 큰 새가 살지 않고, 숲이 무성하지 않으면 큰 짐승이 살지 않는다.'고 소서에서 강조했다. 경영자는 좋은 직원들이 조직에서 일할 수 있도록 조직이라는 땅을 비옥하게 만드는 일, 조직이 제공하는 활동 공간이 넓고 깊도록 만드는 일, 숲과 나무를 무성하게 만들 듯이 조직을 풍성하게 만드는 일을 고민해야 한다.

제2절 | 경영자의 역할

신경영에서의 경영자는 더욱 중요한 기관이다. 미래가 매우 불확실하고 모든 것이 연결되어 있고 변화의 방향을 예측하기 어렵기 때문이다. 과학기술이 빠르게 발전하고 그 발전 방향을 예측하기 어려운 상황에서 가변성이 많은 인적자본의 중요성은 더욱 커졌기 때문에 경영자의 역할에 따라 조직 전체의 성과와 운명이 좌우된다고 할 수 있다.

신경영자의 자질을 상세히 살펴보기에 앞서 기존 경영학에서 정의한 경영자의 역할을 알아보자. 피터 드러커는 경영자의 과업으로 다섯 가지를 제시했다.[2)]

① 경영 목표 수립

② 목표 달성을 위한 조직 구축

③ 동기 부여 및 커뮤니케이션

④ 성과 평가 측정

⑤ 부하 육성

이는 매우 단순하고 경영자가 당연히 해야 할 역할이지만 잘해내기는 쉽지 않다. 경영 목표 수립만 해도 과학과 예술이 동시에 필요한 복잡한 작업이다. 환경 분석과 시장 분석, 조직의 상황과 역량 분석을 거쳐야 하는데 여러 목표가 동시에 중요하며 때로는 상충되기도 하므로 역량 있는 경영자만이 이를 잘해낼 수 있다. 단기적으로 바람직한 목표와 중장기적으로 필요한 목표 사이의 균형을 맞추기도 쉽지 않고, 조직의 발전을 위해 달성해야 하는, 혹은 하고 싶은 목표와 현재 자원으로 달성 가능한 목표 사이의 타협점을 찾기도 녹록치 않다. 가장 적합한 수준의 경영 목표를 세우려면 조직이 몸담은 업의 본질과 경영 철학에 기초해야 한다. 따라서 경영자의 첫 번째 과업은 업의 본질에 맞는 경영 철학을 정립하는 일이다. 두 번째부터 다섯 번째 역할 역시 조직의 상황과 현실 등을 잘 고려해서 수행해야 한다. 또한, 피터 드러커는 신기술에 기반을 둔 내일의 경영자는 일곱 가지 과제를 잘 수행해야 한다고 설명했다[3]. 신기술에 기반을 둔 내일의 경영자는 목표에 따라 관리를 해야 하고, 더 많은 위험을 더 장

2) 『경영의 실제』, 피터 드러커, 이재규 옮김, 2006, 한국경제신문. pp.505-506.

3) 『경영의 실제』, 피터 드러커, 이재규 옮김, 2006, 한국경제신문. pp.545-546.

기간 감수해야 하고, 전략적 의사결정을 내릴 수 있어야 하고, 통합팀을 구성할 줄 알아야 하고, 정보의 신속 전달과 동기부여를 할 수 있어야 하고, 사업을 전반적으로 보고 자신이 가진 기능을 그에 통합할 수 있어야 하고, 자신이 아는 제품과 산업을 사회 환경과 연결해 검토하여 그 속에서 무엇이 중요한지 파악해 자신의 의사결정과 행동에 참고할 수 있어야 한다는 것이다. 즉 경제적, 정치적, 사회적 사태의 발전을 세계적 차원에서 보는 법을 배워야 한다는 것이다.

한편 경영학자 프라할라드(C.K. Prahalad)는 새로운 경쟁 환경에 놓인 관리자의 과업으로 네 가지를 제시했다[4]. 체계적 사고를 가져야 하고, 문화를 초월한 능력을 발휘해야 하고, 강하고 지속적으로 스스로 훈련할 수 있어야 하고, 스스로 높은 수준의 표준을 보여 줄 수 있어야 한다는 것이다.

① 체계적 사고의 보유자

경영자는 현대 경제의 불연속성과 불확정성을 이해하고, 전체를 개념화하고 종합할 수 있는 능력이 있어야 한다. 여러 부문에서 전개되고 있는 발전 상황 사이의 연결을 이해할 수 있는 능력이 있어야 하고, 미래를 상상할 수 있는 능력도 있어야 한다는 것이다. 또한 확실한 정보의 불확실성과 불확실한 정보의 일말의 확실성을 인지하고 둘 사이의 조화를 추구할 수 있어야 한다. 분석력과 직관력이 조화되

---

4) 『미래의 기업 어디로 갈 것인가』, 피터 드러커 외 지음. 이재규, 서재현 옮김, 한국경제신문, 2005, pp.208-219.

어야 하며, 개인의 이익과 공공의 이익 간의 균형을 달성할 수 있는 역량이 필요하다는 것이다.

② 문화를 초월한 능력 발휘자

글로벌 경제에서는 다른 문화권의 시장과 공급자, 종업원, 투자가에 대한 의존도가 높아지므로, 경영자 자신의 가치관에만 의존하지 말고, 자신의 문화를 초월해 개방적으로 능력을 발휘해야 한다. 여러 언어를 구사하고 타 문화의 역사·종교·예술을 깊이 이해해야 한다는 것이 프라할라드의 주장이다.

③ 강하고 지속적인 자기 훈련자

변함없는 진리는 세상이 계속 변화한다는 것이다. 특히 미래는 모든 것이 빠르게 변화하는 시대이므로, 경영자는 지속적으로 강한 자기 훈련을 해야 한다. 경영자는 조직원들이 새로운 생각과 기술, 사업과 문화에 대응할 수 있도록 조직을 리드해야 한다.

④ 높은 수준의 개인 표준과 행위의 표준

경영자는 세계화된 조직을 운영하기 위해 필요한 가치관과 행동의 기준 체계를 만들고, 스스로 높은 표준을 보여주어야 한다. 사업에 대한 지식과 성과에 대한 책임감은 물론이고, 사업에서 준수해야할 적법한 절차, 대인관계 및 문화에 대한 역량 등의 측면에서 우수함을 갖춰야 한다는 것이다.

종합하여 새 시대의 경영자는 단순한 행위자가 아니라 사색가이며 요가의 수행자이기도 하다는 것이다. 이와 함께 프라할라드는 경영자의 직무 네 가지를 언급했다. 첫째는 복잡한 전략을 생각해내고 실행해야 한다는 것이다. 산업의 이동, 산업 표준, 비전통적 시장으로의 진입 등을 고려해 공급자와 고객 및 경쟁자와 공조하는 전략을 구상하고 실행하는 일이 경영자의 직무라는 것이다. 둘째는 지적재산권을 공유하고 보호해야 한다는 것이다. 현대 경제의 무형적 특성을 인지하고 브랜드, 특허, 신뢰 등 보이지 않는 자산을 구축하여 관리하는 데 힘을 쏟는 것이다. 셋째는 정부, 환경단체, 투자가, 인권운동가 등 다양한 이해관계자 및 영향 집단과 적절한 관계를 구축하고 잘 관리하는 일이다. 넷째는 기술과 비즈니스모델 측면에서 급격히 변화하고 있는 조직을 효과적으로 리드하는 지적인 리더십을 구사해야 한다는 것이다.

또한 균형성과지표(BSC) 관점에서 바람직한 경영자의 역할을 정의할 수도 있다. BSC는 재무적 관점, 내부프로세스 관점, 고객 관점, 혁신 및 학습 관점 등 네 가지 차원이다. 이를 경영자에게 적용하면, 경영자는 기업의 재무성과를 높이고 프로세스 혁신 등을 통해 내부역량을 강화하며, 조직에 충성하는 고객을 많이 확보하고 임직원을 교육하여 혁신적 인재로 양성해야 한다.

여기까지는 기존 경영학에서 제시한 경영자의 역할이다. 신경영자는 이를 현대 경영환경에 맞춰 새롭게 정의하여 성공적으로 수행해야 한다. 그러려면 스스로 신경제의 중심재화인 서비스의 본질에 충실한 기본 소양을 지녀야 한다.

제3절 | 경영자의 기본 소양

경영자는 경영 과업을 성공적으로 수행하기 위해 기본적인 역량을 갖추어야 한다. 경영자가 갖추어야할 기본 소양을 제시하고, 경영자론을 확장한다.

3.1 경영자로서의 그릇

경영본질 통찰 역량

경영자는 경영활동의 본질을 깊이 이해할 수 있는 통찰력을 가져야 한다. 기업경영과 세상경영의 본질을 깊이 이해하는 안목이 있어야 한다. 예를 들어, 아래 [박스사례]에서 보듯이 이나모리 가즈오가 마쓰시다 고노스케의 댐경영 강의를 깊이 이해하고 실천한 것은 경영본질에 대한 통찰력이 있기 때문이라 할 수 있다.

박스사례

마쓰시다 고노스케와 이나모리 가즈오의 댐경영 통찰

마쓰시다 고노스케는 일본의 대표적 경영자다. 꽃을 피우기 위해서는 고난을 견뎌내야 함을 강조하고 어려울 때 일수록 힘을 저장하고 비축하는 일, 댐을 구축하는 마음가짐의 중요성을 역설한 경영자다. 일본 교세라 창업자 이나모리 가즈오가 초년 경영자 시절 마쓰시다 고노스케의 댐경영 강의를 들을 때 였다. 마쓰시다가 "댐이 없는 하천은 큰 비가 내리면 물이 크게 넘쳐 홍수를 만들고, 가뭄이 지속되면 말라버려 물 부족을 일으킨다. 그러나 댐을 만들어 물을 저장하면 날씨나 환경에 좌우되지 않고, 수량을 항상 일정하게 조절할 수 있다. 이와 마찬가지로 경영도 호경기일수록 불경기를 대비하는 여유로운 경영을 해야 한다" 고 댐 경영 강의를 하자, 그 자리에 있던 수백 명의 중소기업 경영자들이 일제히 그를 비난했다고 한다. "무슨 소리를 하는 거야! 그럴 여유가 없으니까 매일 악전고투하고 있는 거 아냐?" 강의가 끝나고 질의 응답시간에 한 사람이 불만 섞인 질문을 했다. "물론 댐식 경영을 할 수 있다면 더 없이 좋겠지만 현실에서는 불가능합니다. 어떻게 하면 그렇게 할 수 있는지 방법을 알려주셔야 하지 않겠습니까?" 그러자 마쓰시다는 잠시 침묵 후 천천히 더듬더듬 말했다 한다. "그런 방법은 저도 모릅니다. 모르지만, 댐을 만들려는 생각이 없으면 안 됩니다." 마쓰시다의 이 말에 대다수의 사람들이 실망했지만, 이나모리 가즈오는 온 몸에 전류가 흐르는 듯한 커다란 충격을 받았다고 한다. "생각이 없으면 안됩니다." 이 말이 진리라고 생각했기 때문이다. 생각이 모든 것의 시작이고, 엄청나게 많이 생각하는 것이 중요하고, 머리에서 발끝까지 온 몸을 생각으로 가득 채우고 '피 대신 생각'이 흐르게 해야 된다는 진리를 그때 깨우쳤다는 것이다. 마쓰시다 고노스케도 그의 저서 '길을 열다'에서 일관되게 생각의 중요성을 강조하였다. '사람의 마음은 손오공의 여의주와 같이 마음대로 늘어났다 줄었다 한다. 곤란한 때야 말로 유연한 마음가짐으로 자신의 꿈을 개척하는 강한 의지를 발휘하며 힘차게 걸어가야 한다. 중요한 것은 생각이다. 생각을 새롭게 하고 결심을 단단히 하고 나아가면 어려움이 도약의 토대가 된다' 고 강조했다.

자료: 카르마경영, 이나모리가즈오 저, 김형철 역, 서돌, 2005, pp.41-46, 길을 열다, 마쓰시다 고노스케 저, 남상진, 김상규 역, 청림출판, 2009, 참조 요약 편집 구성

경영 활동의 본질을 통찰하는 역량은 타고난 그릇일 수 있다. 그러나 후천적으로 학습에 의해 또는 경험에 의해 개발될 수 있는 역량이다. 보통 사람들은 보지 못하는 경영의 본질을 보려고 하고, 찾아내려고 하고, 학습하려고 하고, 자신의 깊숙한 곳에 내재시키려고 하는 경영자의 자질은 중요한 역량이다.

자주(自主) 역량

경영자는 스스로 목표를 설정하고, 스스로 그 목표를 관리하고, 스스로 그 결과에 대해 책임을 지는 사람이다. 따라서 스스로 주인이 되는 역량인 자주역량은 경영자가 갖추어야 하는 제일 중요한 역량 중의 하나다. 자주역량은 경영자 스스로 홀로 설 수 있는 역량이다.

따라서 경영자는 책임감이 필요하다. 넷플릭스(Netflix)의 CEO 리드 헤이스팅스가 제시한 '책임감 있는 사람은 흔치 않다'는 전제는 자주역량의 중요성을 강조한다. 스스로 동기를 부여하는 사람, 스스로를 자각하는 사람, 스스로의 규율을 지키는 사람, 스스로 자신을 개선해 나가는 사람, 리더로서 행동하는 사람, 누가 무엇을 하라고 지시할 때까지 기다리지 않는 사람은 흔치 않다는 것이다. 경영자는 이렇게 책임감 있는 사람이 흔치 않은 현실에서 임직원들을 경영해야 하므로 책임감이 더 무겁다. 경영자 스스로 강한 책임감을 가진 사람이라야 한다.

또한 경영자는 결단력이 필요하다. 경영자는 균형감각이 필요하다. 스스로 나아가야 하고, 스스로 결과에 책임을 져야 하기 때문이다.

3.2 경영자의 기본 소양

경영자는 경영활동을 충실하게 수행할 수 있도록 경영에 대한 기본 소양을 가져야 한다.

성실성

성실성은 경영자가 가져야 하는 중요한 기본 소양이다. 꾸준히 자신에게 부여된 임무를 성실하게 수행하는 사람이 경영자다. 성실성이 결여된 사람은 경영활동을 수행할 수 없다. 임직원들이 성실하게 책임을 다해야 조직이 경영되는데, 경영자가 성실성이 없는 경우 임직원들이 성실하게 자신의 책임을 다하기 어렵기 때문이다. 성실한 직원들은 불성실한 경영자의 지휘아래서 일하기보다는 조직을 떠나려 할 것이다. 지적 역량이 아무리 우수해도 성실성이 결여된 사람이 경영하는 조직은 쇠퇴하게 된다. 조직은 혼자서 운영하기 어렵기 때문이다. 인간관계가 아무리 좋은 사람이라도 성실성이 부족한 사람은 경영을 잘 하기 어렵다. 부하 직원들은 조직의 미래를 경영자와의 인간관계에서 바라보지 않고 조직의 비전과 발전 차원에서 바라보기 때문이다.

경영자의 성실성이 특히 중요한 이유는, 경영은 조직의 목적을 달성하는 과학적 활동이기 때문이고 사회적 책임을 수행해야 하는 중요한 활동이기 때문이다. 성실성이 결여된 경영자는 이러한 활동을 잘 수행하기 어렵다.

도구 활용 역량

경영자는 경영 활동을 위한 도구 활용 역량이 필요하다. 듣고 읽고 말하고 쓰는 역량이 우선 중요하다. 경영자는 잘 들어야 한다. 삼성그룹 창업주 이병철 회장이 강조했듯이 잘 듣는 기술 '경청'은 경영자의 매우 중요한 자질이다. 윗사람이 될수록 경청하기 어렵다. 자신이 여러 경험을 통해서 많이 알고 있기 때문에 아랫사람들의 이야기를 자신의 경험과 지식에 비추어서 속단하는 경우가 많다. 그래서 잘못 판단하는 경우가 많다. 자신을 낮추어 잘 듣고 정확하게 파악하는 역량이 중요하다.

경영자가 동기부여를 하고 의사소통을 하기 위해서는 읽고 말하고 쓰는 역량이 꼭 필요하다. 이러한 역량 발휘를 통해 경영자는 임직원들에게 조직 목적에 부합하는 활동을 하도록 동기를 부여할 수 있고, 자신이 원하는 바를 설득하고 자신이 원하는 행동을 하게 할 수 있다.

경영자는 수치를 이해하는 역량도 필요하다. 올바른 의사결정을 하기 위해서 상황을 정확하게 파악해야 한다. 정확한 상황은 수치로 표시된 조직의 데이터와 시장에 대한 데이터에서 확인할 수 있다. 재무나 회계 관련 수치와 추세치, 시장과 고객 관련 수치와 추세치, 기술과 생산 관련 수치 등을 정확히 이해하는 역량이 필요하다.

사람관리 역량과 시간관리 역량

경영자는 조직 목적 달성을 위해 직원들을 관리한다. 사람관리가 경영의 중요 활동이며, 특히 현대 경영에서는 사람관리 역할이 중요하다. 부하직원의 역량을 개발하고, 정확한 일처리를 요구하고, 직원들로 하여금 탁월한 성과를 달성하게 하는 경영자의 역량은 더욱 중요해지고 있다. 또한 가장 한정된 자원인 시간관리 역량도 경영자의 중요 역량이다. 시간을 효과적으로 관리하는 역량, 중요한 일에 집중할 수 있는 역량이 경영자의 성과를 좌우한다. 중요한 일과 덜 중요한 일을 구분할 수 있는 역량, 덜 중요하지만 긴급한 일과 매우 중요하지만 긴급하지 않은 일과의 균형을 맞추는 역량도 필요하다. 매우 중요하지만 긴급하지 않은 일들이 경영자의 시간 배분 우선순위에서 뒤처지는 경우가 많기 때문이다.

제4절 | 신경영자의 과업과 유형

4.1 신경영자의 과업

신경영자는 기존 경영자가 수행하는 경영활동을 모두 충실히 수행하여 성과를 창출하는 과업을 수행하는 것은 물론이고 새 시대가 요구하는 주요 과업을 함께 수행해야 한다. 신경제사회에서 증대된 경영자의 역할을 수행하는 주체다. 신경영자는 무형재화 경영을 강화하고 창조로서의 경영활동을 강조하는 것은 물론이고, 과학기술을 이해하고 기술의 급속한 발전에 능동적으로 대응해야 하며, 조직에 부여된 사회적 책임을 지역사회만이 아닌 글로벌 관점에서 수행해야 한다.

따라서 신경영자의 과업은 과거보다 범위가 많이 넓어지고 어려워졌다. 조화시켜야하는 사회개념이 글로벌로 넓어졌고 첨단 과학기술의 변화 발전 속도가 매우 빨라지면서 산업간 경계가 해체되어 경쟁과 산업 진화 방향을 예측하기 더욱 어려워졌다. 또한 일자리 창출 요구와 사회적 책임 요구가 증대되었으며, 경영자에게 요구되는 역량 수준도 기술 및 비기술적 역량 모두로 확장되었으며, 신념과 도덕성 요구 수준도 높아졌다.

신경영자는 다양한 이해관계자의 요구를 충족시키는 경영을 해야 한다. 이익창출과 수익배당에 대한 주주들의 요구, 양질의 교육훈련과 일자리 유지에 대한 직원들의 요구, 사회관계망 구축과 좋은 일자리 창출에 대한 국가사회의 요구, 지속가능 경제 및 사회 발전에 대한 시대의 요구를 모두 적절하게 충족시켜야 한다.

따라서 신경영자는 선한 도덕적 가치관을 가지고 굳은 신념으로 자신의 과업을 수행해야 한다. 동물적 생태계가 아닌 식물적 생태계를 구현하는데 노력해야 한다. 즉 지상에서 약육강식하는 동물적 생태계가 아닌, 지하에서는 경쟁하지만 지상에서는 서로 평화롭게 공존하는 식물적 생태계를 구현해야 한다. 자기신뢰와 불굴의 의지도 신경영자의 요건이다. 급격하게 변화하는 환경에서 중장기 과업을 수행하려면 자기 신뢰가 필수적이며, 역경을 헤쳐 나가는 강한 의지가 필요하기 때문이다. 리더십과 소통능력 등 전통적 경영자 역량은 물론이고 신사업 창출 등을 위해 과학기술에 대한 이해 및 활용 역량도 필요하다.

신경영자는 자연원리와 인간원리에 모두 통달한 통찰력과 영감을 보유해야 한다. 조직과 자신의 비전을 구현할 역량과 조직의 경영목표를 달성할 실력을 갖추어야 한다. 주주와 종업원, 사회 등 각 이해관계자 요구에 대해 이들을 조화롭게 충족시키는 능력을 발휘해야 한다. 시간을 중심축의 변수로 두고 중장기 및 단기의 여러 목표를 동시에 추구하는 역량을 발휘할 수 있어야 한다.

모든 길은 로마로 통한다고 했듯이 신경영자를 통해 경영이 완성된다. 노자 도덕경식의 무위자연경영, 주역식의 태극섭리경영, 불교식의 자리이타경영, 기독교식의 사랑경영, 근대식의 균형성과경영, 현대식의 지속가능경영 등이 모두 신경영자를 통해 구현된다. 위대한 기업을 넘어 사랑받는 기업을 넘어 궁극의 기업으로 완성하는 주체가 신경영자다. 영리기업만이 아니라 증가하고 있는 비영리기업경영, 정치서비스경영, 행정서비스경영, 종교서비스경영 등 인류사회의 모든 영역에서 신경영자는 경영을 완성하는 주체이다. 조직을 가장 효과적으로 가장 아름답게 가장 오래 성공시키는 주체가 신경영자다.

과거 정부의 통제하에 있던 기업이 정부의 통제를 벗어나 자유로운 경제활동을 하게 되면서 비약적으로 경제는 발전되었지만 불평등이 심화되고 실업 등의 사회문제가 발생하면서 기업에 대한 사회적 책임의무 수행 요구가 증대되었다. 이의 해결 방안으로 기업의 사회적 책임(CSR: Corporate Social Responsibility)나 공유가치창출(Creating Shared Value) 개념이 등장하고 여러 기업들이 노력하고 있지만 여전히 불평등 정도는 심화되고 있고 실업 등 사회적 문제 해결도 요원하다. 보다 근본적인 차원에서 경영의 혁신이 필요하다. 경영 활동의 본질이 혁신될 필요가 있다. 신경영자는 경영의 본질을 혁신하는 주체다.

신경영자는 과학기술의 활용과 발전에 대한 조직 차원 및 사회 차원의 임무를 수행하는 주체다. 공동체의 안정과 발전에 대한 조직차원 및 사회 차원의 임무를 수행하는 주체다. 일자리 창출을 비롯하여 직원, 고객, 사회, 국가, 인류 전체에 대한 임무를 수행하는 주체다.

신경영자는 궁극의 서비스 수행자이며, 서비스의 완성자다. 따라서 신경영자는 경영조직과 공동체(직원, 고객, 사회)간의 수평성 강화 주체다. 공동체는 조직의 존재 목적 자체이기 때문이다. 신경영자는 장기와 단기의 조화, 조직과 사회의 조화를 추구하는 조화경영자다. 신경영자는 임직원 및 사회와 쌍방향으로 교류하는 쌍방향경영자다. 신경영자는 인류라는 고객을 위한 서비스 활동으로서의 경영활동 수행자이며, 국가 및 지역사회라는 고객을 위한 활동으로서의 경영활동 수행자이며, 직원 및 주주라는 고객을 위한 활동으로서의 경영활동 수행자이며, 과학기술과 인간의 욕구를 조화시키는 활동으로서의 경영활동 수행자이며, 무에서 유를 창조하는 창조로서의 경영활동 수행자이며, 없음으로 있음을 완성하는 무위로서의 경영을 완성하는 주체다.

4.2 신경영자의 유형

신경영자의 유형은 사회와의 조화프레임과 시간축인 타임프레임 등 두 개의 축에 의해 네 가지 유형으로 분류할 수 있으며, 신경영자는 이 네 가지 역할을 기본적으로는 모두 수행하되 특정 역할을 강조하여 수행하게 된다. 경영의 중심이 조직의 성과와 함께 사회적 가치창출을 강조하며 경영의 타임프레임에서 단기는 물론이고 장기 관점을 강조하는 경영 활동을 수행하는 경영자는 태극경영자로 명명한다. 경영자가 조직의 성과와 사회적 가치창출을 함께 강조하되 경영의 타임프레임에서 단기적 차원이 강조되면 사회경영자로 명명한다. 장기적 차원의 경영을 중시하면서 조직의 성과를 우선적으로 강조하는 경영자는 창조경영자로 명명한다. 조직의 성과를 우선적으로 강조하며 단기적 차원의 경영을 주로 수행하는 경영자는 전통경영자로 명명한다. 기본적으로 신경영자는 이 네 가지 경영유형을 조직과 사회의 필요에 따라, 또 조직과 시대의 상황에 따라 적절히 선택하여 수행할 수 있어야 한다. 이 네 가지 경영자 유형을 그림으로 도시하면 아래 [그림 4-1]과 같다.

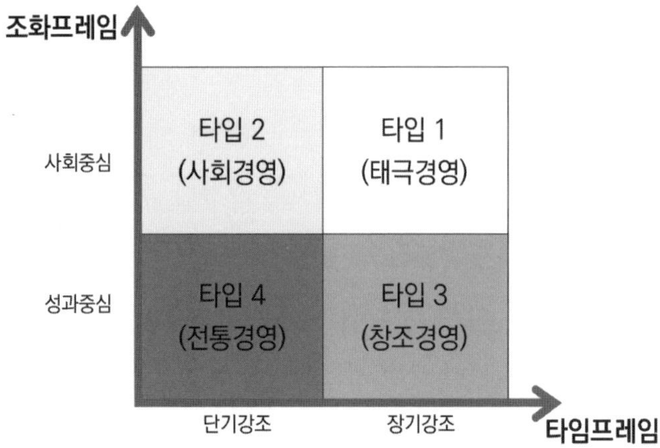

[그림 4-1] 신경영자 유형

신경영자의 첫 번째 유형인 태극경영자는 인류 경제사회 전체 차원에서 최적 경영을 수행하는 경영자다. 문명의 발전과 생명과 인간의 삶을 조화시키는 최적 수단으로서 경영 활동을 수행한다. 조직목표와 활동의 단기 및 중장기 최적화는 물론이고 자연과 조화되는 적정수준의 경영활동을 수행한다. 이러한 유형의 경영자는 몬드라곤협동조합 설립을 주도한 돈호세 신부처럼 영성에 의한 경영을 하는 경우가 많으며, 선한 도덕적 가치관과 뚜렷한 삶의 철학에 기반을 두고 경영 활동을 수행한다.

신경영자의 두 번째 유형은 사회경영자다. 이 유형은 사회적 기관으로서의 조직의 역할을 중시한다. 사회적 요구를 중심으로 조직을 관리하고 성과를 향상시킨다. 조직의 사회봉사 의무를 강조하는 유형이다. 기업의 주된 목적은 이윤을 남기는 것이 아니라 직원, 고객,

사회공동체를 포함하는 전체 사회를 더 좋은 곳으로 만드는 것이라고 생각하는 유형이다. 헨리포드도 1919년 소송 패소 전까지는 기업목표를 사회적 목표에 일치시키는 사회적 경영을 수행하였다. 인도의 인포시스처럼 사회를 위한 인적자본창출을 강조하는 경우도 이 유형에 가깝다. 대형글로벌교육센터에서 많은 인적자본을 창출하지만, 양질의 교육으로 역량이 향상된 이들이 타 직장으로 이직해도 이는 사회에 기여하는 것이므로 좋은 일이라고 생각하는 유형이다. 브라질의 화장품회사 나투라도 이 유형에 가깝다. 120만명의 여성 판매 대리인을 교육하여 이들 중 다수가 타 직장으로 이직해도 이는 기업이 공공의 이익에 기여한 것이라 생각하며 사회기여를 강조하기 때문이다(파반 수크데브, 2014). 단기 수익도 창출하면서 인적자본 등 사회 자본축적 등을 통해 사회발전에 기여하는 경영자 유형이 두 번째 유형이다.

세 번째 유형은 창조경영자다. 이 유형은 새로운 것을 만들어 내는 창조활동을 강조한다. 조직을 학습기관으로 만들어서 창조활동이 조직의 중심이 되도록 한다. 대체로 장기적 차원에서 큰 성과를 내는 것을 강조한다. 과학기술만이 아니라 장기적 사회제도개혁을 통한 사회혁신을 추진하는 경우도 이 유형에 해당한다. 이 유형은 과학기술 기반의 경영자 중에 많이 나타나며, 사회운동가 중에서도 다수 나타난다. 애플 창업자 스티브잡스를 비롯한 테크 기반의 경영자들과 큰 비영리조직의 설립자들이 이 유형에 가깝다. 이 유형의 경영자들은 장기적으로 큰 가치를 창출하는 것을 강조하는데, 대체로 보통사람들의 눈에는 잘 보이지 않는 무형적 요소의 가치를 파악해 낼 수 있는 핵심 역량을 보유한 경우가 많다.

전통적 경영자 유형은 주주와 직원을 위한 단기 성과추구가 경영활동의 중심인 유형인데, 대다수의 경영자가 이 유형에 해당한다. 전략을 사용하고 정치적 기술을 사용하며 각종 비즈니스 기술을 발휘하여 성과를 추구하는 유형이다. 이 유형은 조직의 자유를 중시하며 개인의 역량이 최대한으로 발휘되도록 혁신을 강조한다. 민간 기업의 경우, 기업이 이윤 창출 활동을 적극적으로 수행하면, 보이지 않는 손에 의해 사회는 최적 상태를 유지하게 된다는 생각에 의해 이윤추구 활동에 집중하게 된다. 공공조직이나 비영리 조직 경영자의 경우에도 본인 재임 중의 성과 극대화에 주력하게 되면 이 유형의 경영자로 볼 수 있다.

신경영자는 어떤 조직 상황에서도 경영을 성공적으로 할 수 있도록 본질적 소양을 보유해야 한다. 어떤 상황에서도 부분의 합보다 전체가 더 크게 되도록 해야 한다. 위 네 가지 유형을 적절히 조합하여 동시에 또는 시간차로 적용하는 능력을 발휘할 수 있어야 한다.

제5절 | 신경영자의 기본 소양

신경영자는 신경영을 수행하는 경영자다. 창조자로서의 경영자, 사회 중심 기관으로서의 조직 경영자, 신경제사회의 리더로서의 역할을 수행해야 한다.

따라서, 앞서 제시한 경영자의 기본 소양에 추가하여 신경영자는 스스로 신경제의 중심재화인 서비스의 본질에 충실한 기본 소양을 지녀야 한다.

신경영자는 서비스의 본질에 충실한 물의 소양, 불의 소양, 하늘의 소양을 지녀야 한다.

물의 소양

무형 재화인 서비스를 다루는 신경영자는 재화의 무형성을 이해하기 위해 스스로 존재의 무형성을 실천할 수 있어야 한다. 고정된 형태로 존재하지 않고, 요구되는 상황에 따라 물과 같이 유연하게 스스로를 변화시킬 수 있어야 한다. 유형 제품은 형태를 바꾸는 데 인위적인 조치가 필요하다. 가열하여 부드럽게 녹이거나 액체로 만들어야 변형할 수 있다. 그러나 물은 별다른 조치 없이 자연스럽게 용기의 모양대로 변형된다. 공기 중에 작은 입자로 흩어지면 마치 없어진

듯이 보이기도 하고, 실제 땅에 스며들어 없어지기도 한다. 자신의 본질은 뚜렷이 존재하지만 자연스럽게 형태를 바꿔 어떤 대상과도 관계할 수 있는 물과 같은 역량이 신경영자에게 필요하다.

물은 낮은 곳으로 흘러 낮은 곳에 머무른다. 서비스는 사람을 향한 관계재화이다. 사람은 높은 산보다는 낮은 도시에, 고층 빌딩의 사무실보다는 시장이나 지하철에 많다. 사람이 많은 곳에 서비스 재화가 있고, 신산업도 여기에서 창출된다. 신 경영자는 사람이 많은 곳에 행동과 의식의 중심을 두어야 한다. 일상적인 삶의 현장이 경영자의 활동 무대가 되어야 한다. 또한 피플 비즈니스를 잘해내려면 인간에 대한 성찰이 있는, 인문적 경영이 중요하다. 경영자가 우리 몸의 본질과 생활의 본모습을 닮아야 한다. 물은 생명을 탄생시키고 살아가게 하는 근원이다. 사방으로 흘러가 모든 대상과 관계하며 가치를 창조한다. 신경영자는 많은 사람과 만나고 관계를 맺으면서 새로운 가치를 창조하는 인간 경영을 해야 한다.

신경영자는 수평 경영을 위해서도 물과 같아야 한다. 물은 자신의 위치를 강요하지 않고 상대의 위치에 자신을 맞춘다. 신경영자는 경영의 대상인 모든 존재에게 자신의 수준을 맞추는 역량이 필요하다. 고객의 소리를 잘 듣기 위해 고객과 눈높이를 맞춰야 하며, 종업원의 요구를 알기 위해 종업원과 몸높이를 맞춰야 한다.

이처럼 신경영자는 무형성, 관계성, 수평성을 잘 경영하기 위해 물의 소양을 지녀야 한다. 많은 대상과 유연하게 관계를 맺으며, 낮은 곳으로 흘러 인간 삶의 본질에 가까이 다가서야 한다.

불의 소양

신경영자는 창조자다. 창조는 매우 힘든 일이다. 창조를 위해서는 타오르는 불의 소양이 필요하다. 불과 같이 열정으로 타올라야 한다. 신사업을 창조하고 신시장을 개척하고 신산업을 일으키려는 열정으로 가득 차 있어야 한다. 새로운 것에 도전하고 미지의 세계로 나아가는 모험심도 필요하다.

열정과 도전정신, 모험심은 기존에도 경영자의 기본 속성으로 꼽혔다. 열정과 도전정신이 없으면 사업을 일으키기도, 발전시키기도 어렵기 때문이다. 그러나 신경제에서는 과거와 다른 차원의 열정과 모험심이 필요하다. 수직경제에서 수평경제로 이동했기 때문이다. 수직경제에서는 한 분야에 대한 깊은 열정과 한 분야의 혁신을 위한 도전정신, 한 분야의 한계를 뛰어넘으려는 모험심이 필요하다. 반면 수평경제에서는 여러 분야에 대한 깊은 열정과 여러 분야의 혁신을 위한 도전정신, 여러 분야의 한계를 동시에 극복하려는 모험심이 필요하다. 여러 분야에 걸친 지식과 통찰력, 각 분야의 연결과 통합을 위한 지혜를 갖추는 일도 열정적인 노력이 없어서는 안 된다.

신경영자는 국내 사업이든 국외 사업이든 글로벌 최적화를 목표로 하고, 단기 목표와 중장기 목표의 균형을 맞춰야 한다. 기업과 사회의 요구를 조화시키고 주주와 종업원을 동시에 만족시키며, 기능 중심이 아닌 통합적인 경영을 해야 한다. 그러려면 불과 같이 스스로 타오르는 동시에 장애가 되는 것들을 태워 없앨 수 있어야 한다. 각

집단의 이기심이나 서로 다른 성격, 본질적인 성향의 차이, 근시안적인 시각, 무지함 등이 통합 경영과 조화 경영에 장애물이 될 수 있다. 신경영자는 불필요한 장애물을 다 태워버린 뒤에 가치 있고 필요한 것만으로 새로운 판을 짜야 한다. 현대 서비스경제에서는 스스로 타오르기도 하면서 장애물을 태워버릴 수 있는 불의 소양이 신경영자에게 요구된다.

하늘의 소양

신경제에서는 산업간 경계가 빠른 속도로 허물어지고 있다. 제조업과 서비스업의 경계가 사라지는 추세이며, 농업 등 1차 산업도 제조와 서비스를 결합하여 6차 산업화 하고 있다. 신산업이 어디에서 어떤 방식으로 탄생할지 예측하기가 그만큼 어려워졌다. 그래서 신경영자는 하늘의 소양을 가져야 한다. 하늘의 소양은 시작과 끝이 없고, 안과 밖의 구분이 없는 하늘처럼 무한하게 열린 사고와 자세를 가리킨다. 제한 없이 열린 시선으로 현상을 바라봐야 변화를 포착하고 신속하게 대응할 수 있다. 절대 망하지 않을 것 같던 대기업이 하루아침에 망하기도 하는데, 작은 벤처기업의 기술혁신 때문인 경우가 많다. 대기업의 시선은 대체로 시장과 고객을 따르지만, 벤처기업의 시선은 기술을 따라간다. 서로 다른 곳을 보기 때문에 대기업이 벤처기업의 기술혁신 동향을 파악하지 못하다가 망하는 경우가 많은 것이다.

신경영자는 현재 기업이 종사하는 산업뿐 아니라 타 산업의 전체적인 시장과 기술혁신 동향을 살피고, 이들 간의 연관관계를 파악할 수 있어야 한다. 이를 위해서는 차원이 다른 안목이 필요하다. 산업 간 경계가 없는 세계에서 끊임없이 일어나는 혁신을 관조할 수 있도록 하늘과 같이 무한하게 열린 시야와 안목을 가져야 한다.

신경제의 욕구 무한성에 대응하기 위해서도 하늘의 소양이 필요하다. 인간의 욕구는 끝없이 확장되고 있는데, 광고와 마케팅 등 새로운 학문이 이를 더욱 부채질하고 있다. 인간의 욕구가 무한한 공간에 시작도 끝도 없이 펼쳐진 하늘을 닮아가고 있다. 내 욕구인지 사회가 만들어낸 욕구인지 구별하지 못한 채, 그저 발현되는 욕구를 쫓아가는 모양도 안팎 구분 없이 존재하는 하늘을 닮았다. 신경영자는 인간의 마음 깊숙이 존재하는 욕구를 따라가야 한다. 하늘처럼 높아지고 넓어지는 욕구에 대응하려면 신경영자가 먼저 하늘처럼 열린 생각과 마음을 갖춰야 한다.

신경영자는 물의 소양, 불의 소양, 하늘의 소양을 모두 가지는 경영자이다. 이러한 신경영자의 소양을 근접하게 보여준 사례로 인도 아라빈드안과병원의 설립자 닥터V와 스페이스 X와 테슬러모터스를 경영하는 일론 머스크를 들 수 있다.

박스사례

인도 아라빈드안과병원의 설립자 닥터 V 와 스페이스-X와 테슬러모터스를 경영하는 일론 머스크는 신경영자의 기본소양을 가진 경영자에 가깝다고 할 수 있다. 이들이 경영 활동에서 보여준 기본소양을 요약하여 표로 제시하면 아래와 같다.

	닥터 V	일론 머스크
물의 소양	"빈자와 부자 구분하지 않고 모든 사람에게 광명을 찾아주자" 는 인도적 사명으로 병원 설립	곧 어려움에 직면할 인류의 문제를 해결하자는 인도적 사명으로 스페이스X와 테슬러모터스 설립
불의 소양	무료 수술을 70% 이상을 하면서도 자력으로 이익이 남는 병원 경영을 하는 것은 매우 어려운 과제임에도 불구하고, 여러 가지 혁신을 거듭하며 시련을 이겨내고 성공하였음	민간 로켓 사업자가 되는 것이나 실용적인 전기차를 생산하는 일은 매우 어려운 과업임에도 불구하고, 확고한 목표를 세우고, 많은 시련을 이겨내며 성공적인 경영을 하고 있음.
하늘 소양	열린 자세로 기술혁신, 프로세스 혁신, 인적자본 혁신을 수행하였음. 맥도날드를 벤치마킹하여 병원수술에 컨베이어벨트 시스템을 도입하고, 돈이 없어 수술을 엄두도 내지 못하는 환자들을 직접 찾아내는 등 한계 없는 열린 경영을 하였음.	기술적으로 불가능에 가까운 목표들임에도 불구하고 창조적 아이디어를 끊임없이 창출해내면서, 문제를 해결해가는 방식이 무한한 공간인 하늘의 속성을 닮고 있음. 무에서 유를 창조해내는 정신 수준이 한계가 없는 하늘과 닮음.
종합	물, 불, 하늘 소양을 갖추고 있다고 할 수 있음.	물, 불, 하늘 소양을 갖추고 있다고 할 수 있음.

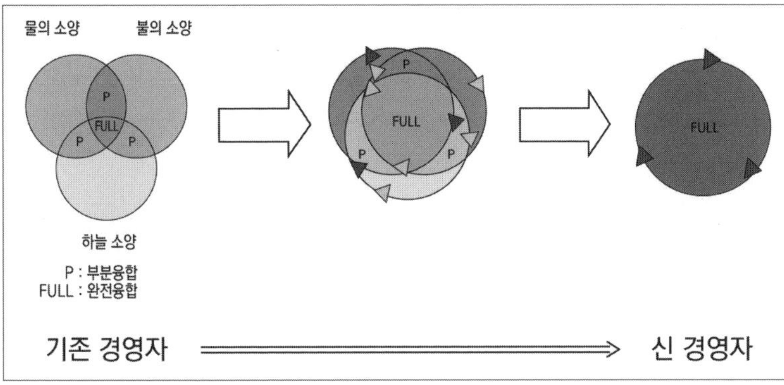

[그림 4-2] 기존경영자(부분융합 : P)와 신경영자(완전융합 : FULL)

기존 경영자는 위 세 가지 기본 소양 중 일부만 가지고 있고, 또 부분적으로 융합되어 있는 경영자인 반면, 신 경영자는 이 세 가지 소양이 모두 내면화 되어 있고 완전히 융합되어 있는 경영자다.

제6절 | 신경영자의 역할

6.1 서비스 철학의 창조적 구현자

신경영자는 서비스 철학을 실천하는 사람이다. 경영은 공급자와 소비자, 직원과 고객 등 사람의 이슈이므로 인간의 본질에 기반을 두어야 한다. 장기간 지속적으로 성장하는 국가, 기업, 사회의 특징은 서비스의 본질적 특성이 구현된 조직이라는 점이다. 신경영자는 서비스 철학을 조직에 구축하는 작업, 곧 무형성 가치 인정, 관계성과 쌍방향성 중시, 수평적 조직 구축에 힘써야 한다. 새로운 세계와 신경제, 융합 및 창조, 서비스에 대한 이해도를 높여야 한다. 서비스 철학이 기업과 사회를 흥성시킴을 조직원에게 제시하여 서비스 철학의 가치에 대한 인식을 높이고, 신 패러다임이 조직에 정착하도록 해야 한다. 신경영자는 서비스 철학의 구현자이다.

[표 4-1] 패러다임의 변화

구 패러다임		신 패러다임
수직사회	⟹	수평사회
유형사회	⟹	무형사회
불신사회	⟹	신뢰사회
단절경제	⟹	연결경제, 융합경제
전통적 일자리	⟹	새로운 일자리, 신직업군

또한 신경영자는 사회가 지속가능하게 유지되도록 노력해야 한다. 현대 경제에서는 경영 혁신과 기술 혁신이 이어져 생산성이 계속 향상되므로 신시장을 개척하거나 신사업을 창조하지 못하면 조직 내 일자리가 점점 줄어들게 된다. 조직 내에서 역할이 소멸되어 조직 밖으로 퇴출된 사람은 다른 일자리를 찾지 못할 경우 사회의 울타리 밖으로 밀려나서 소외되고 만다. 지속 가능한 사회를 유지하려면 이렇게 사회 울타리 밖으로 밀려나는 사람을 최소화해야 한다. 개인이 자

기 계발에 힘쓰고 새로운 추세에 맞는 역량을 꾸준히 키운다면 한 직장에서 쫓겨나도 다른 직장이나 새 일자리를 찾을 수 있을 것이다. 그러나 이렇게 스스로 혁신할 수 있는 인간은 소수다. 직장 생활을 하면서 새 시대의 역량을 배양하기는 강물을 거슬러 올라가는 것처럼 힘들기 때문이다. 경영자는 직원들보다 멀리 넓게 볼 수 있고, 유능하며, 조직의 자원을 가장 많이 활용할 수 있다. 따라서 경영자가 일자리 창출을 위해 주도적인 역할을 해야 한다. 신시장을 개척하거나 신사업을 개발하여, 줄어드는 일자리보다 더 많은 새로운 일자리를 만들어내야 한다.

[표 4-2] 경영자의 역할 변화

구 경영자		신 경영자
재무성과 향상	⟹	기업과 사회 조화
현재 사업 혁신	⟹	기존사업혁신과 신사업개발
조직중심 사고	⟹	종업원중심 사고
단기적 사고	⟹	중장기적 사고

조직 중심, 성과 중심의 사고를 일자리 중심, 종업원 중심 사고로 바꿔야 한다. 욕구 확장 경제에서 신경영자의 주된 역할은 신사업과 새로운 가치 창출로 변화하고 있다. 신경영자는 새로운 철학을 창조적으로 실천하는 사람이어야 한다. 따라서 신경제 시대에는 경영자가 희소 자원이다. 아무나 경영자가 되어서는 안 되고, 될 수도 없다.

제대로 된 경영학 교육과 오랜 훈련을 통해 자질을 함양해야 한다. 지혜와 철학, 실천력이 있어야 한다. 신경영자를 어떻게 양성할지가 매우 중요해졌다.

6.2 통합시스템 경영자

신경영자는 통합시스템 경영자다. 무형성, 비분리성, 비일관성, 무재고성 등 서비스시스템의 특성을 잘 활용해야 한다. 이런 특성에서 오는 한계를 어떻게 극복할지도 염두에 두어야 한다. 예를 들어 경영 컨설팅 업계는 업무 결과물이 고작 보고서 한권에 지나지 않는다. 엄청난 시간과 노력을 들여 컨설팅을 하지만, 그 시간과 노력은 눈에 보이지 않으니 서비스 수요자는 그에 상응하는 대가를 지불할 의사가 없었다. 서비스의 무형성으로 인한 한계를 극복해야 했다. 경영 컨설팅 비즈니스를 크게 발전시킨 맥킨지는 컨설턴트의 복장과 태도, 업무 방식 등 모든 관련 요소를 고급 이미지화했다. 또한 컨설팅을 받아 실제 수행할 힘이 있는, 기업의 CEO로부터 직접 과제를 수주하도록 원칙을 정했다. 세계적인 경영 컨설팅 기업들은 이러한 무형성 관리 방식으로 성공하고 있다.

또한 신경영자는 공급자와 소비자의 비분리성, 종업원과 고객의 비분리성을 잘 관리하고 활용해야 한다. 휴대폰 업체 샤오미는 공급자인 자신들과 수요자인 고객을 하나의 단위로 운영해 성공하였다. 고객으로부터 좋은 휴대폰에 대한 아이디어를 얻고, 고객과 함께 연구개발 과정을 거쳐 아이디어를 제품으로 구현해냈다. 샤오미의 제품을 지지하는 팬클럽 미펀을 구성해 고객과 함께 마케팅을 진행했다. 샤오미가 스스로를 휴대폰 제조업체가 아닌 인터넷 기업으로 포지셔닝한 것도 비분리성을 활용하려는 전략으로 볼 수 있다. 제조업체로 포지셔닝하면 공급자와 소비자가 분리되어 서비스의 특성을 활용하기 어려우므로, 서비스 기업인 인터넷 기업으로 포지셔닝하여 서비스의 특성을 최대한 활용한 것이다.

서비스의 특성 가운데 비일관성은 기회이자 위협이 될 수 있다. 서비스가 비일관적이면 고객을 잃을 수도 있지만, 서비스를 전략적으로 차별화하여 고급 고객을 유치할 수도 있다. 경영자가 비일관성에 대응하는 전략은 철저한 차별화와 엄격한 표준화 두 가지이다. 과거에는 표준화를 선호했다. 서비스를 표준화해 생산성을 높이고 비용은 절감할 수 있었기 때문이다. 최근에는 고급 서비스 수요가 늘어나면서 차별화를 선호하는 경향이다.

서비스는 재고가 없다. 그동안 경영자는 즉시 생산, 즉시 소비되는 서비스를 경험과 감에 의해 관리해왔으나 이제는 정보통신 기술이 발달해 무재고성을 과학적으로 관리할 수 있게 되었다.

신경영자는 서비스 특성을 관리·활용할 뿐 아니라 통합서비스시스템을 경영할 줄 알아야 한다. 서비스 시스템은 서비스의 본질인 조화성에 기초하며 사람, 기술, 내·외부 시스템, 공유 정보 등 네 가지 요소로 구성된다. 신경영자는 이를 종합적으로 운용해 고객을 위한 가치를 창출하는 서비스 시스템 경영을 해야 한다. 조직이 하나의 서비스 시스템이 되어야 한다. 기업뿐 아니라 여러 단체, 국제기구, 지역사회, 도시, 국가 등이 모두 서비스 시스템이다. 전 세계의 대다수 인구가 도시에 거주하게 되면서 도시는 매우 매력적인 서비스 시스템이 되었다. 도시는 교통, 물, 음식, 에너지, 정보, 유통, 은행, 의료, 보건, 교육, 행정과 같은 하부 서비스 시스템의 종합 집합체이다. 이런 서비스 시스템의 효율성, 효과성, 지속 가능성을 향상시키는 것이 신경영자의 역할이다. 사회도 하나의 서비스 시스템이므로 서비스를 통해 지속 가능한 사회를 이어가려는 노력도 중요하다. 서비스 시스템의 각 요소에 대한 경영, 서비스 시스템 전체에 대한 경영, 도시나 사회와 같은 거시적 서비스 시스템에 대한 경영이 모두 신경영자의 역할이다.

6.3 신기업의 경영자

서비스 철학을 창조적으로 구현해내고, 서비스 특성 및 서비스시스템을 경영하려면 그 터전이 되는 신기업을 성공적으로 경영해야 한다. 현대 경제에서 경영자의 주된 역할은 신사업, 신가치 창출이므로 성공적인 경영은 곧 창조적인 경영을 뜻한다. 사람, 프로세스(제품), 비즈니스 모델 등 3차원 경영이 균형 있게 수행되어야 한다.

또한 신경영자는 서비스학을 적용하여 서비스 가치와 생산성 혁신을 주도해야 한다. 서비스학은 서비스 산업의 본질을 이해하고 그 가

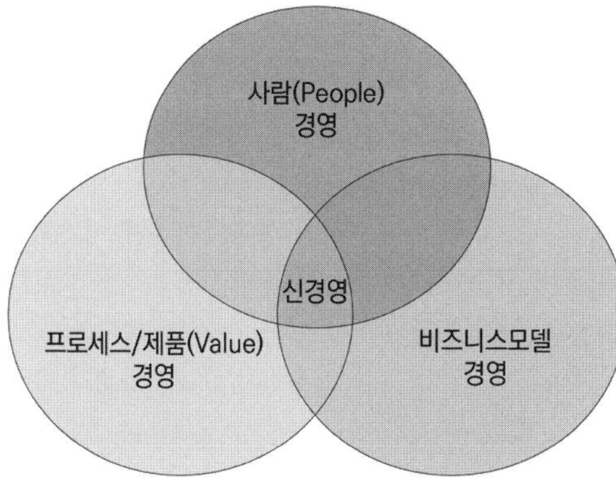

[그림 4-3] 신경영자의 3차원 경영모델

치를 높이기 위해 경영, 경제, 기술, 사회과학, 산업공학 등 여러 과학 분야의 지식을 종합하려는 시도에서 탄생한 새로운 학문이다. 산업경제의 성장을 물리학과 기계공학, 전자공학 등 산업학문이 견인하였듯이, 신경제의 발전은 서비스학이 견인해야 한다. 서비스학을 적용해 서비스 시스템을 연구·개선함으로써 서비스를 혁신해야 한다.

신경영자는 서비스 전략을 세우고 서비스를 개발해 실행하기까지 주요 키워드를 기억해야 한다. 우선 서비스 전략을 세울 때는 서비스화 및 이를 통한 성장, 서비스를 통한 고객 유치 및 사회복지 향상, 서비스 문화 창조 및 유지 활동이 필요하다. 제조 기업이 서비스를 도입하여 새로운 비즈니스 모델로 사업을 확장하거나 서로 다른 서비스를 융합·조합하여 새로운 사업 포트폴리오를 개발하는 사례가 있다. 제조 기업이 서비스를 도입할 때는 서비스-제품 오퍼링의 가치 제안 개발, 가치 제안을 실행할 사람과 방법 이슈, 일관된 서비스를 제공하기 위한 표준 서비스 모듈 개발, 서비스 가격 결정, 고객 지향적 접점 관련 직원 훈련 과정을 거친다.[5]

서비스 개발 단계에서는 서비스 혁신, 서비스 디자인, 서비스 네트워크와 가치사슬 구축에 집중해 기존에 없던 새로운 방식의 서비스를 만들어내도록 한다. 서비스 이행 단계에서는 서비스 판매 및 브랜딩, 서비스 경험 제고, 서비스 가치 측정 및 최적화가 관건이다. 이중 서비스 가치 측정 및 최적화는 경영자에게 상대적으로 낯선 부분이다. 기존 서비스와 새로운 서비스가 조직에게 주는 가치 분석, 서비스 혁신이 조직에 주는 가치 분석, 고객 가치에 대한 분석, 가치 기반 패러다임 정착 활동 등이 이에 포함된다. 고객과 조직 각각의 입장에서 가치를 측정해 최적의 서비스 오퍼링 수준 결정, 고객충성도나 불만족 같이 돈으로 환산하기 어려운 가치를 측정하는 모델 개발, 가치 창조를 위한 고객과 종업원, 기술의 상호 기여도 측정, 전반적인 최적화 의사결정 관리 모델 구축 역시 이 범주에 든다.[6]

주요 키워드와 함께 서비스 발전에 도움이 되는 기술을 적극 활용해야 한다. 인터넷 기술, 사물통신 기술, 자동화 기술, 인공지능 기술 등을 서비스에 어떻게 접목 및 활용할지 생각하는 일 역시 신경영자의 주요 역할 가운데 하나이다.

---

5) Ostrom et al., 2010; Baron, S. et al, 2014.

6) Ivanović & Fuxman, 2012.

제5장

창조로서의 경영

신경영의 첫 번째 중요한 활동은 창조 활동이다. 인류사회와 고객을 위한 가치를 창조하고 비즈니스를 창조하는 활동이 신경영자의 중요한 활동이다. 경영자는 조직의 존재가치를 지속적으로 사회에 입증해야 하고, 조직은 사회와 고객에게 유용한 가치를 제공하는 활동을 수행해야 한다. 창조로서의 경영은 조직의 목적에 부합하는 가치를 창출하는 경영이며, 이를 위한 비즈니스를 창조하는 경영이다. 제4차 산업혁명 시대에서 경영자는 유형 및 무형 재화(즉, 제품과 서비스)를 더욱 혁신적인 방법으로 제공해야 하므로, 경영자의 중심활동은 창조 활동이다.

경영자는 기업과 사회의 조화를 추구하며 불평등 해소에 기여해야 하고, 새로운 양질의 일자리를 창출하고, 새로운 가치를 제공하는 재화를 창출해야 하므로 창조역량이 경영자의 가장 중요한 역량이 된다. 특히 한계가 없는 무형재화인 서비스를 창조하는 역량 발휘가 가장 중요하다.

사람경영, 프로세스경영, 가치경영은 신경영의 핵심이다. 이 세 가지는 천지인 3재와도 일치한다. 가치를 경영하는 것은 하늘의 원리를 경영하는 것이고, 프로세스를 경영하는 것은 땅의 원리를 경영하는 것과 같다. 사람을 경영하는 것은 그 가운데에 있다.

제1절 | 가치경영

목적과 목표가 바른 것을 선(善)이라 하고, 과정과 수단이 바른 것을 미(美)라고 한다. 목적과 수단이 모두 바른 것이 좋은 경영이며, 바른 가치의 창출이 경영 활동의 기본이 된다.

인간의 삶은 가치를 소비하는 과정

인간인 고객은 태어나서 살다가 다시 자연으로 돌아갈 때까지 많은 유형 및 무형 재화를 소비한다. 이 모든 과정에서 인간은 스스로에게 가치가 있다고 생각하는 재화를 소비한다. 가치 있는 재화를 창출하여 인간에게 제공하는 활동이 경영 활동이다. 경영은 인간이 가치 있다고 생각하는 욕구들의 충족 현장이다. 건강, 돈, 시간, 명예, 지위, 권력, 즐거움, 안전함, 편리함. 자존감 등 다양한 인간의 욕구가 경영 활동을 통해 창출되고 충족된다.

가치경영은 두 가지 기본 질문에서 시작한다. 우리 조직이 산출하는 유형 및 무형 재화는 사회와 인간의 삶에 가치를 제공하는가? 제공되는 가치는 고객과 사회가 지불하는 가격이나 원가보다 큰가? 즉, 가치가 가격보다 크도록 설계하고 생산하고 유지하는 활동이 경영활동이다. 가치 창출 및 가치 유지 시스템이 구축되어 있고, 잘 작동되고 있으면 가치경영이 수행되고 있다고 할 수 있다.

신경영은 '무엇을 하는가?'가 중심인 경영이다. 인간과 사회에 가치 있는 무엇을 창출하고 제공하는 것이 경영 활동이다. 우리 조직이 사회에 존재하는 이유를 경영해야 한다. 조직의 존재 가치를 확보해야 한다. 임직원들이 조직의 가치를 이해하고 설명할 수 있도록 해야 한다. 또한, 임직원들의 존재 가치를 확보해야 한다. 임직원들이 지속적으로 존재가치를 유지할 수 있도록 교육훈련을 수행하는 활동도 중요하다. 우리 제품과 서비스가 사회에 존재하는 이유를 경영해야 한다. 제품과 서비스의 존재가치를 확보하고 유지해야 한다. 이 가치들을 사회에 확산하는 활동도 가치경영의 주요 부분이다.

조직 목적 경영

조직의 목적은 경영을 살아있게 만드는 중심 기제다. 따라서 가치경영은 목적을 경영하는 데서 출발한다. 목적은 선택과 포기를 통해 설정된다. 선명한 포기가 있어야 선택한 목적이 뚜렷해진다. 중세시대 튤립 설화에서 공주의 죽음처럼, 포기가 선명하지 않으면 파멸을 초래한다. 황태자와 기사와 부자의 세 사람 청혼자 중 한 사람을 선택해야 하는데, 그 어느 것도 포기하지 못하여 죽음이라는 비극을 맞이한 것이다. 목적의 선택은 선명한 포기가 선행되어야 한다. 포기의 품질이 목적 달성 확률에 크게 영향을 준다고 볼 수도 있다.

유한한 생명을 가진 인간이 무한한 욕망을 추구하는 곳이 삶의 현장이다. 이 유한성을 극복하기 위해 종교와 철학은 인간 삶의 영구적 주제가 되었다. 무한의 욕망을 통제하여 선택과 집중을 하는 것이 인간 삶의 성공 방정식이라고도 할 수 있다. 조직도 마찬가지다. 기본적으로 유한한 자원으로 여러 목표를 달성해야 한다. 여러 가지 한계가 있는 상황에서 가치 있는 목적을 추구해야 한다. 경영의 현장은 자원의 유한성을 극복하며 무한의 욕망을 충족시키려고 노력하는 현장이다. 그래서 경영이 가장 가치 있는 활동이고, 가치 창출이 경영활동의 중심이 되는 것이다.

목적 경영은 시간 축이 큰 변수가 된다. 단기 최적화와 장기 최적화 사이의 균형을 이루어 목적이 설정되고 경영된다. 단기 최적 추구로 장기 목표가 희생되는 일이 없도록 하는 것이 경영자의 주요 역할이다.

효과적인 목적 경영을 위해서는 여러 가지 경영수단이 동원된다. 인적자원, 재무자원, 물적자원, 기술 등은 물론이고 지식, 지혜, 신뢰 등의 무형자원이 주요 목적달성 수단으로 사용된다. 목적 경영을 위해서는 언어의 중요성에도 주목해야 한다. 파리통 철학자라 불리는 루트비히 비트겐슈타인은 언어의 한계가 인간의 한계라고 했다. 처음에 날아 들어간 길이 밑에 있는 데도 찾지 못하고 위로만 날아오르다 유리에 부딪혀 죽는 파리처럼 인간도 자신의 언어의 한계에 갇힐 수 있다. 1930년대 미국 대공황시대에 가난과 굶주림을 못 이겨 빵을 훔쳐 재판을 받게 된 노인에게, 라과디아 판사가 벌금형을 부과하면서 '이 노인이 이렇게 죄를 짓도록 방치한 책임이 내게도 있으니 내가 그 벌금을 대신 내겠다'고 하며 법정에 있는 사람들에게 불쌍한 노인을 방치한 책임을 물어 많은 모금을 했던 것과 같이, 언어는 효과적인 목적 경영을 위해 매우 중요한 수단이다.

조직의 목적은 언어와 행동으로 표현된다. 성공적인 목적 경영을 위해서 언어의 역할과 포기의 중요성을 인식해야 한다.

현대경영은 목적 추구 경영이 아닌 목적 발견 경영이다. 목적 창출 경영 시대다. 따라서 효율과 능률보다 꿈과 상상력이 더 중요해졌다. 성과보다 행복과 스토리가 더 중요해졌다. 제품보다 서비스가 더 중요해졌다. 고객에게 전달되는 가치의 원천이 달라진 것이다.

관계의 가치는 중(中)에서 극대화

가치 창출의 과정은 관계를 확대하고 심화하는 과정이다. 우리 조직과 사회와 고객과의 관계를 통해 가치가 창출된다. 관계의 가치는 세상 가운데서 극대화된다. 세상의 다양한 모습들과 교류할 수 있는 가운데서 가치 창출 활동이 활성화된다. 다양한 사람들, 다양한 세상의 모습들과 교류하는 가운데서 가치가 발견되고 창출된다. 임직원들이 자신의 역량을 가지고 사회 및 고객들과 교류하는 가운데서 가치가 창출된다. 이러한 중층의 관계를 이해하고 제품과 서비스의 가치를 창출하거나 증대시키는 활동이 가치경영이다.

비즈니스의 가치가 향상되도록 끊임없이 관리하는 것이 신경제시대의 경영이다. 지금 그리고 앞으로 우리의 사업은 어떻게 될 것인가를 끊임없이 생각하고 관리해야 한다. 이런 생각의 중심에 관계 경영이 있다. 관계 경영은 가치 경영의 중심 활동이다.

가치경영 철학

조직의 목적을 창출하고, 무형 및 유형 재화를 창출하고, 그 가치를 관리하는 활동은 뚜렷한 철학적 기반 위에서 수행되어야 한다. 서비스의 본질이 가치경영 철학이 될 수 있다.

먼저 조화성 철학이 유용하게 활용될 수 있다. 사회와 직원과 기술과 문화를 어떻게 조화시킬 것인가? 조화의 방식은 어떠해야 할 것인가? 누가, 언제, 어떤 조화로운 활동을 해야 하는가? 등을 결정하는 철학이다.

수평성과 쌍방향성 철학도 유용하게 활용될 수 있다. 조직에 수평적 가치를 구현하고, 사회와 수평적 연대를 통해 가치를 극대화하는 일은 신경영의 중심 활동이다. 홀라크라시(Holacracy) 등 수평성을 구현하는 조직 운영 방식이 증대되고 있는 것은 수평성이 가치를 증대하는 주요 철학이 되고 있음을 의미한다.

관계성 활용은 현대 경영의 중심 활동이다. 직원과 고객과 사회와의 관계 가치를 어떻게 구축할 것인가? 최고의 관계가치는 어디에 둘 것인가? 목표와 수단 간의 관계는 어떻게 조화시킬 것인가? 등 다양한 차원에서 관계성 기반 가치 경영이 필요하다.

목표가치 경영

조직의 주요 목표가 가치 있도록 경영하는 활동도 중요하다. 피터 드러커가 주요 목표로 제시하고 있는 마케팅목표, 혁신목표, 인적자원목표, 물적자원목표, 생산성목표, 사회적책임목표, 이익목표 등을 포함하여 사업의 궁극적 목표, 조직 신뢰도 목표 등이 가치 있도록 경영해야 한다. 예를 들어 마케팅 목표의 경우, 현재 제공되는 무형 및 유형 재화는 가치가 있는가? 가치가 언제까지 유지될 것인가? 재화의 폐기 계획은 적정한가? 새로운 시장에 대한 목표는 적정한가? 등을 가치 향상 관점에서 경영해야 한다. 혁신목표경영도 가치경영 관점에서 수행되어야 한다. 유형 및 무형 재화에 대한 혁신 목표, 재화의 생산과 고객에의 전달에 관련되는 혁신목표, 고객 인식 변화 목표의 가치, 사회변화 목표의 가치 등을 경영해야 한다.

인적자원에 대한 목표는 더욱 가치경영이 필요하다. 우리 조직은 유능한 인적자원들에게 얼마나 매력적인가를 지속적으로 평가하고 조직의 가치를 혁신해야 한다. 현대경영에서는 인적자원 조달이 거의 절대적으로 중요하기 때문이다. 물적자원, 재정자원, 생산성 등에 대한 목표도 가치경영 관점에서 경영해야 한다. 각 목표들의 조직 가치에의 관계와 영향을 분석하고 가치를 제고하기 위한 관점에서 목표를 설정하고 경영해야 한다. 사회적 책임 목표와 이익 목표는 가치경영과 직접적으로 관련된다. 이익 극대화가 아닌 적정수준의 목표, 사회 내에서 조직 생존을 위한 사회적 책임 목표 설정과 조직이 제공하는 가치는 매우 관련이 깊다. 이 부문의 조화로운 목표설정은 여전히 아트의 영역이라고도 할 수 있으나 점차 과학적 경영 영역으로 진입되고 있다.

신경영의 중심철학인 관계성, 수평성, 쌍방향성, 조화성도 가치 경영관점에서 경영될 필요가 있다. 조직이 제공하는 유형 및 무형의 재화는 조직과 임직원과 고객과 사회와 조화되는지를 관리한다. 고객 및 시장 창출 등과 조직의 가치가 조화되는지 관리한다. 수평성과 쌍방향성이 제품과 서비스를 통하여 유지되고 확대되는지를 관리한다. 그리고 현재와 미래에 조직과 모든 이해 관계자들 간의 관계를 가치 제고 관점에서 관리한다. 고객과 조직 간, 조직과 임직원 간, 고객과 임직원 간, 직원과 조직이 제공하는 유·무형 재화 간의 관계를 분석하고, 관계의 가치를 제고하는 활동을 수행한다.

제2절 | 비즈니스 모델

신경영에서는 창조 활동을 활성화하기 위해 비즈니스 모델 개념이 중요해진다. 신경영에서는 경영의 주된 대상이 유형재화에서 무형재화로 바뀌므로, 경영자를 비롯한 조직의 전 구성원이 창조자로서의 역할을 수행해야 한다. 기업에서의 창조자는 비즈니스를 창조하는 사람이며, 따라서 가치 있는 비즈니스 모델 창조가 전 구성원의 중심 주제가 된다.

기존의 유형 제품 중심 경제와 달리 신경제에서는 보이지 않는 무형의 관계재화 창조가 중심이 되는데, 관계재화를 창조하거나, 관계재화를 부가한 제조비즈니스 모델 개발이 신경영의 중심 활동이다.

비즈니스 모델 창조 활동은 비즈니스모델의 유형 수준에 따라 수행 전략이 달라진다. 즉 세상에 존재하지 않는 새로운 산업을 창조하는 신산업 개발 활동과 신제품이나 신서비스 비즈니스를 개발하는 활동은 소요 시간과 노력과 방법론에 차이가 있다. 아래 [그림 5-1]과 같이, 비즈니스 모델로 완성하기 전 단계의 신제품 개발이나 신서비스 개발에는 비교적 적은 노력과 시간이 소요된다.

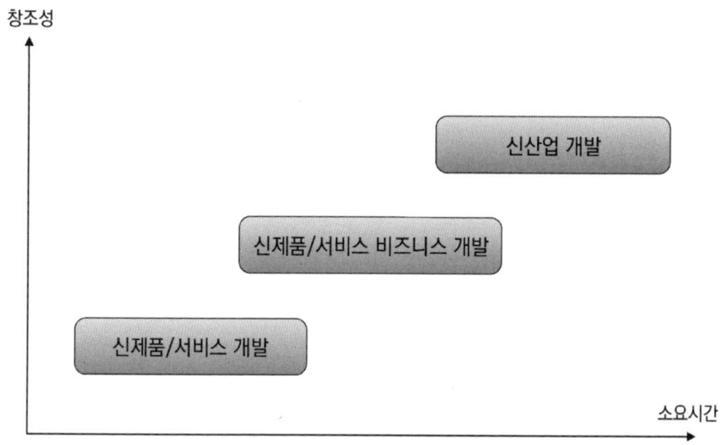

[그림 5-1] 창조활동별 난이도

비즈니스 모델이라고 하면 흔히 기업이 어떻게 돈을 버는지 보여주는 수익 모델이라고 생각하기 쉽다. 그러나 수익 모델은 비즈니스 모델의 일부에 지나지 않는다. 기업의 목적은 이윤 추구라고 생각했던 관점을 조금 바꿀 필요가 있다.

비즈니스 모델은 기업이 주도적으로 개발하거나 고객 욕구 주도로 개발된다. 산업사회에서는 공산품과 농산물 모두가 제품으로 판매되었고, 서비스는 무료 또는 유료로 제공되었으므로 비즈니스 모델이라는 논의가 활발하지 못했다. 제품은 원가를 계산해서 가격을 매겨 팔면 됐고, 서비스는 유료든 무료든 제품의 보조재라는 느낌이 컸기 때문이다. 그러다 제품을 서비스로 팔거나 서비스를 제품화해 팔 수 있게 되면서 비즈니스 모델에 대한 논의가 활발해졌다.

IMF 외환위기 당시 웅진코웨이가 정수기를 제품으로 판매하는 대신 월 임대료를 받고 서비스로 판매하여 큰 성과를 거두었다. 이처럼 한 회사에서도 서로 다른 두 가지 비즈니스 모델을 필요에 따라 사용할 수 있다. 따라서 비즈니스 모델에 대한 논의는 비즈니스 모델이 무엇인가에 관한 논의와 함께, 최적의 비즈니스 모델은 무엇이며 어떻게 개발할지에 관한 논의를 포함한다.

자동차를 예로 들어보자. 완성차 비즈니스 기업은 부품을 조달해 생산한 자동차를 국내외에 판매해 수익을 남긴다. 가령 자동차 한 대에 2,500만 원씩 판매해 이윤을 남기는 식이다. 이 경우 고객은 자동차를 구매한 후 사용하면서 드는 모든 비용을 스스로 지불해야 한다. 보험료, 세금, 고장 수리비는 물론이고 각종 서비스에 소요되는 시간도 본인이 감수해야 한다. 현재의 완성차 비즈니스 모델이 제품 판매 비즈니스 모델로 존재할 수 있는 이유는 고객들이 이러한 구매 후 각종 서비스 불편을 당연하다고 여기며 감수하기 때문이다. 그래서 원가 이상의 높은 가격에 자동차를 구매하고, 자동차 회사는 수익을 남기고 있다. 만약 자동차 회사가 자동차를 제품이 아닌 서비스로 판매하면 어떻게 될까? 특정 모델 자동차 주행거리 1만km에 400만 원, 2만km에 700만 원, 3만km에 900만 원 식으로 판매한다고 가정해보자. 이는 보험료, 세금, 각종 점검 비용 및 수리비 등을 포함한 가격이다. 고객은 자동차 한 대에 2,500만 원짜리 제품 비즈니스 모델을 선호할까, 아니면 주행거리 기준의 서비스 비즈니스 모델을 선호할까? 서비스 가격은 어떻게 결정해야 바람직할까?

이것이 비즈니스 모델의 주요 이슈이다. 비즈니스 모델은 기업이 얻게 되는 수익 정도, 고객에게 제공되는 가치 정도와 그에 대해 고객이 지불하고자 하는 가격 수준, 비즈니스 모델 구현 및 운영의 용이성 등을 종합해 결정된다. 폴 티머스(P. Timmers)는 비즈니스 모델에 대해 비교적 체계적인 연구 결과를 선보였다. 티머스는 비즈니스 모델을 이렇게 정의했다(Timmers, 1998).

- 제품과 서비스, 정보가 흐르는 구조. 비즈니스에 연관된 여러 참여자와 그들의 역할에 대한 설명
- 여러 비즈니스 참여자의 잠재적 이익과 조직의 수익 원천에 대한 설명

티머스가 비즈니스 모델에 관해 구체적인 정의를 내놓은 뒤, 여러 연구자들이 비즈니스 모델의 개념을 정의했다. 그런데 비즈니스 모델에 대한 기존 정의로는 이해되지 않는 현상이 최근 많이 일어나고

있다. 일례로 구글이나 페이스북 등을 포함하여, 직접적 수익 원천이 크지 않음에도 불구하고 기업가치가 높게 형성되어 있는 기업들이 많이 있다. 사업 주도자, 곧 기업에게 직접적 수익 원천이 당장은 크게 없더라도 장차 수익이 날 만한 잠재력이 있다면 기업 가치가 높게 평가되고, 비즈니스 모델로 인정받을 수 있다는 이야기다.

비즈니스 모델에 대한 정의를 확장해야 할 시점이다. 이에 이 책에서는 비즈니스 가치를 기업이 자신의 제품 및 서비스를 통해서 고객에게 주는 가치와, 고객이 기업에 지불할 의향이 있는 잠재적 대가의 총합의 차이로 정의한다. 기업이 창출하는 가치에서 고객의 지불 의향을 뺀 값이 양(+)이 될 때, 해당 제품이나 서비스 비즈니스 모델이 성립한다고 할 수 있다. 즉 창조적 비즈니스는 경제사회시스템에 추가적으로 순가치를 창출해야 하는 것이다.

비즈니스 가치 = 기업의 창출 가치 – 고객의 지불 의향

비즈니스 모델은 이 비즈니스 가치가 플러스(+)가 될 때 성립한다. 이 정의는 고객이 실제 대가를 지불하는지와는 무관하다. 지불 의향에 대한 추정치만 있어도 비즈니스 모델이 성립하는 범용 정의이다. 이는 전통적 기업 입장에서 정의하는 아래와 같은 비즈니스의 가치 공식과 함께 사용된다.

비즈니스 가치 = 고객의 지불 의향 – 비즈니스 제공원가

즉 고객의 지불의향과 비즈니스 제공원가와의 차이로 기존 기업에서 비즈니스의 가치를 정의하고 있는데, 사회시스템과 기업시스템의 조화 관점에서 신경영에서는 창출가치와 지불의향의 차이라는 새로운 공식을 중요하게 병행하여 사용한다.

관계재화/무형재화 비즈니스 모델

현대 경제의 중심재화인 서비스는 사람을 위한 사람에 의한 사람의 비즈니스라고 할 수 있다. 그만큼 사람이 중요한 주체이며, 그 중심에는 사람의 욕구가 있다. 서비스는 고객의 욕구를 충족시키기 위해 존재한다. 고객의 욕구가 크고 가격 지불의향이 높아지면 서비스가 비즈니스로 성장하게 된다. 네일케어나 두피관리처럼 과거에는 비즈니스로 인정받지 못하던 많은 서비스가 지금은 당당하게 비즈니스로 인정받고 있으며, 과거 자영업 수준이었던 업종 가운데 여러 개가 이제는 큰 산업으로 자리 잡았다. 작은 식당 위주의 음식업이 거대 외식산업으로 성장한 사례가 이에 해당한다.

최근 스마트폰 관련 비즈니스의 확장은 기술 혁신이 서비스 비즈니스의 발전을 더욱 가속할 수 있음을 보여준다. 인터넷 기술과 통신기술이 발달해 고객 욕구를 충족시키는 플랫폼 역할을 충분히 하게 되면서 서비스 비즈니스는 확장일로에 있다.

4차 산업혁명 시기로 표현되는 현대 경제 여건상 급격한 사업 변화와 일자리 구조 변화가 예상된다. 신경영자는 변화하는 환경에서 고용 창출이라는 사회적 책임을 다하면서 기업에 수익을 내야 한다. 앞에서 언급했듯이 유형 재화는 이미 한계에 직면했기에, 신경영자의 첫 번째이자 가장 중요한 사명은 무형 재화인 서비스 비즈니스를 창조하는 데 있다.

증기기관 발명으로 촉발된 1차 산업혁명 시기에는 단순 육체노동 일자리가 기계로 대체되면서 기업의 생산성 혁신이 일어났다. 전기와 자동차로 특징지어지는 2차 산업혁명 시기에는 고급 육체노동도 기계로 대체되면서 인간의 노동이 지적 노동 중심으로 바뀌었다. 컴퓨터와 인터넷 혁명으로 볼 수 있는 3차 산업혁명 시기에는 지적 노동도 상당수 기계가 대체하게 되었다. 다가오는 4차 산업혁명 시기에는 인공지능과 사물인터넷 등이 발달해 인간의 고급 지적 노동도 기계가 대체할 가능성이 크다. 기업은 과학기술을 이용해 생산성을 높이면서 당연하다는 듯이 직원 수를 줄이려고 할 것이다. 신경영자는 조직 내 잉여 노동력을 바깥으로 내보내는 대신, 잉여 노동력이 다른 생산적인 활동을 할 수 있도록 새로운 비즈니스를 지속적으로 개발해야 할 의무가 있다. 이는 기업뿐 아니라 사회 전체에 적용된다. 잉여 노동력을 활용해 사회 전체의 생산성을 높이고, 사회 구성원이 기업 조직에서 퇴출되지 않고 안정적인 사회적 역할을 할 수 있도록 신비즈니스 개발이 계속되어야 한다.

제3절 | 신산업 창조

본 절에서는 기존에 존재하지 않던 새로운 산업을 만들거나, 기존에는 비즈니스 모델이 성립하지 않았던 활동을 산업이 되도록 만드는 활동인 신산업 창조 활동을 소개한다.

새로운 산업을 창조하는 일은 시간과 노력이 많이 소요된다. 현대 경제에서 새로이 창조되는 산업은 현대 경제의 무형성 특성을 반영한 서비스 비즈니스가 대부분이다. 왜냐하면, 소비자인 고객 중심으로 힘의 중심이 이동되어 있어 기업은 제품과 서비스를 결합하여 소비자의 잠재된 욕구를 충족시켜 주어야 하기 때문이다. 고객의 욕구를 충족시켜주는 서비스가 부가되지 않고는 새로운 비즈니스가 만들어지기 어려운 것이다.

따라서 현대적 비즈니스 모델은 서비스가 재화의 전부 또는 일부로서 제공되는 모델들이다. 다시 말해, 제조업이든 서비스업이든 비즈니스 과정에 서비스가 포함되는 것이 현대의 비즈니스 모델이다. 순수하게 제품만 판매하는 기업은 급속히 감소하고 있으므로 사실 거의 모든 기업이 서비스 비즈니스 모델을 적용하고 있는 셈이다. 제품 판매 기업이라도 웅진코웨이처럼 필요에 따라 제품을 서비스로 판매할 수 있으므로 서비스 비즈니스 모델은 모든 기업의 주요 관심 영역이다.

우리가 일상적으로 쓰는 스마트폰이나 교통카드를 단순한 제품이라고 이해하는 사람은 없을 것이다. 스마트폰은 전화나 메시지 교환 등의 통신 서비스 외에 다양한 응용 서비스를 제공하고 있고, 교통카드는 서로 다른 교통수단끼리 자유롭게 환승하도록 편리한 서비스를 제공하고 있기 때문이다.

전통적인 제품의 개념은 고객의 욕구를 만족시키는 기능을 제공하는 데 머물렀다. 전화기는 통신기기로서 고객의 통신 욕구를 충족시켰다. MP3는 고객의 음악 청취 욕구를 충족시켰고, 인터넷은 정보 검색과 이메일 교환을 가능하게 했다. 고객은 전화기와 MP3, 인터넷 사용을 위한 컴퓨터를 자주 사용한다. 당연히 이 기기들을 좀 더 편리하게 쓸 수 있기를 원한다. 밖에 나갈 때 이것저것 챙길 필요 없이 가볍게 하나만 들고 나가도 되기를 바란다. 이런 상황에서 서비스 비즈니스를 생각하면 고객 중심의 비즈니스 모델이 나온다. 중심 되는 기기 하나에 부수적인 기능을 통합해 고객이 수용할 만한 가격에 서비스할 수 있다면 훌륭한 서비스 비즈니스가 된다. 이런 생각에 따라 스마트폰이 개발되었다. 고객에게 원스톱으로 통화, 음악, 내비게이션, 인터넷 검색, 이메일 송수신, 카메라와 같이 다채로운 서비스를 제공하기 위해서는 휴대폰이 통신기기가 아니라 컴퓨터가 되어야 했다. 그러려면 메모리 등 하드웨어를 강화해야 하고, 무엇보다 기기를 구동시키는 정교한 운영체제가 필요했다. 기존의 개인용 컴퓨터보다 훨씬 작은 기기에 운영체제 소프트웨어를 구동하려면 기술력을 더욱 높여야 했다. 연구를 거듭해 휴대폰용 운영체제를 개발한 덕에 스마트폰이 새로운 서비스 비즈니스 모델로 자리 잡았다. 이렇듯 새로운 서비스 비즈니스 모델 개발은 기술 혁신을 요하는 경우가 많다.

교통카드는 기존에 지하철 교통카드, 버스 교통카드, 지역별 교통카드 등 개별로 쓰던 것을 하나로 통합한 서비스 모델이다. 이에 추가하여 환승 할인, 거리비례 요금제 등의 서비스를 제공한다. 하나의 카드로 여러 교통수단을 이용하도록 하고, 환승 할인까지 제공하려면 각 운영 주체 간의 이해관계를 우선 조정해야 한다. 누군가는 기득권을 포기해야 하는 상황도 발생한다. 서울시 교통카드 서비스는 이해관계 조정에 성공해 서비스를 개시할 수 있었다. 새로운 서비스 비즈니스 모델을 개발하기 위해 이러한 사회적 혁신이 필요한 경우도 많다. 서비스 비즈니스 모델을 개발하는 데 기업과 고객만 고려해서는 안 되는 이유이다. 고객의 욕구를 충족시키는 서비스 비즈니스는 기술 혁신과 사회 혁신 등 각종 혁신을 수반한다.

한편, 제품 비즈니스 모델은 제품의 기능과 성능이 소비자의 욕구를 충족하는지 쉽게 확인할 수 있다. 제품은 가시성이 높기 때문에 시제품만 보고도 고객이 쉽게 구매 및 가격 관련 의사 결정을 내릴 수 있다. 그러나 서비스는 눈에 보이지 않기 때문에 고객에게 그 가치를 인식시키기가 쉽지 않다. 고객의 지불 의사를 확인하기도, 공급자가 원하는 만큼의 가격을 받아내기도 어렵다.

따라서 눈에 보이지 않고 손에 잡히지 않는 무형재화인 서비스를 비즈니스 모델로 구축하여 신산업을 창조하는 일은 오랜 기간 큰 노력을 필요로 한다.

예를 들어, 서비스 산업 중 비교적 고가로 자리 잡은 경영 컨설팅 서비스 역시 처음에는 비즈니스 모델을 개발하는 데 어려움을 겪었다. 경영 컨설팅 업계에서 가장 권위를 인정받고 있는 맥킨지의 사례를 보자[1].

> 창업자인 맥킨지(James O. McKinsey)가 48세의 젊은 나이에 요절하자 회사는 파산 위험에 처했다. 이때 파트너 중 한 명이었던 마빈 바우어(Marvin Bower)가 회사를 인수해 경영 컨설팅업이 서비스 비즈니스 모델이 되도록 노력하기 시작했다. 1930년대였던 당시에 경영 컨설팅이 비즈니스 모델이 된다고 생각하는 사람은 거의 없었다. 고객을 확보하기도, 수익을 창출하기도 어려웠기 때문이다. 경영 컨설팅의 대상은 CEO들인데, 오랜 업계 경력과 노하우를 지닌 CEO들은 관련 경험이나 이해가 일천한 경영 컨설턴트의 컨설팅 가치를 인정하지 않았다. 더구나 컨설팅 결과물은 몇 권의 보고서와 경영 제안에 불과해 CEO들이 그 가치를 인정하기가 쉽지 않았다.
>
> 그럼에도 불구하고 경영 컨설팅 비즈니스가 새로운 서비스 비즈니스 모델이 되려면, 경영 컨설팅 결과를 기업이 실행한 후 수익이나 효율성이 높아지는 효과를 보고 스스로 컨설팅의 가치를 인정하도록 해야 했다. 아무리 좋은 컨설팅 제안을 한다 해도 기업이 채택하지 않으면 무용지물이 되고 만다. 때문에 제안을 채택해 실행할 CEO가 경영 컨설팅의 고객이 되어야만 한다. CEO가 아닌 사람에게 컨설팅을 할 경우, 실행력이 담보되지 못하기 때문에 경영 컨설

---

1) 『맥킨지의 모든 것』, 엘리자베스 하스 에더샤임 저, 안진환 역, 스마트비즈니스, 2006.9 요약 인용하여 사례 구성.

팅이 비즈니스 모델로서 성립하기 어렵다.

경영 컨설팅 서비스 비즈니스의 속성을 정확히 간파한 마빈 바우어는 CEO 고객에게서 의뢰받는 일 외에는 하지 못하도록 회사 정책을 정했다. 그러나 젊은 컨설턴트들이 CEO로부터 일거리를 받아오기는 매우 어려웠기에 회사는 심각한 경영난에 봉착했다. 이를 안타깝게 여긴 유능한 직원 한 명이 회사 지침을 어기고 CEO가 아닌 사람들로부터 컨설팅 업무를 수주해 회사 운영에 많은 도움을 주고 있었다. 나중에 이 사실을 알게 된 마빈 바우어는 회사 방침을 어긴 유능한 직원을 해고했다. 『삼국지』에 나오는 읍참마속(泣斬馬謖)과 같은 일화다. 아끼는 직원이라도 회사 규정을 어겼기에, 큰 목적을 위해 책임을 엄중하게 물은 것이다. 이 사건을 계기로 직원들은 죽을힘을 다해 노력하여 CEO들에게 하나씩 일거리를 받아오게 되었고, 결국에는 컨설팅 서비스의 가치를 인정받게 되었다.

이와 함께 사장인 마빈 바우어는 언론에 오랫동안 지속적으로 칼럼을 기고하고, 직접 뛰어다니며 많은 사람을 만나 경영 컨설팅의 가치와 효과를 전파했다. 그가 30여 년간 사장으로 재직하면서 이런 방식으로 회사를 경영한 결과, 그가 퇴직한 1960년대에는 경영 컨설팅이 고부가가치를 창출하는 서비스 비즈니스 모델로 자리 잡을 수 있었다.

이처럼 무형의 서비스 비즈니스를 부가가치가 뚜렷이 창출되는 서비스 비즈니스 모델로 정착시키기 위해서는 각고의 노력과 오랜 시간이 필요한 경우가 많다. 서비스의 무형성을 극복하기도, 보이지 않는 서비스의 가치를 인식시키기도 쉽지 않아서 그렇다. 다만 고객이 가치를 인식하는 환경 기반이 구축되어 있다면 서비스 비즈니스가 매우 쉽게 창출될 수도 있다. 애플 아이폰의 경우, 애플에 열광하는 고객층이 이미 형성된 상태에서 서비스가 개발됐기 때문에 상당히 빠른 속도로 서비스가 전개될 수 있었다. 또한, 고객의 잠재 욕구를 정확하게 파악할 수 있다면, 그 욕구를 충족시켜주는 서비스 비즈니스는 쉽고 빠르게 정착할 수 있다.

상당 기간 소요되기는 하였지만, 위에 사례로 든 경영컨설팅 비즈니스보다는 짧은 시간에 무형적 관계재화를 창조하여 새로운 산업으로 확고히 자리 잡은 연예 매니지먼트 산업의 사례를 살펴본다.

> 지금은 세계적인 연예 매니지먼트 기업이 된 SM엔터테인먼트는 창업자인 이수만 회장이 1987년 창업 당시 소상공인 영역에 있던 연예 매니지먼트 업무를 기업 경영 원리를 도입하여 기업 비즈니스 모델로 정착시켰다. 연예인의 잠재된 능력을 개발하고 능력을 관리하며 연예인과 관련 부문의 가치를 높이는 업무인 연예 매니지먼트는 모두 무형적 활동이기 때문에 산업화하기 쉽지 않은 영역이다. 그래서 유형재화를 생산하는 제조업 경영의 패러다임을 도입하여 연예 매니지먼트의 산업화를 추진하였다.
>
> 우선 분업화하였다. 당시 음반기획사의 업무는 분업화되지 않았었는데, SM엔터테인먼트에서는 가수발굴, 기획, 녹음진행, 홍보 등의 업무를 분업화하여 전문화시켰으며, 매니저도 로드매니저, 스케줄매니저, 헤드매니저 등으로 세분화하여 업무를 전문화시켰다.

그리고 연구개발 개념을 도입하였다. 가수를 조기에 발굴하고, 이들을 시장과 고객의 기호에 맞게 장기간 훈련시킨 후, 완제품으로 생산하여 시장에 출시하는 방식을 도입하였는데, 이는 제조기업들이 사용하는 연구개발을 거친 생산 방식을 도입한 것이었다. H.O.T, 보아(BOA) 등이 이런 방식으로 시장에 출시되어 중국과 일본 시장 등에서 성공을 거두어 한류를 일으킬 수 있었다. 특히 보아는 제조업과 같이 글로벌 시장을 먼저 타겟으로 장기간의 연구개발 활동이 투입되었다. 13세 조기 발굴과 노래보다 어학, 예절, 인간미 먼저 교육, 시장 지향적 훈련 등 성공적인 기업들의 연구개발 활동이 채용된 것이다.

이와 같은 SM엔터테인먼트의 연예 매니지먼트 방식을 여러 후발 기업들이 채택하고 발전시키면서 이제 연예 매니지먼트는 독립 산업으로 인정받고 있다. 무형재화를 가시화하여 비즈니스 모델로 성공시킨 사례다.

(여러 언론 보도를 참조하여 저자의 관점으로 사례를 구성)

이렇게 신산업을 창조하는 방법은 대체로 경영자의 탁월한 역량에 의존하여 왔다. 그러나, 이제 체계적인 방법론에 의해 신산업이 창출될 필요가 있다. 신산업 창조도 이제 아트가 아닌 사이언스 영역으로 일반화되어야 새로운 경제가 활성화되고 새로운 일자리가 많이 만들어질 수 있기 때문이다.

이 책에서는 신산업 비즈니스 모델 창조 활동의 사이언스화를 위한 방안을 제시한다.

고객의 욕구에 대한 분석

신산업을 창출하기 위한 첫 단계는 고객 욕구 분석이다. 고객의 욕구는 명시적으로 드러난 욕구부터 내면에 깊이 잠재되어 있어 고객 자신들도 인지하지 못하는 수준까지 다양하게 존재한다. 고객 욕구 수준을 빙산에 비유하면, 빙산의 수면 윗부분은 명시적으로 드러나고 고객에 의해 표현되는 욕구에 해당하고, 빙산의 수면 주변 부분은 파악되기는 하지만 고객이 표현하지 않거나 하지 못하는 욕구에 해당하고, 빙산의 수면 아래 부분은 고객 자신도 인지하지 못하고 있는 잠재된 욕구에 해당한다.

앞서 언급한 사례의 경우 경영컨설팅 욕구는 고객 자신도 인지하지 못하고 있는 잠재된 욕구의 경우에 해당할 것이며, 연예 매니지먼트의 경우 파악되기는 하지만 고객이 표현하지 못하는 욕구 수준에 해당한다고 볼 수 있다. 명시적으로 드러나고 고객에 의해 표현되는 욕구는 이미 산업화가 되어 있거나, 또는 과학기술의 부족이나 수요의 부족으로 비즈니스 모델이 되기 어려운 경우가 많다.

신산업은 무형재화인 서비스에 대한 욕구를 중심으로 창조되므로, 서비스 관련 욕구의 변화에 주목해야 한다. 예를 들어, SM 엔터테인먼트의 이수만 회장이 창업 초기에 '듣는 음악에서 보는 음악으로의 욕구 변화'에 주목한 것이나, 스티브 잡스가 아이폰을 개발할 때, '통신 제품인 휴대폰의 엔터테인먼트 서비스 기기로의 변화'에 주목한 것은 서비스 욕구의 변화 흐름을 잘 읽은 것이다.

서비스는 인간에 대한 서비스이므로, 현대 서비스 경제에서는 인간에 대한 학문이 다시 중요해지고 있다. 스티브 잡스도 기술에 인문학을 결합하여 제품을 디자인하였다고 했고, 최근 한국에서도 인문학 열풍이 불고 있다. 인간인 고객의 욕구 분석을 위해서 인간에 대한 공부가 필요하기 때문이다. 인간에 대한 분석을 통해 서비스 욕구를 분석해내는 학문인 서비스학이 발전될 필요가 있다.

비즈니스 디자인

분석되고 파악된 욕구를 비즈니스 모델로 발전시키기 위해서는 욕구 충족 디자인이 필요하다. 이 단계에서 창의성과 융합 역량이 필요하다. 과거 남아메리카 페루 부근에 살았던 잉카인들은 고도의 수학 능력이 있었고, 바퀴 달린 장난감도 만들 수 있었으나, 바퀴 달린 수레는 만들지 못하였다. 욕구를 구체화하는 디자인 역량이 부족했기 때문으로 볼 수 있다.

기술과 욕구를 결합하여 실행 가능한 욕구 충족 디자인을 개발하는 작업은 쉽지 않다. 신경영자는 실행 가능한 디자인을 찾아내기 위해 집요하게 노력하는 특징이 있다. 예를 들어, 일론 머스크는 일반인의 우주여행 욕구와 화성에서의 인간의 삶의 욕구를 충족시키기 위해 디자인을 하던 중에 로켓 발사 비용이 너무 비싸 실행 가능한 디자인을 하기 어려운 상황에 봉착하였다. 조사 분석 결과 기존 로켓이 대부분 주문생산되고, 사용 후 폐기되기 때문이었고, 또한 실비정산 방식으로 계약되기 때문임을 확인하고, 민간 기업 간 거래 원리를 도입하여 로켓을 자체 개발하기로 결정하였다. 많은 시련과 여러번의 발사 실패를 이겨내고 2012년 5월 민간에서 설계, 제조, 발사한 최초의 우주선을 성공적으로 쏘아 올렸다. 로켓 제작 및 발사 비용을 기존의 10분의 1 수준으로 줄이는 실행 가능한 디자인을 개발한 것이다.

최근 활성화된 신산업인 O2O(Online to Offline) 비즈니스 모델도 경영자의 디자인 역량이 발휘되어 창조된 신산업이다. 모바일 폰의 보편화로 오프라인 비즈니스와 온라인 비즈니스를 연결하기 위한 기술적 기반은 마련되었다. 그러나 이를 새로운 거대 산업으로 발전시킨 것은 경영자의 비즈니스 디자인 역량이었다. 음식점과 택시를 포함한 기존 오프라인 비즈니스를 온라인에 연계시키는 일은 기존 법 제도와 문화를 바꾸는 일을 수반하여, 기존 시스템의 큰 저항에 직면하는 경우도 많다. 또 사회적 신뢰 및 서비스 신뢰의 바탕이 있어야 수요가 창출되고 산업으로 발전할 수 있다. 신뢰를 구축하는 일이나 시장 참여자들이 윈윈하는 솔루션을 디자인하는 일은 창의적인 아이디어와 많은 노력을 필요로 하는 일이다.

따라서 신경영의 경영자에게는 실행 가능한 욕구 충족 디자인 역량이 중요하다.

산업화를 위한 수요 창출

새로운 비즈니스 모델을 독자적인 산업으로 정착시키기 위해서는 충분한 수요 창출이 필요하다. 수요 창출을 위해 일반 고객이 적극적으로 활용하거나 돈을 주고 구매할 의사가 생기도록 서비스나 제품의 가치를 고객에게 인식시키는 일이 중요하다. 산업으로 인정받을 수 있을 정도의 고객수요의 임계점 수준까지 도달하는 것이 중요한데, 신경제에서는 과거보다 이 시간을 단축할 수 있다.

온라인 플랫폼의 등장 덕분이다. 오프라인 플랫폼에서는 다수의 고객들에게 홍보하는 시간과 노력이 많이 소요되지만 온라인 플랫폼에서는 순식간에 전 세계 고객들에게 전달될 수 있다. 다만 그만큼 더 치열한 경쟁이므로, 홍보 방법이 창의적이어야 한다.

경영자의 창의성이 발휘되어야 한다. 앞서 언급한 맥킨지 사례에서는 잠재고객들과 식사하고 언론에 기고하는 활동을 수십 년 수행하여 산업화 가능한 수준의 수요를 창출하였지만, 지금은 전파 속도가 빠른 시대이므로 창의적 접근법이 필요하다.

따라서 신기술에 대한 지식과 함께 인간에 대한 통찰력이 더욱 필요하다. 어떤 방식으로 어떤 기술을 사용하여 시장과 소통할 것인가의 결정에 경영자의 창의력이 필요하다.

이와 같이 고객의 욕구 분석, 실행 가능한 비즈니스 디자인, 산업화를 위한 수요창출 과정을 창의적으로 수행하는 것이 신경영자의 주요 활동이다.

애플의 스티브잡스나 테슬러모터스의 일론머스크 등 신산업을 창조한 경영자들은 "인류의 미래를 위해 가장 결정적인 큰 업적은 무엇일까?"를 고민한 유형들이다.

기존에 산업이 아니었던 활동들을 비즈니스가 성립되는 산업으로 발전시키거나, 또는 전혀 존재하지 않았던 영역을 산업으로 만드는 것은 창조로서의 경영을 하는 신경영자의 대표 활동이다.

제4절 | 신 비즈니스모델 창조

신경영자는 기존 산업에서의 신 비즈니스모델 창조를 위해 가장 많은 시간을 투자한다. 새로운 비즈니스 모델 개발은 기업에게 가장 중요한 과업이기 때문이다. 세상은 계속 변화하고 고객 욕구도 계속 변하며 과학기술도 계속 발전하기 때문에, 기존 비즈니스는 조만간 경쟁력을 잃을 가능성이 많아, 기업은 계속해서 새로운 비즈니스를 개발해야 지속가능한 성장을 유지할 수 있기 때문이다.

신 비즈니스모델 개발 방법론으로 오래전에 인기를 끌었던 블루오션 방법론이 있다(김위찬, 르네 마보안, 블루오션전략). 이 방법론에서는 기존 산업에서 새로운 영역을 개척하기 위한 기법을 제시한다. 즉 기존 산업에서의 경쟁요소 중 불필요한 것은 제거하고, 고객의 필요이상으로 제공하는 요소는 낮추고, 경쟁 기업 대비 성과가 낮은 부분은 높이고, 새로운 고객가치 창출을 위해 새로운 요소를 창조하여 제공하는 이른바 ERRC(Eliminate, Reduce, Raise, Create) 방법이다. 유사한 다수의 방법론이 있기는 하지만, 이 책에서는 신경제 서비스시대를 맞아 보다 구체적인 현대적 기법들을 소개한다.

농업 등 1차 산업도 제조와 서비스를 부가하여 6차 산업화하는 추세에 있고, 제조업은 서비스화를 해야 글로벌 경쟁력을 확보하고 지속 성장이 가능한 상황이다. 따라서 모든 산업의 비즈니스 모델 개발은 서비스가 디자인되는 서비스 비즈니스 모델 개발이 된다. 어떠한 산업이든 최종 목적은 고객의 욕구를 충족하는 서비스를 위한 비즈니스 개발인 것이다.

『지식경제 시대의 서비스 사이언스』에서 김광재는 신서비스 개발 방법을 상세하게 소개하고 있다. 그간 여러 연구자들이 제안한 신서비스 개발 프로세스를 요약 비교한 결과, 강조점이나 세분화 정도는 다르지만 대체로 기회 포착, 고객 이해, 콘셉트 설계, 프로세스 설계, 보완과 출시 등 5단계로 구성된다.

기회 포착 단계에서는 신서비스를 개발하거나 기존 서비스를 개선할 기회를 찾아낸다. 시장 동향이나 기술 발전, 조직의 전략에 따라 기회가 생겨난다. 고객 이해 단계에서는 목표 고객을 정하고 설문이나 인터뷰 등을 통해 고객들의 욕구를 확인한다. 다음으로 고객의 욕구를 반영해 서비스 콘셉트를 정한다.

여기까지는 신제품 개발 프로세스와 신서비스 개발 프로세스가 동일하다. 그러나 4단계부터는 차이가 있다. 신제품을 개발할 때는 네

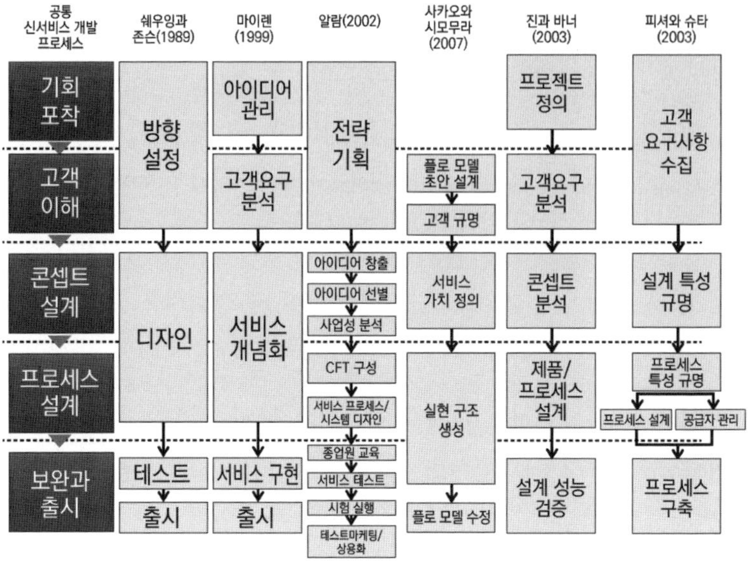

[그림 5-2] 신서비스 개발 프로세스들의 비교

(자료: 김광재, 김현수 외 8인, 서비스사이언스, 생능출판사, 2011년 2월, p.112)
* CFT: Cross-Functional Team(각 부서의 실무자를 뽑아 프로젝트별로 구성해 한 시적으로 운영하는 팀)

번째 프로세스 설계 단계에서 제품의 상세한 사양을 다루지만, 신서비스를 개발할 때는 서비스를 생산하고 전달하는 프로세스를 결정한다. 업무 순서와 업무 간의 연계성, 각 업무의 투입과 산출 등을 상세하게 정한다. 마지막 보완과 출시 단계에서는 개발된 서비스를 시험 운영한 뒤, 필요할 경우 수정·보완해 출시한다. 출시한 후에는 서비스 평가를 거친다. 이론상으로는 이렇지만, 서비스는 프로토타입(상품화하기 전에 만드는 시제품)의 개념이 제품처럼 일반화되지 않아서 시험 운영과 본격 운영 사이에 명확한 구분이 없는 경우가 많다.

한편, 신제품을 출시할 때는 먼저 프로토타입 테스트를 실시해 제품을 보완한 뒤에 시장에 출시하게 된다.

신서비스 개발 기법 중 많이 사용되는 고객여정맵(Customer journey map)과 서비스청사진(Service blueprint)을 소개한다.

고객여정맵

고객여정맵은 고객이 서비스를 사용하는 전체 과정을 여정처럼 표현한다. 즉 시작부터 끝까지 고객이 서비스를 경험하는 과정을 정의하고 그 과정에서 고객이 불편하게 느끼거나 문제로 인식하는 상황을 정리하는 지도와 같은 그림이다. 고객여정맵은 가로축에 서비스 진행 과정을 표시하고, 세로축에 고객들이 느끼는 상황이나 문제점, 그에 대한 솔루션들을 표시한다. 고객여정맵을 통해 기업에서는 서비스 프로세스 상에서 실제로 고객들의 경험이 어떠했는지 확인할 수 있으며, 고객의 경험과 솔루션을 제시할 수 있다.

아래 그림의 고객여정맵의 사례를 보면 항공서비스 이용상의 고객경험과 문제점을 열거하고, 이에 대한 솔루션을 표시하고 있는데, 이와 같이 고객여정맵은 가로축은 서비스과정을 표시하지만, 세로축은 사용자의 필요에 따라 다양한 내용을 표시할 수 있다.

	공항가는길	체크인하기	탑승까지	기내에서	도착지에서	목적지까지
현재 상황	- 스트레스 - 주차문제 - 무거운짐	- 긴 대기 행열 - 고객이 해당 항공사 찾아감	- 긴급업무 필요 - 휴식 필요	- 불편한 좌석 - 지루함	- 샤워필요 - 옷갈아 입기	- 교통체증 - 불안감
고객 경험	⟹					
서비스 솔루션	- 수송수단 제공 - 운전자가 짐 운반	- 신속 체크인 서비스 - 항공사가 고객 인지	- 인터넷 서비스 공간 - 라운지, 휴식 공간 제공	- 편안한 좌석제공 - 음식/오락 서비스 다양화	- 화장/면도 - 샤워실 - 드레스실	- 친절한 운전자 - 편안한 서비스

[그림 5-3] 고객여정맵 예(항공서비스)

서비스청사진

서비스청사진(Service Blueprint)은 건축물 설계 도면처럼 서비스 설계도면을 먼저 그려서 비즈니스를 개선하는 방안을 찾아내는 기법이다. 건축 설계도면이 건축물을 신속하고 안전하게 짓기 위해서 미리 작성되듯이, 서비스를 설계할 때도 우수한 품질의 비즈니스 모델 개발을 위해 서비스청사진이 필요하다. 서비스청사진은 서비스프로세스를 가시화하여 문제점을 찾아내고 솔루션을 도출하기 위해 1984년 개발되었고, 지금도 다양한 분야에서 많이 사용되고 있다. 기업과 종업원, 그리고 고객 3자 간에 진행되는 서비스과정을 통합적으로 묘사하여 서비스 전반을 충실하게 이해하도록 하였다.

서비스청사진은 가로축은 서비스 진행과정을 표시하고, 세로축은 네 부문으로 나누어 중간에 고객의 가시선을 중심으로, 위 두 개 부문은 고객의 행동과 현장종업원의 행동을 표시하고, 가시선 아래의 부분은 후방종업원의 행동과 지원 프로세스를 표시한다.

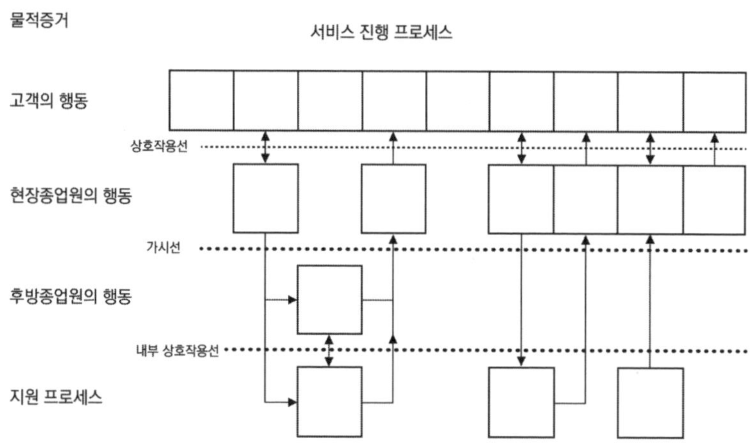

[그림 5-4] 서비스청사진의 표현 구조

좋은 서비스청사진은 조직의 각 부서들이 고객을 중심으로 한 단위로 움직여야 함을 보여 줄 수 있도록 작성되어야 한다. 서비스청사진을 활용하는 순서는 먼저 서비스청사진을 작성한 후, 과정상의 실패 가능점을 파악하고, 이를 개선하기 위한 방안을 설계한 후, 마지막으로 개선안이 반영된 새로운 서비스청사진을 작성하는 방식으로 진행된다.

서비스청사진을 통해 기존 서비스를 분석하고, 기존 서비스 프로세스 상에서 발생하는 서비스실패(Service Failure)요인을 찾아내어 이를 개선할 수 있으며, 전체 이해관계자들이 고객 중심으로 업무를 정렬할 수 있기 때문에, 지금도 서비스청사진은 비즈니스 모델 개선의 주요 기법으로 활용된다.

고객 욕구 중심의 비즈니스모델 개발

아래에서 고객 욕구 중심, 인간 중심의 비즈니스 모델 개발 방법을 소개한다.

서비스는 피플 비즈니스이므로 서비스 비즈니스 모델은 사람에 초점을 두고 개발해야 한다. 제품의 기능이나 시장 상황보다 중요한 것은 사람의 욕구를 얼마나 충족시키느냐이다. 그러한 비즈니스를 개발하려면 인간 중심 방법론이 적합하다. 인간의 생활을 추적하면서 인간의 생활 욕구의 내용과 컨텍스트를 중심으로 비즈니스를 개발한다.

우선 유형경제에서의 제품 중심 시각을 서비스 중심 시각으로 전환하면 비즈니스 창조가 용이하다. 고객은 제품을 사용하는 것이 아니라 자신의 문제 해결이나 욕구 충족을 위한 서비스로서 제품을 사용하는 것이므로, 고객의 경험과 고객의 욕구를 중심으로 비즈니스 개발이 가능하다.

예를 들어, 자동차 회사가 자동차 판매에 이어 자동차 리스, 할부금융, 정비, 광고, 유통 등으로 확장하는 비즈니스를 개발하는 것은,

생산자인 기업 중심이 아니라, 소비자인 고객 중심으로 원스톱 비즈니스를 제공하는 사업 개발이다. 또 휴대폰에 음악 감상, 인터넷 검색, 소프트웨어 유통 등의 기능을 통합해 서비스하는 경우도 공급자의 제품 중심이 아니라, 수요자의 생활 편의 중심으로 시각을 바꾸었기 때문에 가능한 비즈니스 개발이다. 스타벅스처럼 제3의 공간을 창조한 경우도 고객의 생활을 추적하면서 집도 직장도 아닌 제3의 공간의 필요성을 간파해냈기 때문이다.

생산자 관점에서 소비자 관점으로 시각의 전환은 제품을 대상으로 설명하면 보다 이해가 쉬울 것이다. 제품에 관련하여 생산자의 관심은 이 제품의 핵심 기능은 어떻게 개선될 수 있는가? 주요 특성은 어떻게 강화될 수 있는가? 타제품과 통합하여 더 탁월성을 추구할 수 있을까? 경쟁 제품에 비해 어떤 강점을 유지할 수 있을까? 이 제품에 부수되는 서비스는 무엇이 있나? 어떤 것이 있을까, 다른 제품 및 서비스와 통합할 수 없을까? 한편 소비자 관점으로 관심을 돌리면, 소비자는 이 제품과 관련된 어떤 생활을 하는가? 어디서 하는가? 무엇을 하는가? 동기는 무엇인가? 무엇을 더 원하는가? 잠재된 욕구는 무엇인가? 등 다양하게 발전된다.

이와 같이, 제품과 서비스를 개발할 때 모두에 고객의 욕구 분석이 중심에 있어야 한다. 독일 프라운호퍼연구소는 기존의 제품 개발 프로세스와 차별화된 서비스 개발 모델을 제시했다(Fahnrich and Meiren, 2007). 전체 서비스 개발 프로세스는 아이디어 관리, 요구사항 분석, 서비스 콘셉트, 서비스 구현, 시장 출시 등 5단계로 구성된다. 여기에서도 조직 내부와 외부 고객의 요구사항을 분석해 서비스 콘셉트를 잡는다.

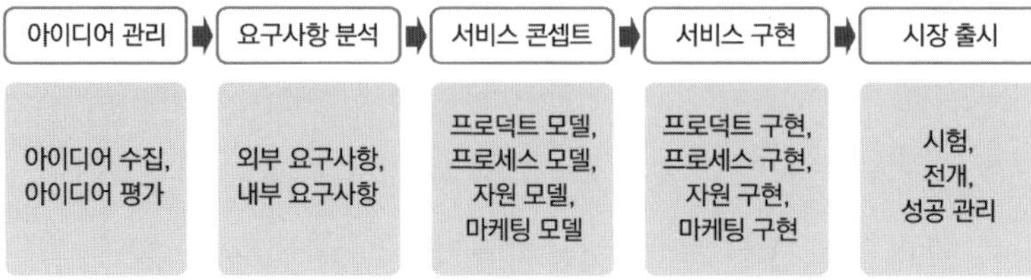

[그림 5-5] 프라운호퍼연구소의 서비스 개발 모델

이제 고객 욕구 중심의 서비스 비즈니스 모델 개발 방법론을 제시한다. 이 방법론은 국외 및 국내 관련기업의 방법론들을 참조하여 신경영시스템에 부합하게 작성하였다. 비즈니스모델 개발 단계는 앞서 제시한 공통 프로세스와 유사하게 기회포착, 고객분석, 콘셉트설계, 서비스디자인, 테스트 및 출시 등 5단계로 진행된다.

기회포착 단계에서는 비즈니스 모델 개발의 기회를 찾아내고, 개발의 목표와 범위를 설정한다. 앞서 제시한 바와 같이 일반적으로 비즈니스 모델 개발의 수준은 완전히 새로운 신산업을 창조하는 수준(수준 4)부터 기존 산업을 재설계 또는 재창조하는 비즈니스 모델 개발 수준(수준 3), 현재 비즈니스에 새로운 비즈니스모델을 추가하는 개발 수준(수준 2), 새로운 기능과 프로세스를 설계하는 수준(수준 1)까지 다양하다. 새로운 산업을 창조하는 수준의 비즈니스 모델 개발에 대한 설명은 이미 제시하였으므로, 여기에서는 기존 산업을 재

설계 또는 재창조하는 비즈니스 모델 개발 수준 이하에 초점을 맞추어 설명한다. 각 수준은 복잡함과 상세함의 측면에서 서로 차이가 있다. 수준 1에 가까울수록 상세하고, 수준 4에 가까울수록 복잡하다.

기회 포착 단계에서는 개발 예정 비즈니스 모델의 수준을 선택한다.

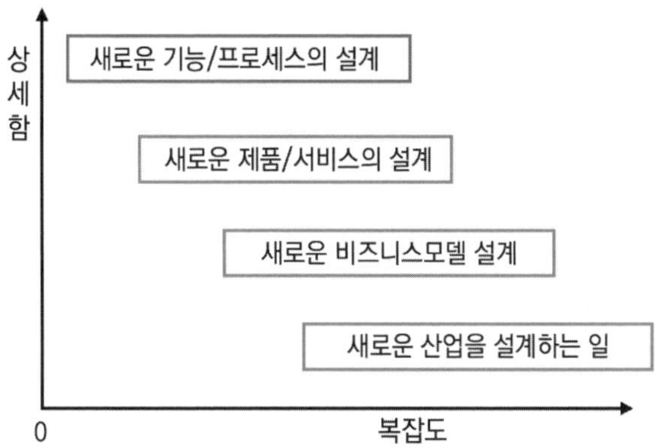

[그림 5-6] 비즈니스모델 개발의 복잡도와 상세함 수준

또한 기회포착 단계에서 대상 비즈니스의 범위를 분명히 하기 위해 '초점 깔때기(Funnel of Focus)' 방법을 써서 프로젝트 주제를 구체화한다. 깔때기가 밑으로 갈수록 좁아지듯이 사고의 범위를 점점 좁혀나가는 방법이다. 예를 들어 '사람'들이 관계를 통해 혜택을 얻도록 도와주는 서비스에서의 기회 포착이라고 하면 상당히 광범위하다. 대신 '10대 후반 여학생' 또는 '가족'이라고 하면 범위가 많이 좁아진다. 만약 '15-16세 여학생들의 미래설계 도움서비스' 또는 '어머니가 자녀들과 하루 종일 접촉할 수 있도록 도와주는 서비스'라고 한다면 상당히 구체적이게 된다. 이렇게 대상과 범위를 좁혀가는 작업이 기회 포착 단계에서 이루어진다. 비즈니스의 기회를 명확한 작업 주제와 범위를 확정해가면서 구체적으로 포착해내는 것이 이 단계의 주요 작업이다.

두 번째 고객분석 단계는 설문이나 인터뷰 등을 통하여 사람들의 이야기를 경청하고 행동을 관찰함으로써 구체적으로 고객의 욕구가 무엇인지 알아내기 위한 단계이다. 이 단계에서는 타운워칭(Town watching), 고객 되어보기, 콘텍스트에 기초한 심층 현장 인터뷰 등의 방법을 쓴다. 타운워칭은 잠재 고객들이 있는 현장에서 고객들을 관찰하는 방식인데, 고객의 대화를 녹음하여 키워드를 분석하거나 고객의 행동을 비디오로 찍어 분석하는 방법을 많이 사용한다. 고객 되어보기는 고객의 입장이 되어 관련된 상품 및 서비스를 직접 체험해보기, 고객 입장에서 관찰한 내용을 기록하기, 발견한 점을 참고해 인터뷰 질문지 작성하기 등의 과정으로 진행된다. 설문지나 포커스 그룹 인터뷰도 사용된다. 6-8인의 핵심 대상을 인터뷰하는 포커스그룹 인터뷰는 고객의 욕구를 정확하게 파악해내기 위해 사용되며, 설문지는 폭넓은 고객 이해를 위해 사용한다.

고객분석 단계의 결과물로 사진, 음성 녹음, 비디오 등 각종 기록과 유의미한 사실들, 이들 기초 자료로부터 프로젝트 구성원이 분석한 보고서, 고객 통찰 결과와 관련 아이디어 등이 산출된다. 이러한 결과물에 기초하여 다음 콘셉트설계 단계에서 사업 기회가 있는, 차별화되고 재미있는 인간을 위한 비즈니스 콘셉트를 설계한다.

[그림 5-7] 고객여정분석 예

(자료 : Maguire, Garvin, Practices for effective service design, 2011 지식서비스 국제컨퍼런스 자료집, 2011.11, 지식경제부, p. 120)

콘셉트설계 단계에서는 제품과 서비스를 이용한 고객욕구 충족을 위한 비즈니스모델 콘셉트를 설계한다. 우선 앞 단계에서 조사하고 분석한 사실과 결과물을 열거한 뒤에 공통이 되는 욕구를 중심으로 핵심 욕구를 찾아낸다. 고객의 행동과 희망사항, 불만 등의 사실로부터 욕구를 찾는다. 이때 고객의 잠재된 욕구 파악이 중요한데, 간섭적으로 표현되는 욕구들에 주목할 필요가 있다. 이렇게 파악되는 욕구에 관련된 구체적 사실을 가능한 상세하게 육하원칙(누가, 무엇을, 언제, 어디서, 왜, 어떻게)에 의해 적는다. 고객의 진정한 욕구를 분석한 후, 이를 충족시켜주는 비즈니스 모델 콘셉트를 설계한다. 설계된 콘셉트는 일정한 양식에 표현하여 팀원들과 소통해야 하는데, 콘셉트 명칭, 콘셉트 정의, 고객 가치, 시각화된 콘셉트, 콘셉트를 이끌어낸 고객 욕구, 해결해야 할 과제, 스토리 보드 등의 항목을 포함하는 3페이지 이내 양식을 사용하면 좋다. 또한 각 후보 콘셉트의 특이점과 차별점을 강조하여 토론하고, 정확한 고객욕구에 기반을 둔 우수한 콘셉트가 설계되도록 설계과정이 공유되고, 공개적으로 진행되도록 한다.

네 번째 서비스디자인 단계에서는 콘셉트를 구체적인 비즈니스 모델로 디자인하는 단계이다. 비즈니스 모델 초안을 작성하여 프로토타이핑을 반복하면서, 정교하고 가치가 높은 비즈니스 모델 디자인으로 완성해간다. 이때 프로젝트 관계자는 물론이고 의사결정자나 경영진이 비즈니스 모델 초안을 쉽고 정확하게 이해한 뒤 보완해갈 수 있도록 시각화된 자료로 소통해야 한다. 개념을 종이에 그림으로 그리거나 일러스트레이션으로 그려서 보여주거나, 모형을 만들어 보여주거나, 역할 연기를 하는 방식 등 다양하고 구체적인 소통 수단을 사용한다. 이 단계의 결과물로 차별화된 비즈니스 모델, 비즈니스 모델 서비스프로세스, 비즈니스 플랜, 이들 자료의 원천이 되는 증거자료(고객 욕구 및 이와 관련된 사실 등)가 산출된다. 서비스디자인 단계의 결과물은 추상적이지 않도록 하고, 간결한 단어를 사용한다.

마지막 테스트 및 출시 단계는 개발된 서비스 비즈니스 모델이 기업에 수익을 창출하면서 고객에게 가치를 제공하는지 테스트하며 보완하고, 최종 완성된 비즈니스 모델을 출시하는 단계이다. 비즈니스 모델의 타당성은 테스트하기 쉽지 않다. 자동차나 휴대폰 같은 제품 비즈니스 모델은 시제품을 만들어 성능을 검사하거나 고객 체험을 통해 시장 상황을 어느 정도는 예측할 수 있다. 그러나 서비스 비즈니스 모델은 무형적, 비가시적이므로 실제 상황이라야 테스트가 가능하다. 서비스 테스트의 어려움을 극복하기 위해 모델 상황을 인위적으로 만들어서 테스트하는 서브랩(Serve-lab) 연구가 선도기업들에서 진행되고 있다. 서비스 테스트를 거쳐 서비스 비즈니스 모델의 타당성을 검증한 후 서비스를 출시한다면 서비스 비즈니스의 성공률이 보다 높아지리라 기대한다.

비즈니스 모델 개발에서는 인간의 욕구 분석을 근본적이고 심오한 작업으로 인식해야 한다. 사람에 대한 근본적인 이해와 행동 양식의 관찰을 통해서 비즈니스 기회를 포착해야 한다. 고객의 욕구는 잘 드러나지 않고 잠재되어 있는 경우가 많기 때문에 창의적인 접근이 필요하다. 고객의 진짜 욕구를 발견하기 어려운 대표적인 이유는 다음과 같다.

- ◆ 첫째, 전문성의 역설 이론에서처럼 사람들은 깊이 있는 전문지식을 말로 표현하기 어렵다.
- ◆ 둘째, 전문성이 깊어질수록 그 전문성은 언어보다는 행동으로 나타난다.
- ◆ 셋째, 고객의 욕구 가운데 언어로 표현할 수 있는 것은 일부에 불과하다.
- ◆ 넷째, 사람들은 자신이 말한 대로 행동하지 않는 경우가 많다.

◆ 다섯째, 사람들은 자신의 진정한 욕구가 무엇인지 모르는 경우가 많다.

◆ 여섯째, 사람들은 자신의 욕구를 알더라도 말로 표현하기 어려운 경우가 많다. 이는 사람의 욕구에 세 가지 수준이 있기 때문이다. 스스로 깨닫고 있으며 명확하게 말로 표현하는 명시적 욕구, 습관이나 문화에 배어 있어서 자각하기도 명확하게 표현하기도 어려운 내면적 욕구, 무의식 속에 가지고 있어 스스로 인지하지도 못하는 잠재된 욕구 등이다.

따라서 고객의 행동이나 말을 관찰, 분석하여 그들의 생각과 느낌을 파악해내야 한다. 고객의 말과 실제 행동 사이의 간격을 정확히 이해하고, 고객이 말하지 않는 욕구나 행동을 간파해야 한다.

영국 엔진그룹의 서비스 디자인 방식은 발견, 정의, 개발, 전달 등 4단계로 이루어진다. 발견 단계에서는 정성(定性)적인, 곧 질적으로 심도 깊은 고객 리서치를 중시한다. 예를 들어, BBC 방송의 새로운 디지털 서비스를 디자인하기 위해 고객의 집에서 많은 시간을 함께 보내면서 고객의 행동과 태도를 관찰하고 이해하는 식이다. 또한 서비스 제공 방식에 대해 깊이 이해하려고 노력하며, 고객이나 이해관계자와 공동으로 서비스를 개발하기도 한다. 엔진그룹이 주로 사용하는 기법은 다음과 같다.

- 여행지도 그리기: 고객의 감정적 여행 경로를 사진, 그래프, 말 등으로 나타내 고객에 대한 이해를 돕는다.

- 디자인 원칙 만들기: 해당 서비스 디자인을 위한 기본 원칙들을 만들어 붙여두고, 구성원들이 작업 진행에 참고할 수 있도록 한다.
- 아이디어 내기: 기본 원칙, 프레임워크, 자극 등을 이용해 아이디어를 생성한다.
- 서비스 콘셉트 개발: 그림이나 사용자 경험 그래프 등을 이용해 서비스 개념을 개발한다.
- 분류 및 평가: 아이디어의 속성이 바람직한 정도에 따라 분류하고 평가한다.

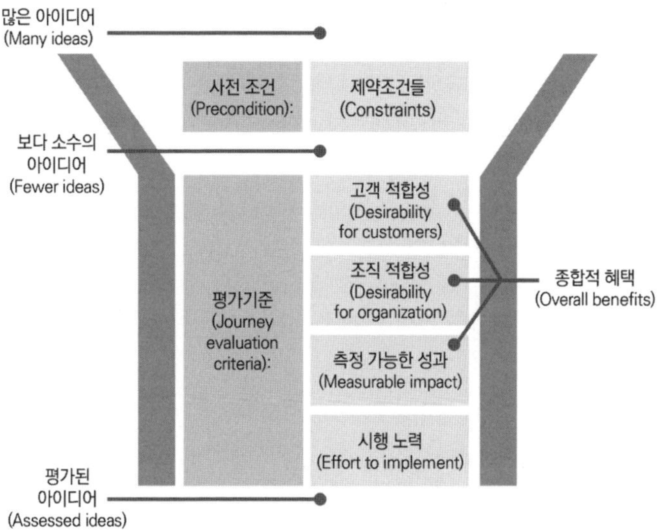

[그림 5-8] 아이디어 깔때기 예

(Maguire, Garvin, Practices for effective service design, 2011 지식서비스 국제컨퍼런스 자료집, 2011.11, 지식경제부, p.127)

- 아이디어 깔때기: 제약조건과 선행조건을 반영해 아이디어를 걸러내고, 고객과 조직 차원에서 바람직한 정도를 반영하여 아이디어를 평가한다.
- 상세한 여행 경로 그리기: 해당 서비스에 관련된 고객의 여행 경로를 단계별로 그려서 나타낸다.
- 로드맵 만들기: 새로운 서비스를 단계적으로 구현하는 로드맵을 만들어 보여준다.
- 프로토타이핑 및 파일럿 테스트: 서비스의 프로토타입을 만들고 파일럿 테스트(사전 실험)를 수행한다.

한편, 엔진그룹은 조직의 서비스 디자인 역량을 다섯 개 수준으로 나누어 제시한다. 이를 참고해 우리 조직이 어느 정도 수준인지 가늠해보자. 대체로 조직의 서비스 역량이 높을수록 고객에게 제공하는 서비스의 수준도 높아진다.

- 5레벨, 시스템 수준: 디자인 중심적인 조직. 디자인적 사고에 의해 정책과 프로세스, 시스템이 움직인다.
- 4레벨, 역량 수준: 역량이 내재되어 있으므로 기회가 올 때마다 반복적으로 좋은 서비스를 만들어 제공할 수 있다.
- 3레벨, 서비스 디자인 수준: 기회가 올 때 혁신할 수 있는 수준
- 2레벨, 통찰 수준: 서비스 디자인 프로젝트가 중요함을 인지하고 보여줄 수 있는 수준
- 1레벨, 경험 및 결과 수준: 서비스 시스템에서 고객의 욕구와 행

태를 이해하고 연구하려고 노력하는 수준

이와 같이 많은 방법론들이 경영자의 비즈니스모델 창조활동을 지원하고 있다. 신경영자는 이러한 창조활동 방법론이 조직에 내재화되어 조직차원에서 일상적으로 수행되도록 해야 한다.

박스사례

1. O2O(Online to Offline) 비즈니스모델 개발

제 4차 산업혁명을 사이버 세계와 물리 세계의 융합이라고 정의하는 경우도 있다. 제3차 산업혁명으로 발전된 사이버 세계가 기존의 제1차 및 제2차 산업혁명으로 구축된 물리 세계와 융합되어 새로운 시대를 열고 있다. 온라인과 오프라인 비즈니스가 연계되는 O2O(Online to Offline)비즈니스는 제4차 산업혁명시대의 첨병이라 할 수 있다. 예를 들어, 순수 오프라인 배달시장을 온라인과 결합하여 O2O 배달시장으로 비즈니스 모델을 개발한 음식 배달 분야의 경우, 기존의 프로세스와 각 프로세스상의 문제점, 그리고 고객의 욕구는 아래와 같이 고객여정맵으로 표현되었다.

고객여정(Customer Journey)

1인 가족	전단지를 찾는다	메뉴를 선택한다	전화를 건다	메뉴를 주문한다	음식을 받는다	계산을 한다
Contact Channel	전단지	전단지	전화	전화	배달원	배달원
Pain-Point	찾기 힘든	맛 검증	불친절	설명복잡	늦은 배달	현금결제
Needs	찾기 쉽게 비교	검증/신뢰 평가/리뷰	간단하게	간편주문	배달상황파악	다양한 결재수단

자료 : 마켓캐스트컨설팅그룹

[그림 5-9] O2O비즈니스 고객여정맵 사례

자료: 김형택, 마켓캐스트컨설팅그룹, 동아비즈니스리뷰, 2016.3, p.77

위 고객여정맵에서 분석된 바와 같이 공급자(음식점)들을 쉽게 비교 분석할 수 있고, 기존 평가들을 쉽게 찾아 볼 수 있고, 주문도 간단하게, 결제도 간편하게 할 수 있고, 배달 상황도 실시간으로 쉽게 파악할 수 있으려면 기존 오프라인 시스템으로는 해결책이 나오지 않는다. 따라서 온라인 시스템을 배달 시장에 도입하여 배달 산업을 재창조하였다. 온라인으로 공급자들을 쉽게 비교 분석할 수 있고, 기존 사용자들의 평가를 확인하고 신뢰할 만한 공급자를 찾아낼 수 있으며, 시스템 상에서 간편하게 주문할 수 있고, 결제도 다양한 수단으로 간편하게 할 수 있고, 시스템상에서 배달 진행 상황도 쉽고 정확하게 파악이 가능하도록 시스템을 개발하여 오프라인과 연동하였다.

오프라인 공급자들을 온라인시스템에 연동시키는 과정은 홍보와 설득의 긴 과정이 필요하였고, 새로운 비즈니스 모델의 효과성을 보여주는 과정이 필요하였다. 이러한 과정을 성공적으로 거친 후에 오늘과 같은 음식 배달 O2O 비즈니스 모델이 완성되었다.

이와 같이, 새로운 비즈니스모델의 콘셉트가 우수하다고 하더라도, 기존 시스템을 변화시켜서 새로운 비즈니스모델을 산업계에 정착시키는 일은 열정과 노력이 수반되지 않으면 어렵다. 변화의 수준이 높을수록 그러하다.

2. 인터넷서비스비즈니스모델 샤오미

샤오미는 비즈니스모델 혁신의 사례로 자주 언급된다. 휴대폰 제조기업을 인터넷서비스기업으로 포지셔닝하여 크게 성공한 사례다. 또한 샤오미는 자원을 최소한으로 사용하면서 가치를 많이 창출해내는 간소한 혁신의 성공한 사례로도 인용된다. 최고 수준의 기능과 성능을 가진 제품을 개발하기 보다는 고객들의 욕구를 충족하는 가격 대비 성능 수준이 높은 제품을 생산하여 큰 성공을 거둔 대표적인 기업으로 언급된다. 샤오미는 제품 개발에 고객 자원을 동원하였는데 이는 서비스비즈니스 모델이면서 간소한 혁신 방식이다. 즉 인터넷 플랫폼을 이용하여 고객과 함께 제품개발을 하였다. 제품을 개발하는 과정을 공개하며 고객과 함께 개발하는 프로세스를 채택함으로써, 조직의 자원 투입을 최소화하면서도, 서비스비즈니스처럼 고객의 욕구를 실시간으로 반영하여 고객 욕구를 충족시키는 제품 개발을 할 수 있었다. 또한 제품 마케팅과 판매에 있어서도, 서비스기업의 비즈니스모델을 적용하여 고객과 함께 마케팅을 수행함으로써 마케팅 비용도 대폭 절감하는 효과를 거두었다. 이러한 혁신으로 인해 성능이 상당히 좋은 제품을 저렴한 가격에 빠르게 생산하여 고객들에게 공급할 수 있었고, 충성스런 고객군을 확보할 수 있었다.

샤오미의 창업자 레이쥔은 샤오미의 기업 정체성을 휴대폰 제조기업이 아닌 인터넷기업으로 포지셔닝 함으로써 이러한 혁신적 비즈니스 모델을 빠르게 정착시킬 수 있었다. 제조기업으로 포지셔닝을 한 상태에서는 생산과 소비를 분리하여 생각하게 되므로, 고객과 시장과 멀리 떨어진 상태에서 제품 개발이 이루어질 수밖에 없다. 그러면 제품 개발비도 많이 소요되고, 변화하는 고객 욕구를 반영하는 속도도 느릴 수밖에 없다. 또한 판매망 구축을 위해서도 많은 자원이 필요하며, 판매 활동도 용이하지 않다. 그런데, '휴대폰 생산을 하는 인터넷 기업'으로 포지셔닝 하였기 때문에, 생산과 소비를 분리시키지 않고 한 단위로 생각할 수 있게 되었고, 기업의 전체 업무 프로세스를 고객과 함께 수행하는 의식적 기반이 형성될 수 있었다.

즉 '휴대폰 생산 제조업'을 '휴대폰을 대상으로 하는 인터넷서비스 기업'으로 비즈니스 모델 전환을 한 것이다.

3. 울트라 비즈니스모델 인도 아라빈드 안과병원(Aravind Eye Hospital)

인도의 아라빈드안과병원은 여러 가치 측면에서 신경영의 비즈니스 모델이 된다. 1976년에 당시 58세였던 닥터 V(Dr. Govindappa Venkataswamy)에 의해 설립된 아라빈드 병원은 세계적인 병원 혁신 성공 모델이다.

우선 생산성 측면에서 최고다. 의사 1인당 매년 2,000건 정도의 백내장 수술을 하고 있는데, 이는 다른 나라 병원들의 5배 - 10배 생산성을 보이는 것이다. 이러한 높은 생산성은 맥도널드 시스템을 벤치마킹해서 혁신한 것이었다. 수술 전체 과정을 모듈화하고 표준화하였으며, 각 모듈에서 최고의 품질이 유지되도록 직원과 의사들을 훈련시켰다. 덕분에 제조업의 컨베이어벨트 시스템과 같은 수술 프로세스 시스템이 구축되었고, 일반 의사들도 잘 구축된 시스템 덕분에 높은 수준의 품질을 유지하면서도 최고의 생산성을 올릴 수 있게 되었다.

다음으로 혁신적 비즈니스모델을 구축하였다. 환자들이 자신들의 지불 능력에 맞게 스스로 의료비를 결정할 수 있도록 하였다. 지불능력이 전혀 없는 사람들은 스스로 무료 서비스를 요청하게 하고, 지불능력이 있는 사람은 할 수 있는 만큼 지불하도록 하였다. 개인의 존엄성을 존중해주는 이러한 환자 자율 결정 의료비 시스템이 작동되도록 하였다. 전체 환자의 70% 정도가 무료 수술을 받고 있음에도 불구하고 이 병원은 큰 수익을 남기고 있다. 프로세스 혁신으로 매우 저가에 수술이 이루어지고 있으며, 지불 능력이 있는 환자들이 많은 의료비를 자진해서 내주기 때문이다. 영국과 인도 아라빈드 병원을 비교하면, 아라빈드 병원의 안과 수술 건수는 영국 전체의 60%에 이르고 있는데, 전체 수술비용은 영국 전체의 1% 이하라고 한다.

또한 아라빈드안과병원은 불평등을 해소하고 기업과 사회의 조화를 추구하는 신경영의 모델이기도 하다. 수술비가 없어 제때에 수술을 받지 못해 맹인이 되어가는 많은 저소득층 환자들을 구원하기 위한 인도적 목적으로 병원을 설립하였고, 연민, 탁월함, 자립(Compassion, Excellence, Self Resources) 이라는 3대 철학에 의해 장기간 운영하며 결국에는 설립 비전을 달성하였다. 설립자 닥터 V의 목표였고 꿈이었던 '모든 사람에게 광명을 주자(Give sights for all)'와 '모두를 차별하지 말고 하나같이 평등하게 대하자(See all as one)'는 두 가지 이상이 실현된 모델이다. 이러한 설립자의 철학에 따라 아라빈드안과병원은 경쟁병원들에게 자신의 훌륭한 시스템을 전파하고 있다. 다른 병원들이 경쟁자가 아니라, 기업과 사회와의 조화를 함께 추구하고 사회의 불평등을 해소하는 공동 활동을 수행하는 파트너라는 인식이 조직에 뿌리내리고 있기 때문에 가능한 일이다.

고객의 상황과 경제환경의 요구에 맞는 진정한 고객 중심의 비즈니스 모델을 개발하는 것이 신경영자의 핵심 역할이다. 아라빈드안과병원의 설립자 닥터 V는 기업과 사회를 조화시키고 사회를 한 단계 발전시킨 신경영자라고 할 수 있다.

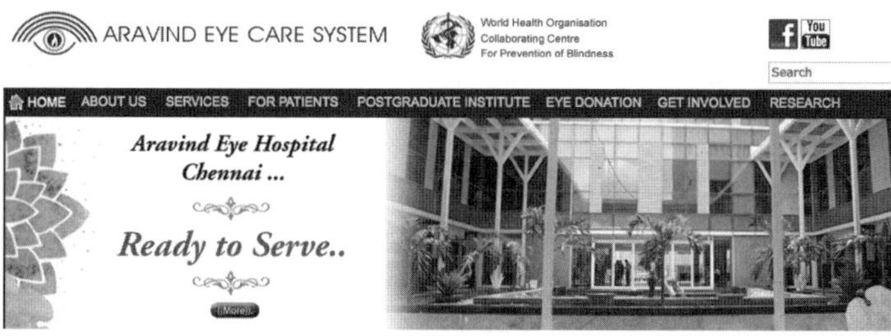

[그림 5-10] 아라빈드 안과병원

(출처: 홈페이지 초기화면)

참고: Infinite Vision: The Story of the Aravind Eye Hospital
(Pavithra Mehta 강연, 2012년, uTube 영상)

제6장

혁신으로서의 경영

신경제하의 경영은 창조활동이면서 혁신활동이다. 혁신 활동의 중심은 인적자본 혁신과 프로세스 혁신이다. 여기에 가격 경영이 추가된다. 신경제에서는 사람이 자원이 아니라 자본이 된다. 기존에는 돈이나 토지나 공장 설비를 통해서 가치가 창출되었는데, 이제는 인적자본을 통해서 기업이 가치를 창출하기 때문이다. 과거에는 사람이 부가가치를 창출하기 위해 노동을 제공하는 자원이었는데, 현대에는 사람 자체가 가치를 직접적으로 창출하는 자본이 되었다. 또한 고객의 욕구를 충족시키는 통합적인 프로세스경영이 중심이 된다. 기존에는 마케팅, 생산, 재무, 인사, 전략 등의 부분적 기능 또는 부분 프로세스가 중심이었지만, 현대 경영에서는 하나의 통합 프로세스가 중심이 된다. 통합프로세스를 통해 기업가치, 고객가치, 재화가치가 창출되기 때문이다. 프로세스 경영의 주요 요소로서 기술경영과 가격경영이 역할을 한다.

경영의 3 부문을 그림으로 표시하면 아래와 같다. 앞 장에서 제시한 창조로서의 경영은 가치경영에 해당하며, 본 장에서 제시하는 인적자본경영 및 프로세스경영과 함께 신경영의 중심이 된다.

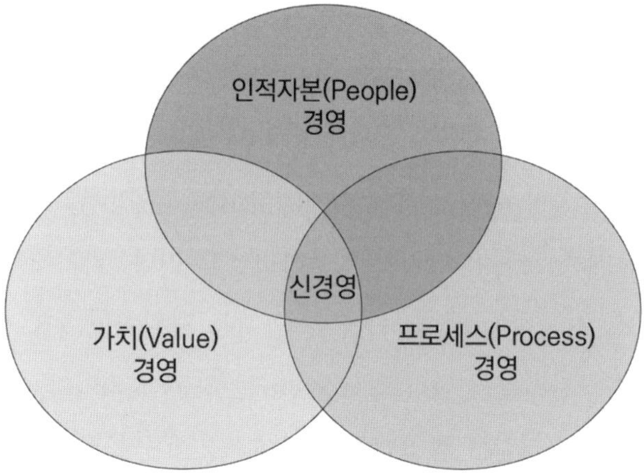

[그림 6-1] 신경영의 3요소

(신경영은 3가지 경영요소가 통합적으로 경영되는 방식)

제1절 | 인적자본 경영

신경영에서 인적자본경영은 매우 중요하다. 무형재화 중심의 경제에서는 눈에 보이지 않는 것을 볼 수 있어야 하고, 새로운 창조를 일상적으로 해야 하기 때문이다. 기존 경영 자본인 돈이나 설비로는 눈에 보이지 않는 것을 볼 수 없고, 창조를 할 수 없다. 기업의 종업원에 대한 시각도 기존과 같이 노동력을 제공하는 하나의 자원으로 보는 개념으로는 새로운 창조를 이끌어내기 어렵다. 우선 기존 경영에서 인적자원(Human Resource)으로 표현되었던 종업원을 이제 신경영에서는 인적자본(Human Capital)으로 표현한다. 과거 토지 건물

기계나 돈과 같은 자본이 기업의 가치를 창출하였는데, 이제는 종업원이 기업의 가치를 창출하는 주체이기 때문이다. 사람이 기업의 가장 중요한 자산이자 자본이 되었다.

1.1 조직 문화 경영

개방성과 수평성

신경영을 위해서는 창조적인 조직문화 구축이 중요하다. 산업간 경계가 해체되고 기술간 융합이 보편화된 현대 경제에서는 인적자본인 직원들의 창의성이 마음껏 발현되도록 조직 문화가 구축되어야 한다.

즉 신경영시스템에서 가장 중요한 조직문화는 개방성과 수평성이다. 수평적이고 개방적인 조직문화를 구축하는 것이 신경영의 핵심이다.

이미 많은 선도기업들이 개방성과 수평성을 조직문화로 구축하여 성공하였다. 예를 들어 페이스북은 헥카톤(Hackathon)이라고 부르는 철야로 진행되는 창의적인 전사적 제안프로그램으로 초기의 고속성장을 견인한 바 있다. 열린 개방적 문화에서는 자유롭게 좋은 아이디어가 제안된다. 또 수평적 조직문화에서는 창의적 아이디어가 쉽게 채택되고 실행된다.

[그림 6-2] 페이스북 초기화면

그동안 수직적 조직문화를 통해 큰 성과를 거두어왔던, 한국 대기업에서도 최근에는 개방성과 수평성을 강화하기 위해 조직 문화 혁신을 시도하고 있다. 직급 체계를 단순화하고, 호칭에서 직급을 배제하고 '○○○님'으로 바꾸어 부르도록 하고 있다. 의사결정 체계도 단순화시키고 있다. 구글 등과 같은 글로벌 선진 기업들이 엔지니어-임원(Vice President) - 최고경영자(CEO)와 같은 3단계 의사결정 체계를 가지고 있는 것을 참조하여 직급 체계와 의사결정 체계를 단순화시키고 있다.

조직문화 구축은 이와 같은 하드웨어적인 제도 개선과 함께, 소프트웨어적인 의식의 개선을 필요로 한다. 헥카톤이 제도화되어 시행되었던 것이 아니었는데도 조직의 발전을 이끌었던 것처럼, 제도보다 조직원들의 의식과 문화가 더 중요하다. 열린 수평적 문화 구축에는 경영자의 역할이 중요하다. 페이스북의 헥카톤도 젊은 사장이 함께 바닥에 주저앉아 어우러져 소통하는 분위기를 만들어주었기에 성공한 것이었다. 앞서 언급한 로마의 개방성 문화 구축 사례처럼 수평적 개방적 조직문화 구축은 경영자가 행동으로 문화를 선도해야 한다. 신경제에서 선도적 기업이 되기 위한 제 1 조건이다.

자율성과 주인의식

신경영 조직문화의 또 하나의 중요한 요소는 자율성과 주인의식이다. 모든 직원들이 자신의 사업을 경영하고 있다고 느낄 수 있을 정도의 수준으로 자율성 문화가 구축되어야 한다. 많은 신경영 기업들이 이러한 조직 운영으로 성공을 거두었다. 예를 들어, 노드스트롬(Nordstrom) 백화점은 종업원들에게 자율성을 부여하기 위해 단 하나의 규칙만을 안내하고 있다. 즉 '모든 상황에서 스스로 최선의 결정을 하라'는 규칙이다. 그 이상의 규칙은 없다고 또 명시하고 있다. 이러한 방식으로 주인의식을 고취하고 직원들에게 자율성을 부여하여 고객서비스를 향상시키고, 기업 성과를 제고하고 있다. 홀푸드마켓(Whole Foods Market)은 직원들에게 파격적으로 권한을 위임하여 성공을 거두었다. 점포가 아닌 팀 단위로 조직을 운영하며, 팀에 의사결정 권한을 부여하였다. 대개 각 매장은 8개 정도의 팀으로 구성되어 있는데, 각 팀들은 가격결정, 주문, 채용, 매장 내 제품 홍보 등 모든 결정을 책임지고 한다. 회사는 직원들에게 많은 권한 위임을 함과 동시에 충실한 정보공개를 하여 주인의식을 고취하고 정확한 의사결정을 유도한다. 임직원 급여정보, 매장 및 팀매출, 상품원가 등 거의 모든 자료가 공개되어 자유롭게 열람된다.

자율성과 주인의식은 초기 벤처기업(Start up 기업)들에게는 주류 문화인데, 기존 기업들도 이 문화를 빠르게 조직경영에 이식하고 있다. 신경제에서는 인적자본인 직원들의 자율성과 주인의식이 기업발전을 위한 필수조건이 되었기 때문이다.

조직 철학 경영

조직 문화 구축에 더하여 확고한 신념으로 조직의 철학을 구축하는 것도 신경영의 주요 전략이다.

조직의 가치관과 조직의 정신을 철학으로 승화시켜 이를 중심으로 조직과 고객을 관리하는 방식이다.

앞서 소개한 인도의 아라빈드안과병원도 설립자 닥터 V의 훌륭한 설립 정신과 사회 기여 철학이 성공의 결정적 요인이었다고 할 수 있다. 가진 돈에 무관하게 고귀한 인간으로서의 환자들의 존엄성을 지켜주자는 철학, 가격에 무관하게 최고 품질의 서비스를 제공해주자는 철학, 외부의 도움 없이 스스로 이 목표를 달성하자는 자립 철학이 결국에는 조직을 성공으로 이끌어준 것이라고 할 수 있다.

경영 철학에 의한 인적자본 경영 방식은 경영자의 역량이 뛰어나고 그의 철학이 훌륭해야 성공할 수 있다. 스타벅스의 하워드 슐츠,

사우스웨스트항공의 허버트 캘리, 자포스의 토니 쉐 등과 같이 스스로 무형적 경영 비전을 설정하고 가시화하고 조직에 뿌리 내리게 하여 경영 성과를 거둔 경우가 많아지고 있다.

[그림 6-3] 스타벅스 매장

신경제에서는 더 많은 우수한 경영자들이 이 방식을 추구하고 있다. 투자가 많이 소요되고 시간도 많이 걸리지만, 가장 크게 성공할 수 있는 방안이기 때문이다. 스타벅스의 하워드 슐츠는 '편안하고 안정적인 공간과 문화와 경험을 파는 공간으로서의 스타벅스' 비즈니스를 위해 '직원 우선' 철학을 정립하였다. 종업원을 파트너라 칭하고, 임시직을 포함한 회사의 모든 직원의 성장과 회사의 성장을 동일시하는 문화와 철학을 정립하고 실천하였다. 1990년대 중반 텍사스의 점포 관리자가 강도에게 살해 되었을 때도 바로 현장으로 날아가 가족들과 종업원들을 위로하고 점포를 매각하여 사망자의 가족부양과 아이들 교육에 사용하게 하고 기금도 조성하였다. 고객서비스향상을 위해 미국 내 전체 직영점을 모두 닫고, 전 직원을 대상으로 '최고의 에스프레소' 만드는 법을 교육한 것도 '커피를 통한 최고의 경험'을 파는 공간이라는 조직의 가치관을 충실하게 실천한 것이라고 할 수 있다.

박스사례

GE(General Electric)의 개방과 공유 조직문화

신경영에서 요구되는 개방성, 수평성, 자율성 등의 조직문화는 대게 스타트업 신생기업이 가지고 있는 문화들이다. 기업의 규모가 커지면 관료주의 수직문화가 우세하게 된다. 그런데 신경영적 조직문화를 구축하지 못하면 기업이 쇠퇴할 위험에 처하게 됨을 인식하고 많은 대기업들도 신경영 조직문화 구축에 노력하고 있다.

가장 앞서가는 기업 중의 하나가 GE이다. 1878년 에디슨이 설립한 전기조명회사가 1892년 톰슨휴스턴전기회사와 합병하여 탄생한 GE는 126년 이상의 역사에 직원 수 30만 명 수준의 거대한 기업이지만 초기 벤처기업의 조직문화로 운영되고 있다. GE는 인사제도와 기업문화를 스타트업(Start Up)기업들의 문화로 바꾸어가고 있다. 그들은 신경제의 승자가 되기 위해서는 제조기업도 디지털 산업의 기업이 되어야 한다고 전제하고, 실리콘밸리 스타트업 기업들을 벤치마킹하여 새로운 기업으로 재탄생하고 있다.

우선 GE의 인재(인적자본)에 대한 기본 철학을 정립하였다. "우리는 모두 함께 성장한다(We all rise)", "우리는 모두 다 리더다(We are all leaders)"라는 기본 철학 하에서 인적자본을 육성하고 있다. 인적자본을 가장 중요한 자본으로 생각하고, 각 직원들에게 리더로 성장하려는 의지를 고취시키고 있다. 직원들이 좋은 코칭과 피드백을 받을 수 있고 다양한 경험과 임무를 경험할 수 있으며, 이상적인 롤모델과 만날 수 있도록 하고 있다. 이러한 방식으로 각자에 대한 기대치를 높이도록 하고 주변 사람들과 함께 성장하도록 하고 있다. 스타트업 기업들처럼 직원들이 자율성과 주인의식을 가지는 리더가 되도록 지원하고 있다. GE는 2014년 'GE 빌리프'라는 개념을 도입했다. GE 빌리프는 GE가 지향해야할 방향을 5가지 원칙으로 제시한 것인데, '고객이 우리의 성공을 결정한다', '속도를 내려면 군살을 빼라', '이기려면 배우고 적응하라', '서로 힘을 실어주고 격려하라', '불확실한 세상에서 성과를 올려라' 등 5가지이다. 스타트업 기업의 성공하는 정신을 조직에 이식하고 있는 것이다.

또한 GE는 2013년부터 패스트웍스(FastWorks)라는 경영방식을 통해 개방성과 수평성을 증대시키고 제품 출시 기간을 단축시켰다. 패스트웍스는 먼저 고객 의견을 듣고 최소기능제품(Minimum Viable Product: MVP) 개념을 도입하여 고객의견을 충족하는 필수적인 기능을 가진 시제품을 신속하게 만들고, 이 시제품에 대한 고객의 검증 의견을 듣고, 다시 제품을 개선해가는 방식이다. 이 방식은 고객과 분리된 상태에서 제품을 기획하고 생산하던 기존 제조업의 방식을 획기적으로 전환하는 것으로서 지속적인 혁신 노력, 아이디어를 실험하는 공간, 제작된 시제품을 검증하는 수단 개발의 중요성을 GE는 강조하고 있다. 이 방식이 잘 작동하려면 고객과 조직 간에 수평적이고 개방적인 문화가 형성되어 있어야 한다. 실제로 GE는 이 기법을 적용하여 대표 터빈 9E 플랫폼의 신형 터빈을 개발하였는데, 개발 기간을 25% 단축 하였고 큰 비용절감과 수익향상 효과를 거두었다. 실리콘밸리의 스타트업 기업들이 하는 방식으로 대형 제조업인 터빈 개발을 유연하게 할 수 있음을 보여주었다.

GE의 인적자본 혁신을 이끌고 있는 글로벌 HR 총책임자인 수전 피터스는 "좋은 인재가 되기 위해서는 재빨리 배울 수 있는 능력, 또 배운 것을 과감하게 버릴 수 있는 능력을 갖추어야 한다. 과거를 보내버릴 수 있으면서, 새롭게 생각하는 사람이 필요하다"는 인재혁신 철학을 제시한다. GE는 개방과 공유의 조직문화를 구축하여 디지털 기업으로의 진화를 가속화하고 있으며, 대형 글로벌 기업으로서의 강점을 가진 상황에서 실리콘밸리 스타트업 기업들의 강점까지 가미하여 탁월한 조직 경쟁력을 구현하고 있다.

자료: 매일경제 더비즈타임스, "GE 글로벌 HR 총책임자인 수전 피터스 인터뷰 기사" 발췌 정리, 2016.7.1.,
GE 캐나다 홈페이지 https://gereports.ca/fastworks/
What is FastWorks?, 2017.11.16, GE Reports Canada 참고,
GE 홈페이지 https://www.ge.com/reports/
The Startup Power Plant: These Engineers Are Building Turbines The Silicon Valley Way, 2017.5.3., Bruce Watson 등 참고하여 사례 작성

1.2 인적자본 선발과 관리

신경영에서 인적자본은 양이 아니라 질이다. 즉 사람의 수가 아니라, 사람의 질적 수준이 그 기업의 운명을 결정한다. 따라서 현대 기업들은 인적자본의 선발과 관리에 과거보다 많은 노력을 기울인다.

신경제에서 필요한 인재는 창의적이고 개방적인 사람이다. 창의적이라야 제품과 서비스 혁신을 리드할 수 있고, 개방적이라야 동료들과 함께 큰 혁신을 이끌어낼 수 있기 때문이다. 이러한 잠재력이 있는 지원자를 직원으로 선발하는 일은 매우 어려운 일이다. 후보자의 잠재력과 창의성을 파악하기 쉽지 않기 때문이다. 따라서 기업들은 다양한 방식으로 후보자를 검증한다. 필기시험은 일부에 불과할 뿐 대다수 기업들은 면접을 강화하고 있다. 면접 방식이나 면접 장소도 다양하게 변화하고 있다. 미술관 면접, 요리면접도 등장하고, 면접의 횟수도 많아지고, 면접관도 다양해지고 있다.

시장과 고객을 지향하는 인재상이 현대적 인재상이다. 일을 좋아하고 즐기는 인재, 현장 지향적 전문성을 갖춘 인재, 고객과 함께 성장하려는 인재, 자신의 기술과 경험을 나누어주며 동료와 함께 성장하려는 인재가 신경영적 인재상이다.

무엇보다도 신경영에서의 인재 선발 제1기준은 조직의 가치관 및 철학에 부합하는 인재를 선발하는 것이다. 조직이 추구하는 궁극적인 목표를 함께 달성하며, 조직이 지향하는 가치관을 사회에 함께 정착시키는 활동을 하는 파트너를 선발하는 과정이 인재 채용 과정인 것이다.

선도기업들은 이미 이러한 신경영을 실천하여 성공하고 있다. Google 등 대기업이나 Next Jump와 같은 중소기업 등 많은 우수 기업들이 신경영 방식으로 인적자본을 선발하고 관리하고 있다. 이들은 기업의 핵심 가치관을 중심으로 전체 직원들이 행동하도록 관리하고 있으며, 직원들이 리더로 성장하도록 관리하고 있다. 직원들이 책임의식과 창의성을 발휘하도록 관리하고 있다. (아래 넥스트점프 사례 참조)

박스사례

넥스트점프(Next Jump)는 신경영적 인적자본 선발과 관리의 모델 기업이라 할 수 있다. 수평성과 개방성을 조직 문화와 제도로 잘 구축하고 있으며, 인적자본을 조직의 가장 귀중한 자원으로 성공적으로 관리하고 있기 때문이다.

이 회사는 2012년부터 시행하고 있는 무해고(No-Fire) 정책으로 유명하다. 2012년 이전까지는 성과 하위자 10%를 해고하였다. 그랬더니 더 해고할 직원이 없어 무해고 정책을 시행하였는데, 뜻 밖에 3배로 생산성이 올랐다고 한다. 직원들이 해고의 공포 때문에 감추고 꾸미는 대신에 일에 집중했기 때문이다. 이 회사의 설립자이자 CEO는 한국인 찰리 킴이다. 2016년 3 월, 하버드 경영대의 두 교수가 '인간을 가장 발전시키는 회사'라는 연구 주제로 3 년간 미국의 여러 기업들을 조사한 후, 3개의 회사를 선정하여 책으로 발표했는데, 넥스트점프가 선정되었다. 넥스트점프는 미국 존스홉킨스대가 뽑은 미국에서 가장 건강한 3대 일터에 뽑히기도 하였다.

넥스트점프의 인적자본관리 기본 철학은 "체력적으로나 정서적으로 건강한 직원들이 결국 회사는 물론 주주 가치를 끌어올릴 수 있다"는 것이다. 이를 실천하기 위해 넥스트점프의 기업문화를 혁신하였다. 직원들 사기를 북돋워주기 위해 사내 곳곳에 간단한 음식과 음료를 제공하고 체육관을 설치했으며 직원을 해고하지 않는 무해고 정책을 그 중심에 두었다. 회사는 직원들을 해고하는 대신, 최고의 인재로 키우는데 회사의 모든 역량을 집중하기로 했다. 넥스트점프는 '내가 성장하고, 네가 성장하고, 우리가 성장하자'라는 표어 아래 직원의 전 인격적인 성장에 회사 이윤의 50%를 사용하고 있다. 그 결과 회사의 생산성이 지난 5년간 매년 평균 60%씩 성장하고 있으며 2013년 맥킨지 하버드 비즈니스 리뷰 경영 혁신상, 2015년 엔트로프러뉴어 지가 선정한 미국 최고의 직장에 선정되어 수많은 미국 기업이나 기관의 롤 모델이 되고 있다.

또한 넥스트점프의 찰리 킴 사장은 "작은 것이 더 많은 것이다(Less is more)" 철학으로 철저하게 잠재력이 우수한 직원을 선발하고 있다. 그는 과거에 뉴욕의 세계무역센터가 테러로 파괴되었던 911 사태 전후로 150명의 직원들이 하던 일을 단 4명이 거의 큰 차이 없이 하고 있는 것을 스스로 경험한 후, 직원의 양적인 숫자가 중요한 것이 아니고 직원의 질적 수준이 중요함을 뼈저리게 느꼈다. 그 이후 그는 잠재력 있는 우수한 직원의 선발과, 선발된 직원을 리더로 훌륭하게 성장하도록 관리하는 일에 보다 집중하게 되었다. 그는 “사람이 비즈니스의 근원”이며, “옳은 사람을 얻으면 제품과 수익을 다 얻게 된다”는 철학으로 인적자본관리를 하고 있다. 넥스트점프의 채용 프로그램은 구글도 배우러 온다고 한다. 지원자들의 모든 정보가 전 직원에게 공개되고, 전 직원의 투표를 통해 지원자들이 추려지고, 회사 간부들은 이들을 다시 살펴보고 토론한 뒤 만장일치로 최종 채용 결정을 한다. 한 해 5000명 정도의 엔지니어가 지원하며 500대 1의 경쟁률을 뚫고 10명 정도가 채용된다. 그는 “겸손을 중시한다. 똑똑한 사람을 채용해야 하지만 겸손한지를 봐야 한다. 감사할 줄 모르고, 다 알기 때문에 배울 게 없다고 생각하는 이들은 좋지 않다.”고 채용하기를 원하는 인재상을 제시하고 있다.

넥스트점프는 조직의 위계를 단 세 단계로 수평적으로 관리하고 있다. 즉 CEO, 리더, 직원의 세 단계로 조직이 관리되고 있다. 모든 조직원들은 다른 사람의 성장에 기여할 의무를 가지며, 다른 사람의 성장에 가장 큰 기여를 한 사람을 매년 크게 포상하고 있다. 전 직원을 훌륭한 리더로 성장시키는 목표를 조직의 문화로 정착시키고, 직원을 훌륭한 리더로 성장시키는 일에 조직의 자원을 집중하여 경영 성과를 거두고 있다.

신경영에서 강조하고 있는 관계성 경영, 조화성 경영을 실천하고 있는 것이다.

출처: KBS 스페셜, 2016.6.16. 방송
중앙일보, 구글도 배우러 오는 미국 ‘넥스트점프’ CEO 찰리 김, 2015. 10. 20, 이상렬 기자, 등 참조 사례 구성

1.3 고객자본 경영

고객은 내부고객과 외부고객으로 나뉜다. 내부고객은 직원이며, 외부고객은 소비자이다. 내부고객 경영은 앞서 인적자본 경영에서 설명한 바와 같으므로, 여기서는 외부고객 경영의 핵심을 소개한다.

신경영은 관계성, 쌍방향성, 수평성, 조화성 철학으로 외부고객 경영을 수행하는 것이다. 이를 위해 고객관계를 관리하는 것이 중요하며, 고객의 경험을 객관화시키는 활동이 중요하다.

고객관계를 관리하는 방식은 디지털기술의 발달로 많은 혁신이 있었고, 고객관계관리(CRM: Customer Relationship Management)라는 이름으로 정형화되고 있다. 일반적인 정의로, CRM은 고객을 분석하고 고객과 장기적인 관계를 강화하여 고객생애가치를 높이는 경영 방식이다. 고객생애가치는 고객이 평생 기업의 매출이나 이익에 기여하는 가치를 의미한다. 고객생애가치를 높이기 위해 고객과의 관계성을 관리하는 것이 CRM이다.

[고객생애가치(LTV: Life Time Value)의 산출식]

고객생애가치 = (첫해 고객이익 – 고객 확보비용)
+ (각 년 도별 고객이익 x 각 시점의 고객 유지비율 – 고객 유지비용)/ 할인율
+ (둘째 해부터 고객의 남은 생애기간 전체를 매년 위와 같이 각 년 도별로 계산하여 합산함)

고객생애가치는 각 고객들이 기업에 줄 수 있는 이익에서 그 고객들을 유치하거나 이탈하지 못하게 하는데 소요되는 비용을 차감한 것들의 합이다. 미래의 수익은 현재의 이익보다 적은 가치를 가지기 때문에, 적정한 할인율로 할인해서 계산한다. 보통은 예금이자율로 할인한다. 고객관계관리 관점에서 보면, 고객의 상황에 대한 정보획득과 그 정보로부터 고객에게 가치를 제공하는 과정이 중요하다.

고객서비스 전략도 달라진다. 기존 패러다임에서의 고객서비스는 줄일수록 좋은 비용 차원이지만, 고객관계관리 차원에서의 고객서비스는 고객에게 잠재적인 가치를 제공할 기회 획득 차원이 된다.

IT기술의 발달로 고객관계관리가 용이해지고 관리기술이 발전하게 되었다. CRM 시스템은 고객관계관리를 위한 틀로써 기업의 핵심고객 파악을 통해 차별화된 서비스를 구축할 수 있게 한다.

CRM이 데이터에 기반을 둔 이성적 고객관리라면, 감성에 기반을 둔 고객관리는 고객경험관리(CEM: Customer Experience Management)라고 부른다. CRM이 고객지향이라면, CEM은 고객주도형이라고 할 수 있다.

신경영의 수평성과 쌍방향성 본질에 따라, 고객도 기업경영의 중요한 한 축이 되어야 한다는 관점에서 고객관계관리는 고객경험관리로 중심이 이동되고 있다. 또한 CRM은 고객과의 상호작용이 종료된 뒤 사후적으로 이루어지지만, CEM은 고객이 소비를 하기 전이나 서비스를 개발하기 전부터 시작되어 사용 후 단계까지의 전체 과정에 적용되므로, 고객에 대한 통찰력을 얻기 용이하고 고객과의 전체 관계를 포괄적으로 관리할 수 있다. 또한 커뮤니케이션 방식에 있어서도 CEM은 고객과의 쌍방향 커뮤니케이션이 중심이어서 현대 신경제의 특성에 보다 부합한다.

CEM에서는 기업이 제공하는 제품이나 서비스에 대한 고객의 경험을 관리하는데, 고객이 기업의 제품을 구매하거나, 서비스를 이용함에 있어서 그 탐색과정에서부터 구매과정, 이용과정, 이용 후 과정 등 전체 단계에서 모든 고객의 경험을 수집하고 관리하는 것이다. 이를 통해 기업의 제품 및 서비스 개발, 판매에 대한 새로운 전략을 개발하고 다시 적용하는 사이클을 순환적으로 진행하는 것이다. 즉, 고객과 기업의 온라인 및 오프라인상의 각종 접점(MOT)을 실시간으로 관리하고 분석해 더 나은 고객 경험을 제공하는 것이다. 고객의 경험을 종합적으로 관리함으로써 궁극적으로 고객 가치를 극대화하는 기업의 솔루션을 도출하려고 하는 것이다. 또한 이를 통해 새로운 고객 발굴과 신시장 개척도 수행하고, 새로운 비즈니스도 창조하는 것이다.

신경영에서는 새로운 비즈니스 창출이 중요한데, 고객 경험에 대한 이해가 새로운 비즈니스 창출의 기반이 되므로, 고객경험관리는 더 중요해지고 있다.

제2절 | 가치와 가격 경영

신경영에서는 기업의 중심활동이 고객을 위한 가치 창출이다. 따라서 기업이 제공하는 제품과 서비스의 가치를 경영하는 것이 신경영의 중심이 된다.

기존 경영에서는 제품의 기능이나 가격, 서비스의 내용이나 품질, 경쟁 전략 등 공급자 관점에서의 경영이 중요한 주제였지만, 신경영에서는 고객 관점에서의 제품과 서비스 가치 관리가 경영의 중심이 된다.

앞서 창조로서의 경영에서 목적가치 경영 등 가치경영의 거시적 차원을 설명하였고, 본 장에서는 가격경영 등 가치경영의 미시적 차원을 설명한다.

제조 기업과 서비스 기업 모두에서 가장 관리하기 까다로운 분야가 서비스 가치와 서비스 가격 관리일 것이다. 물리학이나 생물학 등 역사가 오랜 학문도 각 분야의 어려운 이슈에 대해 정확한 이론이 정립되는 데는 긴 시간이 걸렸다. 물리학에서 뉴턴이 만유인력의 법칙을 설명했지만, 만유인력의 크기인 만유인력 상수를 결정하기까지는 시간이 더 필요했다. 그러나 단위 거리만큼 떨어진 두 개의 단위 질량 사이에 작용하는 힘이, 우주의 모든 위치에서 모든 종류의 물질에 대해 같다는 이론을 정립한 것 자체만으로도 큰 기여라고 볼 수 있다. 그 인력의 크기를 정확히 측정해 밝혀내는 일은 또 다른 큰 과업이 되겠다.

마찬가지로 서비스 가치나 가격 관리의 기본 원리에 대한 해석을 정립하는 것만으로도 현재로서는 큰 의미가 있다고 본다. 이 책에서는 기본적인 이슈 제기 및 경영 방향에 대한 가이드라인 위주로 설명한다. 앞으로 관련 주제에 대해 많은 연구가 이루어지고, 기업 경영 사례가 많이 축적되면, 만유인력 상수를 계산해내듯이 서비스 가격과 가치의 본질에 대해서도 명확히 밝혀내고 상세한 가이드를 제공할 수 있을 것이다. 서비스학 연구나 서비스경영 연구도 학문의 기본 발전 원리를 따라 발전한다. 현재는 문제 제기, 가설 설정, 가이드라인 제시, 사례 분석과 같은 기초 연구 활동이 진행되고 있지만, 이들이 누적되어 가설과 이론이 검증되고 새로운 이론이 정립되는 과정을 거치면서 가치 경영 패러다임이 정립될 것이다. 정립된 패러다임 아래에서 보다 광범위한 세부 연구가 수행될 것이고, 그 연구 결과를 토대로 신경영이 확고히 자리 잡을 것이다.

제품의 가치는 대체로 원가를 중심으로 논의되어 왔다. 그러나 현대 경제에서 제품의 가치는 고객에게 인지되는 가치가 중심이 된다. 고객에게 인지되는 제품의 가치는 고객의 욕구, 즉 고객의 필요를 충족시키는 서비스적 가치이므로, 서비스의 가치를 논의하는 것은 제품과 서비스 모두의 가치를 포괄적으로 논의하는 것이 된다. 아래에서 서비스의 가치와 가격에 대한 개요를 소개한다.

2.1 서비스 가치와 가격 개요

서비스는 관계재화이므로 관계성 속에서 가치가 창출되고 가격이 형성된다. 그런데 고객이 될 누군가와 의미 있는 관계를 형성하기란 쉬운 일이 아니다. 현재는 확고하게 구축되어 있는 경영 컨설턴트와 컨설팅 수진기업 CEO 간의 관계도 처음에는 어려움이 많았다. CEO들이 경영 컨설팅 서비스의 가치를 알아주지 않았기 때문이다. 맥킨지사가 경영 컨설팅의 가치를 알리고, 어려운 상황 속에서도 CEO에게서만 컨설팅 의뢰를 받는 등 각고로 노력한 끝에야 경영 컨설팅이 CEO들로부터 가치를 인정받을 수 있었다. 경영 컨설팅과 CEO 사이에 관계가 형성된 것이다. 경영 컨설팅이 큰 산업으로 성장하고 가격이 높은 원인도 여기에 있다. 구매자의 절대 숫자는 적지만 구매 여력이 크기 때문에 높은 가격을 유지할 수 있다.

현대 경제는 글로벌화된 데다 대다수 인구가 도시에 거주하므로 과거와 비교할 수 없을 정도로 많은 관계를 맺을 수 있다. 사실상 무한한 관계 형성이 가능하므로 서비스의 가치는 계속해서 창출되고 서비스경제는 지속적으로 발전할 것이다. 서비스 가치란 무엇인지 기존의 논의를 살펴보자. 피츠시몬스(Fitzsimmons)와 피츠시몬스(2011)는 서비스 가치 방정식을 제시했다.[2)]

---

2) Fitzsimmons, James. A. and Mona J. Fitzsimmons, Service Management: Operations, Strategy, Information Technology, 7th ed., McGraw-Hill International Edition, 2011. p.73.

$$\text{서비스 가치} = \frac{\text{(고객에게 제공된 결과물 + 프로세스 품질)}}{\text{(고객이 지불한 가격 + 서비스 획득 비용)}}$$

이에 따르면 서비스 가치는 고객에게 제공된 결과물의 가치와 고객에게 서비스를 제공하는 과정의 품질 가치를 더한 뒤에, 가격과 서비스 획득 비용의 합으로 나눈 값이다. 이 방정식은 고객 입장에서 서비스 가치를 분석했다. 때문에 양질의 서비스 결과물과 고객을 만족시킬 수 있는 서비스 프로세스가 요구된다. 고객이 서비스에 지불한 가격과 기타 비용에 비해 결과물의 가치와 서비스 프로세스의 품질이 높을수록 고객에게 많은 가치를 줄 수 있다.

한편, 기업 입장에서는 고객에게 결과물과 가치를 제공하고 그 대가로 가격을 받는다. 때문에 가격이 높기를 희망하고, 그런 방식으로 사업 전략을 수립해 경영하려 한다. 수익성 향상은 기업의 목표 가운데 하나이기 때문이다. 기업의 관점에서 위 방정식을 재정리해본다.

$$\begin{matrix}\text{서비스 가격(고객이 지불한 가격)} \\ \text{+ 고객의 서비스 획득 비용}\end{matrix} = \frac{\text{(고객에게 제공된 결과물 + 프로세스 품질)}}{\text{서비스 가치}}$$

기업 입장에서 서비스 가격을 높이려면, 즉 고객이 높은 가격을 지불하게 하려면 고객에게 제공되는 결과물의 수준을 높이거나 프로세스 품질 수준을 높이면 된다. 가치를 낮게 제공하고 가격은 높게 받는 것이 기업의 전략이므로 서비스 가치를 낮추는 방안을 택할 수도 있다. 또 고객이 서비스를 획득하는 데 드는 비용을 줄여줌으로써 서비스 가격을 높일 수도 있다.

한 집 건너 카페라는 말이 생길 정도로 현대 경제에는 카페 산업이 번창하고 있다. 카페에서 파는 커피의 가격과 가치를 피츠시몬스의 방정식대로 분석해보자. 카페에서 파는 아메리카노 한 잔의 가격은 3,500원 정도이다. 입점 위치와 고용구조, 사업 방식 등에 따라 원가 구조는 많이 다르겠지만, 우리는 가치와 가격의 관계를 논할 목적이므로 단순하게 생각해본다. 커피 한 잔의 대체적인 원가 구성을 보면 원두 값이 150원, 서비스하는 아르바이트생 등의 인건비는 300원(시급 6,000원에 서빙 시간은 1-2분으로 가정하고, 구매와 유통에 투입되는 약간의 인건비를 포함함), 매장 임대료는 지역에 따라 다르겠지만 자리 값으로 1,000원(임대료를 월 450만 원이라 가정하면 하루 15만 원. 하루에 커피를 150잔 정도 판다고 하면 한 잔당 1,000원가량으로 추정됨) 정도이다. 고정비용으로 투입된 시설 투자비의 감가상각을 고려하지 않는다면, 커피 한 잔의 판매 원가는 1,450원(150원+300원+1,000원)으로 계산된다. 그러면 2,050원(판매가 3,500원 - 원가 1,450원)의 차액이 발생한다. 서비스 획득 비용은 거의 0이라고 가정하자. 대부분의 카페는 교통이 편리한 곳에 있으며, 고객들은 가까이에서 가볍게 걸어가기 때문이다.

$$서비스\ 가치 = \frac{(1{,}450원 + 프로세스\ 품질)}{3{,}500원}$$

이렇게 보면 서비스 가치는 프로세스 품질이 매우 높지 않은 한 1보다 작은 값이 된다. 프로세스 품질은 서비스가 전달되는 방식의 품질이다. 프로세스 품질의 일부인 공간 제공의 가치가 인정받을 수 있다. 상당 시간을 머물면서 인터넷을 하거나 개인 작업을 할 수 있도록 분위기를 조성해주고, 장시간 자리를 잡고 있어도 제재하는 직원이 없음은 프로세스 품질을 높이는 한 요인이다. 그러나 잠시 머물다 가는 고객, 테이크 아웃하는 고객이 많음을 고려하면 공간이 제공하는 프로세스 품질만으로는 서비스 가치를 설명하기 어렵다. 그럼에도 고객이 카페에서 커피를 구매하는 이유는 프로세스 품질 이외에 무엇인가 고객에게 가치를 제공하는 추가적인 요인이 있기 때문이다. 이를 이 책에서는 프로세스 품질과는 별도의 차원으로 보고, 문화·매력·심미적 요인으로 정의한다. 주류 문화에 동참하는 기쁨, 선진 문화의 매력, 고급 소비를 하면서 느끼는 자기만족감 등이 서비스 가치에 추가되어 높은 가격을 선뜻 지불하게 된다고 볼 수 있다. 이것이 관계재화다. 새로운 관계가 형성되면서 재화가 창출되고, 재화의 가치가 높아진다. 도시화되고 서비스경제가 성숙할수록 관계성의 발굴과 관계재화의 창출이 활발해진다.

기업 입장에서는 고객에게 높은 가격을 청구해 수익성을 극대화하는 방정식이 나온다.

$$\text{서비스 가격(고객이 지불한 가격)} + \text{고객의 서비스 획득 비용} = \frac{\text{(고객에게 제공된 결과물} + \text{프로세스 품질} + \text{문화·매력·심미적 가치)}}{\text{서비스 가치}}$$

문화·매력·심미적 가치는 매슬로우의 욕구 5단계 중 B단계(2, 3, 4, 5단계)에 해당한다(크리스 라반, 쥬디 윌리암스, 2007). 매슬로우는 인간의 욕구를 5단계로 정의했다. 하위 단계가 충족되어야 상위 단계의 욕구가 생겨난다. 1단계는 생리적 욕구이다. 음식, 물, 공기, 수면 등과 같이 인간의 생존을 위해 필수적으로 충족되어야 하는 욕구를 가리킨다. 2단계는 안전 욕구로서 안전, 안정, 보호를 바라고 불안 및 공포로부터 벗어나기를 바라는 욕구이다. 생리적 욕구가 충족되면 안전을 추구하게 된다. 불확실성을 견뎌내기 어려운 인간의 본성 때문에 안전 욕구는 충족되어야 할 주요 욕구이다. 3단계는 소속과 애정 욕구이다. 모임이나 단체에 가입해 소속감을 느끼려 하거나 사람들과 친밀한 관계를 맺음으로써 이 욕구를 채우려 한다. 사랑을 받는 것과 주는 것 모두 중요하다. 4단계는 자아존중 욕구로서 자신이 가치 있는 사람이라고 느끼고 싶어 하는 욕구이다. 남으로부터 존중 및 존경을 받는 경우와 자기가 스스로를 존중하는 경우 두 가지로 나뉘는데, 타인으로부터 존중 및 존경을 받고 싶은 욕구가 중심이다. 한편 스스로를 존중하는 참된 자기존중감이 있는 사람은 안정감과 자신감을 가진다. 5단계 자아실현 욕구는 자신의 소질과 재능을 최대한 발휘해 자아를 실현하려는 욕구이다. 새로운 것에 도전하고 자기

성취를 이루어 스스로 만족감을 느끼려 한다. 스스로 가치 있는 사람이라고 느끼더라도 자아실현 욕구를 충족할 기회가 없다면 좌절감과 불안을 느끼게 된다.

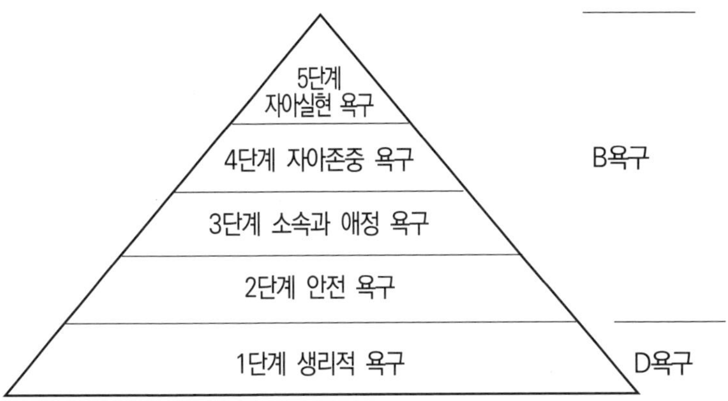

[그림 6-4] 매슬로우 욕구 5단계

이 가운데 1단계 생리적 욕구는 D욕구이다. 모든 생리적인 결핍(Deficency)에 기초하며 항상 만족을 요구하기 때문이다. 2, 3, 4, 5단계는 모두 B욕구로서 사람들이 되고자 하는 것(Being), 속하고자 하는 것(Belonging)을 가리킨다. 서비스 가치를 매길 때 분화·매력·심미적 가치를 포함한다는 것은 2, 3, 4, 5단계 욕구의 일부를 충족시켜주는 가치를 값으로 받는다는 말이다. 이 값이 얼마여야 적정한지는 해당 산업의 경쟁 상황, 고객의 지불 능력, 대체재의 존재 유무 등 다양하고 복잡한 요인을 고려해야 한다. 때문에 수식으로 나타내기는 어렵다. 그러나 서비스에 B욕구 충족 요인이 있음을 명확하게 인식하고 가격 전략을 수립해야 하겠다.

$$\text{서비스 가격 (고객이 지불한 가격)} = \frac{\text{(고객에게 제공된 결과물 + 프로세스품질 + B욕구 가치)}}{\text{서비스 가치}} - \text{서비스획득비용}$$

인간은 기본적으로 자신의 삶을 유지하려는 동기와 창조하려는 동기를 모두 가진다. 자신의 삶을 창조하려는 동기에서 구매 활동을 하는 경우, 가격에 대한 판단은 상당히 주관적으로 이루어진다. 사람마다 절실한 정도가 다르고 구매 여력도 다르기 때문이다. 따라서 서비스 가격은 단일 제품과 서비스에 대해 단일 가격을 책정하기보다는 고객군에 따라, 또는 시장 상황(수요공급 상황, 시간별 상황 등)에 따라 차별화된 가격 정책을 사용하는 편이 바람직하다.

가치 제공과 가치 회수는 제조업이든 서비스업이든 모든 기업의 핵심 이슈이다. 효용 가치를 전달하는 쪽이 가치 제공이 되겠고, 그에 상응하는 가치를 어떻게 가져올지가 가치 회수에 해당한다.[4)]

---

4) 이하 내용은 헤르만 지몬의『히든 챔피언』(2008) 중 관련 부분(531-541쪽)을 서비스가격과 가치 관점으로 재구성했음.

[그림 6–5] 가치 제공과 가치 회수

(자료 : 헤르만 지몬(2008), 히든 챔피언, p. 531)

가치 제공에서는 어떤 가치와 유용성을 고객에게 제공하여 고객의 욕구에 부응할지가 요지이며, 가치 회수는 기업이 그 가치를 제공하는 대신 고객으로부터 기업에게 가치가 있는 무엇을 얻을 수 있을지가 요지이다. 적정한 가치 회수를 위해서 효과적인 투자 수준과 바람직한 가격 정책을 결정한다. 고객에게 높은 가치나 효용을 제공하려면 많은 비용이 필요하다. 고객이 이만한 비용을 지불할 의향이 있다면 높은 가치 제공이 의미 있다. 그러나 고객들은 높은 가격을 지불할 생각이 없으면서 높은 효용을 요구하는 경우도 있다. 이 경우 고객의 기대 수준을 낮추는 편이 낫다. 창출되는 효용 가치와 소요되는 원가의 상관관계를 고려해 고객에게 전달할 적정한 효용 수준을 결정하도록 한다.

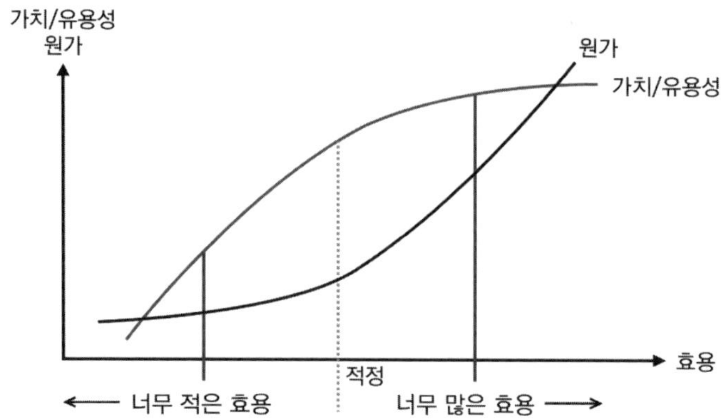

[그림 6-6] 가치 제공과 서비스 효용의 일반적 모습

(자료 : 헤르만 지몬(2008), 히든 챔피언, p.536)

위 그래프를 보면 효용이 커질수록 원가는 기하급수적으로 높아진다. 반면, 고객이 인식하는 가치와 유용성은 효용이 일정 수준에 도달한 뒤로는 증가폭이 줄어든다.

이런 경향은 제품 생산 중심의 기존 산업경제에서는 일반적인 모습이다. 그러나 신경제 서비스경제에서는 기업의 전략에 따라 매우 다른 모습을 보일 수 있다.

즉, 고객의 가치 인식 체계를 변화시키면, 조금만 더 원가를 투입해도 고객이 인지하는 효용은 크게 증가될 수 있다. 고객이 타 고객과 차별화된 서비스를 원하는 마음이 클수록 작은 차별화에도 고객의 인지 효용은 크게 증가할 수 있다. 또한 효용이 낮은 상태에서는 어느 정도 원가를 투입해도 고객이 느끼는 서비스의 가치가 증가하지 않는 경우가 존재할 수 있으므로, 이 경우 원가 투입을 최소화하

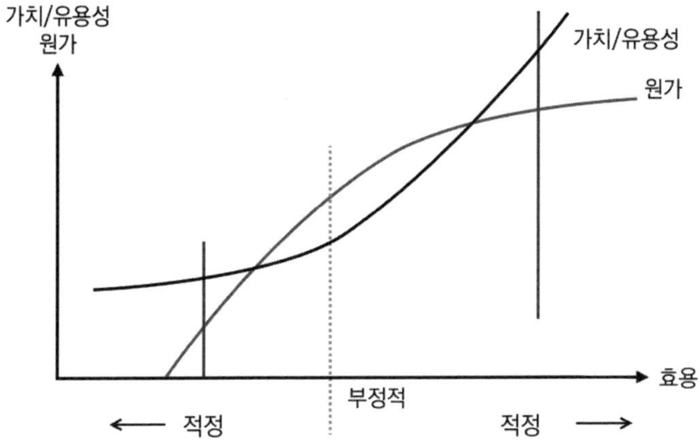

[그림 6-7] 투입 원가와 고객 가치의 새로운 유형

는 것이 바람직하다. 즉 신경제에서는 [그림 6-7]과 같이 앞의 일반적 그림과 반대의 모습을 보일 수 있다.

이와 같이 효용을 늘려도 원가가 크게 오르지 않거나, 고객이 인식하는 가치나 유용성이 선형으로 증가하지 않는 경우도 있는 것이 현대 경제의 특징이다. 효용은 서비스 재화의 품질과 유사한 속성이므로 품질에 관한 카노(Kano)의 분류가 서비스 기업에서 효용에 대한 전략을 짜는 데 도움을 줄 수 있다.

카노는 품질이 '사용자의 만족'이라는 주관적 측면과 '요구 조건과의 일치'라는 객관적인 측면 중 하나를 따른다고 보고, 품질 요소를 매력적 품질 요소, 일원적 품질 요소, 당연적 품질 요소, 무관심 품질 요소, 역 품질 요소로 구분하였다. 매력적 품질 요소는 고객이 기대하지 않았던 부분을 충족시켜주거나 고객의 기대치를 훨씬 초과하는 만족을 주는 품질 요소이다. 이를 충족하게 되면 만족을 느끼지만, 충족되지 못했더라도 불만이 증가하지는 않는다. 당연적 품질 요소는 최소한 이 정도는 당연히 있으리라고 여겨지는 기본적인 품질 요소이다. 이를 충족해도 고객이 당연하다고 여기기 때문에 별다른 만족감을 주지 못하는 반면, 충족되지 못하면 불만을 일으킨다. 일원적 품질 요소는 일반적으로 인식하는 품질 요소로서 충족되면 만족하고, 충족하지 못하면 불만을 느끼게 된다. 무관심 품질 요소는 충족이 되든 되지 않든 만족이나 불만족 어느 것도 야기하지 않는 요소이다. 역 품질 요소는 충족이 되면 역으로 불만을 일으키고 그렇지 않으면

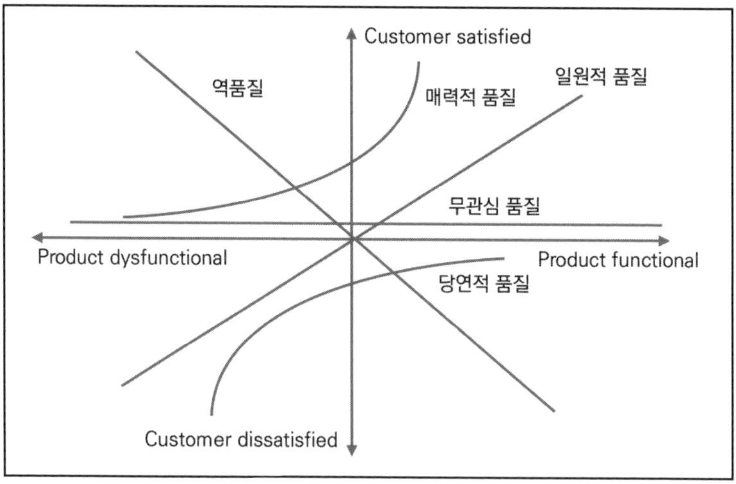

[그림 6-8] 카노의 품질 유형도(Kano Diagram)

출처: Kano, N., "Life Cycle and Creation of Attractive Quality," Proceedings of International QMOD Conference on Quality Management and Organizational Development, 2001.

만족을 주는 요소이다.

각 서비스에 해당하는 가치와 효용 곡선을 그려보면서 적정선을 추출해내는 과정이 필요하다. 일반적으로 원가가 많이 드는 고품질 서비스는 적정선 도출이 중요하다. 원가와 가격, 고객 효용을 함께 고려해 가격과 서비스 수준을 책정해야 한다. 아래 사례와 같이 고객의 효용은 비선형적임을 기억해야 한다.

> 의사가 지금까지 하루 여덟 시간이었던 진료 서비스 시간을 열 시간이나 열두 시간으로 늘리려고 하였다. 두 대안을 비교 분석했더니 서비스 시간을 열 시간으로 늘릴 때는 고객수가 많이 늘었으나, 열두 시간으로 늘릴 때는 열 시간일 때와 큰 차이가 없었다. 그래서 진료 시간을 열 시간으로 조정했다.

적정 수준의 가치를 제공해야만 서비스가 성공하고, 가치 회수가 원활해진다. 가치 회수는 대체로 가격을 받음으로써 이루어진다. 가치 회수의 핵심도구인 가격은 보통 세 단계 과정을 거쳐 결정된다. 목표와 포지셔닝, 경쟁 등을 고려한 전략 수립 단계, 가격구조와 번들링, 조건 등을 결정하는 가격 결정 단계, 인센티브와 협상을 수반하는 가격 관철 단계 등이다. 세부 과정을 하나하나 밟아가는 과정에서 가격 결정의 우위를 확보하게 된다. 이처럼 가격은 단순한 수식으로 결정할 수 있는 것이 아니다. 여러 관련 사항을 검토하고 고객에게 가치를 전달하는 단계까지 고려하는 체계적인 과정을 통해 결정해야 한다.

가상 사례를 통해 가치 제공과 가치 회수의 관계를 보다 구체적으로 살펴보자.

A기업은 고객에게 높은 효용의 프리미엄 서비스와 평균적인 효용의 표준 서비스 두 가지를 제공한다고 하자. 표준 서비스는 효용과 가격이 시장 평균인 지수 100에 해당하고, 프리미엄 서비스는 지수 120에 해당한다고 가정하자. 어떤 고객군이 표준 서비스에 대해 100 이상의 효용을 요구하지 않으면서 가격은 100 이상, 최대 120까지 지불한다고 가정하자. 즉 120을 지불하고 효용 100 정도의 서비스를 받아도 만족스러운 고객군이 있다고 하자. 또 다른 고객군은 프리미엄 서비스에 대해 120 이상의 효용을 요구하지 않으면서 가격은 120 이상, 최대 150까지 지불할 수 있다고 하자. 즉 가격을 150 지불하고도 효용 120 정도의 서비스에 대해 만족한다고 하자. 그러면 이 서비스에 대해 [그림 6-9]에 연한 회색과 짙은 회색으로 표시한 면과 같은 고객군이 형성된다.

이제, 기업이 획기적인 서비스 혁신을 해서 새로운 표준 서비스를 40이라는 가격에 제공할 수 있다고 하자. 그러면 시장은 100 이상 최대 120의 가격을 지불하겠다는 기존 고객군에서 40 이상 최대 120까지 지불할 의향이 있는 고객군으로 확대된다. 고객들은 기업의 서비스 공급 원가에 대해서는 알지 못하는 상황이며, 본인들이 받는 서비스의 효용은 변함이 없으므로 가격 지불 의향은 변함이 없는 상태인 것이다. 또한 서비스 혁신 결과, 새로운 프리미엄 서비스를 가격은 유지하면서 효용은 150까지 올려 제공할 수 있으면 시장은 더욱

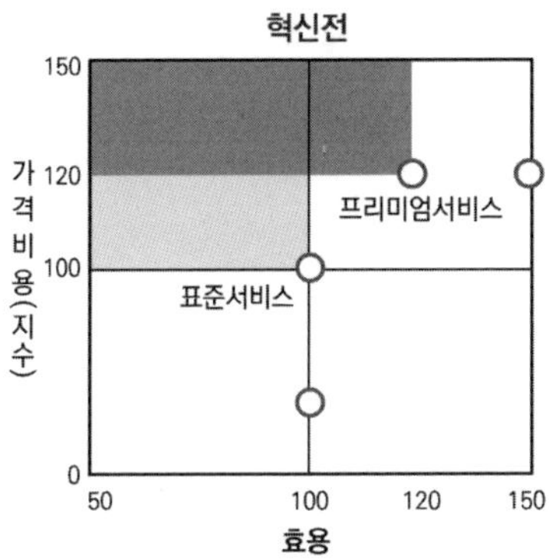

[그림 6-9] 서비스 혁신 전 서비스 고객군

(자료 : 헤르만 지몬(2008), 히든 챔피언, p. 534)

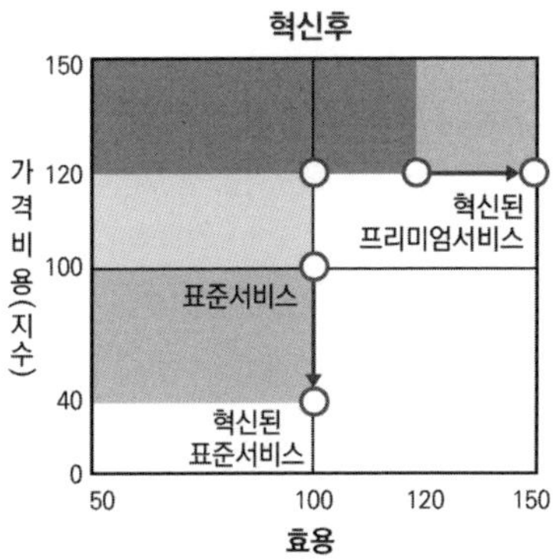

[그림 6-10] 서비스 혁신 후 서비스 고객군

(자료 : 헤르만 지몬(2008), 히든 챔피언, p. 534)

커질 것이다. 이 경우는 기업이 고객에게 더 효용이 큰 욕구를 이전과 같은 가격으로 충족시킬 수 있게 되는 경우이다. 기업이 수익을 극대화하려면 이와 같이 고객 효용 수준을 상세히 파악하여 어느 정도의 가치를 제공할지 전략적으로 선택해야 한다. 가격과 효용의 관계를 제대로 파악해야 서비스 혁신의 방향도 바람직하게 설정할 수 있다.

2.2 서비스 가치 및 가격 전략

고객의 서비스 가격 지불 의향은 자신이 제공받는 서비스 가치에 비례한다고 할 수 있다. 일반적으로 고객은 가치를 크게 인식할수록 높은 가격을 지불할 의향이 커진다. 따라서 서비스 기업은 고객에게 서비스 가치를 높게 인식시켜야 한다. 서비스 가치 향상에 대한 일반적인 방정식을 다시 제시한다.

서비스 가치 = 제공물 + 프로세스 품질 + B 욕구 충족도(매력도) + 기타

서비스 가치를 인식하는 주체도 사람이고, 서비스를 제공하는 주체도 대부분 사람이다. 서비스 가치를 논하기 위해서는 사람 중심의 서비스 기업을 우선 분석할 필요가 있다. 역사가 오랜 서비스 기업들의 가치 제공과 가격 전략에서 시사점을 얻을 수 있다.

표준화 전략

서비스 생산성을 높이고 균일한 품질을 유지하기 위해 많은 기업이 표준화를 주요 전략으로 채택한다. 맥도널드나 스타벅스와 같은 서비스 대기업은 전 세계 매장의 제품 및 서비스 품질을 균일하게 유지하기 위해 방대한 양의 매뉴얼을 개발해 직원들에게 숙지시킨다. 특히 대기업에게는 표준화가 필수적이다. 조직 내 인재 육성을 위해 표준화된 매뉴얼을 사용하면 매우 효율적이라는 장점이 있다. 숙련도가 낮은 직원의 숙련도를 빠르게 높일 수 있고, 전체 조직의 서비스 품질을 동일하게 유지할 수 있다. 그런데 어느 업종이나 시간이 갈수록 경쟁이 치열해지고, 경쟁 기업보다 우수한 서비스를 제공해

야 할 필요성이 높아진다. 때문에 표준화된 매뉴얼을 지속적으로 갱신해 항상 최선의 상태로 두어야 하고, 그때마다 전 직원이 새롭게 갱신된 매뉴얼을 숙지해 서비스를 제공해야 한다. 그런데 이 작업이 쉽지 않다. 서비스는 무형적이므로 매뉴얼 갱신에 적정한 시점을 인지하기 어려운 데다 매뉴얼을 갱신하고 직원을 교육하는 일이 기업에게 큰 부담이기 때문이다. 시간이 지날수록 서비스는 진부해지고 기업이 제공하는 서비스 가치는 하락하는 경우가 많다.

또 표준화는 우수한 품질을 추구하는데 제약이 된다. 모든 직원이 표준 매뉴얼을 따라야 하므로 우수하고 창의적인 직원이 스스로의 노하우를 제품과 서비스에 담아낼 기회가 없다. 당연히 기업의 제품과 서비스는 평균적인 수준을 벗어나기 어렵다. 기업 차원에서 표준의 수준을 높이려면 많은 시간과 노력이 필요하다. 직원 각자가 창의성을 발휘하도록 독려해야 한다. 과도한 표준화는 기업의 제품과 서비스를 하향 평준화하기 쉽다. 이는 서비스의 가치를 떨어뜨리고, 서비스 가격 및 수익성에 악영향을 미친다.

일본의 노포(老鋪, 대대로 물려 내려오는 오랜 점포)들은 '매뉴얼만으로는 인재를 키워낼 수 없다'는 철학이 확고하다. 고객 한 명 한 명은 모두 다른 사람이기에 하나의 매뉴얼로 모든 고객이 만족할 만한 가치 있는 서비스를 제공할 수 없다고 생각하는 것이다. 그래서 매뉴얼에 의존하지 않고, 고객 한 사람 한 사람에게 맞춤 서비스를 제공하도록 기업을 디자인한다. 노포의 직원들은 잘 모르는 부분이 있으면 매뉴얼에 의존하는 대신, 즉시 선배에게 묻는다고 한다. 질문을 받은 선배는 어떻게 해결해야 하는지 기술적인 해결책을 가르치기에 앞서 왜 이렇게 해야 하는지를 설명한다. 이것이 핵심이다. '어떻게'보다 '왜'에 방점을 찍는 가르침을 받은 사람은 문제의 근본 이유를 숙지하게 되므로 스스로 창의성을 발휘하여 기존 서비스를 더 고급 서비스로 발전시킬 수 있다(히라마쓰 요이치, 2005).

표준화와 매뉴얼에 의존하지 않으면 서비스 가치를 지속적으로 향상시키거나 최고의 서비스를 제공할 가능성이 높은 동시에 서비스 수준이 평균 이하로 떨어질 가능성도 배제할 수 없다. 서비스 인력 관리가 제대로 이루어지지 않으면 평균적인 서비스 수준도 유지하기 어렵기 때문이다. 서비스 가치를 높이기 위해서는 서비스 인력의 채용과 육성에 주력해야 한다.

가치관리 전략으로서의 인재 채용

서비스 가치 향상 전략은 서비스 인재 채용에서 시작한다. 일반 기업도 마찬가지이기는 하지만, 순수 서비스기업의 인력은 대부분 서비스 가치에 직접적인 영향을 주므로 인력을 채용할 때 더욱 심혈을 기울여야 한다. 더구나 비가시적이고 무형적인 서비스의 특성상 인력 관리가 쉽지 않고, 본인이 자발적으로 노력하고 관리해야 하는 부분도 많다. 전통 있는 서비스기업은 목적의식이 있는 인재를 뽑는 데 주력한다. 남에게 보여주기 위한 목적의식이 아니라 내면 깊이 스스로의 목적의식을 지닌 사람을 채용한다. 목적의식은 개인을 의욕이

넘치는 상태로 만들어주기 때문이다. 또 자격증에 연연하기보다는 일을 배움으로써 최고의 기술을 익히고 역량을 향상시켜 전문가가 되겠다는 목표를 가진 인재를 채용한다. 목적의식이 뚜렷한 사람은 자신이 소속된 회사에 의존하려는 마음을 갖지 않는다. 대신 자신이 회사에 기여해 회사를 성장시키는 주축이 되고자 한다. 예를 들어 일본의 노포에 입사한 사원들은 "○○를 하고 싶어 입사했습니다"라거나 "○○을 정말 좋아합니다"와 같이 자신이 하려는 일에 대해 신념이 강한 경우가 많다고 한다.

목적의식과 의욕이 강한 사람들은 자신의 성장과 조직의 성장을 동일시하므로 결국 조직 전체를 활성화시킨다. 앞서 설명한 바와 같이 신경영에서는 인재의 질적 수준이 중요한데, 특히 서비스 인재는 양보다 질이 중요하다. 서비스 프로세스는 점점 자동화되고, 자동화가 어려운 복잡한 직무만 사람들에게 던져질 것이다. 이를 감당하기 위해서는 창의적이면서도 목적의식이 확고한 인재가 필요하다. 일본 노포의 인재 채용 및 관리 방식이 시사하는 바가 크다. 서비스 기업은 질적 수준이 높은 인력을 채용하고, 기존 인력의 수준을 높이는 데 힘을 쏟아야 한다.

서비스 가치와 가격 결정

서비스를 수익 원천으로 만들기 위해서는 고객이 높은 가격도 기꺼이 지불하도록 만들어야 한다. 한국의 통신서비스업은 장기간 고수익을 올린 대표적인 사례이다. 이는 우선 기업이 고객의 필요를 신속하게 높은 품질로 충족시킨 덕분이다. 한국인의 빨리빨리 문화에 부응하여 언제 어디서나 누구와도 쉽게 통화할 수 있는 서비스를 제공함으로써 고객이 얼마든지 높은 가격을 지불할 의향이 생기도록 했다. 또한 통신서비스업이 정부의 허가를 받아야만 진출할 수 있는 업종인 것도 하나의 요인이다. 덕분에 기업들은 과점 체계에서 적정 이윤을 추구해 고수익을 올릴 수 있었다.

완전 개방된 시장에서는 산업 전체가 장기간 고수익을 확보하기는 어렵다. 장기간 고수익을 확보하기 위해서는 기업이 고객에게 명확한 가치를 제공하는 동시에 시장 상황이 부합해야 한다. 지속적인 혁신을 추구해 성공한 소수 기업만이 고수익을 올릴 수 있다. 대표적인 지식서비스 산업인 경영컨설팅 분야만 봐도 맥킨지 등 일부 기업은 고수익을 내지만 인지도가 낮은 대다수 기업은 연명하기도 쉽지 않다. 사업자 신고만으로 기업을 설립하고 활동할 수 있기 때문에 경쟁력 없는 기업들도 시장에 진입하게 된다. 이런 경우 시장 규모가 지속적으로 크게 성장하지 않는 한, 짧은 시간 내에 시장이 포화 상태에 도달한다.

정부의 규제를 받지 않는 많은 서비스 업종이 자유로운 시장 경쟁 상태에 있다. 자유로운 경쟁 상황에서 서비스기업이 지속적인 고수익을 창출하기 위한 전략을 생각해보자. 우선 서비스 가격을 정할 때는 원가에 이윤을 더하는 제조업의 제품 가격 산정 방식을 벗어나야 한다. 대신 고객의 지불 의향 가격을 서비스 가격으로 삼는다.

제품 가격 = 제조 원가 + 이윤

서비스 가격 = 고객 지불 의향 가격(단, 이 가격이 서비스 원가와 이윤의 합보다 클 경우에만 서비스 출시)

고객 지불 의향 가격을 산정하는 방식은 업종마다 다르다. 일반적으로 주요 가격 변수, 곧 가격에 영향을 미치는 변수를 설정하고 이들 변수 값을 조사하여 가격 책정에 사용한다. 변수의 도출과 설정은 산업별로 별도의 연구와 세분화 노력이 필요하다. 다만 이미 비슷한 서비스가 나와 있는 경우에는 산업 평균을 무시할 수 없다. 자사의 서비스 가치를 가격으로 환산해 산업 평균값에 추가하는 방식을 많이 택한다. 일반 음식점을 연다면 음식의 가격은 보통 기존 업체의

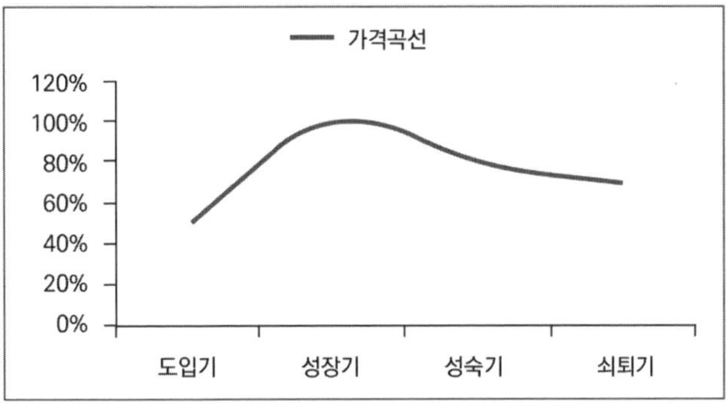

[그림 6-11] 서비스 가격 곡선

서비스 가격은 일반적으로 시장 침투 가격 전략(Market Penetration Pricing)을 취한다. 서비스의 조기 확산을 위해 초기에는 서비스 가격을 낮게 책정했다가 성장기에는 점점 가격을 올리고, 성숙기에 접어들면 다시 가격을 점차 낮추어가는 모델이다.

음식 가격에 자신의 가치를 가감하는 수준에서 결정한다. 변호사나 회계사, 경영컨설팅 등 전문 지식서비스 기업들도 기존 기업의 수주 가격과 유사한 수준에 가격을 맞추는 경우가 많다.

제조업에서 신제품을 출시할 때는 잠재고객에게 서베이 등을 실시해 적정 가격대를 추정하고, 제품 출시의 성공 여부를 사전 평가한다. 새로운 서비스를 출시할 때 이를 참고하면 좋다. 잠재 고객군을 설정하고 서베이 등을 실시해 적정 가격대를 추정한다. 이런 과정이 수요 예측 작업이다. 가격 조사도 수요 예측의 일부로서, 가격에 대한 고객의 기대치와 구매(사용)의도를 추정하는 조사를 실시한다. 이때 잠재고객의 구매 의향이 실제 구매로 연결되는 확률은 업종이나 서비스마다 다를 수 있으므로 유의해야 한다. 수요 예측 작업은 제조업이나 서비스업이나 모두 모델에 기초하는 경우가 많으므로, 수요 예측 모델을 일부 소개한다.

수요 예측

수요 예측 모델은 동적 판매 확산 프로세스(Dynamic Sales Diffusion Process) 계열의 모델과 정적 균형 시장점유율(Static Equilibrium Market Share) 계열 모델이 있다. 동적 판매 확산 프로세스 모델은 시장 진입 초기부터 시간에 따른 매출 추세를 예측할 수 있어 기업 전반에 영향을 주는 장기적인 경영전략 수립에 도움을 준다. 한편 정적 균형 시장점유율 모델은 신제품이나 신서비스가 시장에 정착했을 때의 시장점유율을 예측할 수 있어 경쟁자의 대응에 대해 미리 실행 전략을 수립해둘 수 있다. 또한 경쟁관계를 고려해야 하는 유통이나 판촉, 가격 등 마케팅 전략을 세우는 데 도움을 준다.

수요 예측은 정성적, 정량적 방법을 모두 사용해야 바람직하다. 서비스 상품의 수요를 예측할 때는 정량적으로 측정하기가 쉽지 않으므로 정성적 측정에 중점을 두도록 한다. 정성적 조사는 고객 관점에서 고객의 기본적인 니즈와 욕구를 조사하는 데 목적이 있다. 가장 일반적인 형태인 표적 집단면접은 최소 세 명, 보통 다섯에서 일곱 명으로 진행되고, 관찰자와 진행자가 그 결과를 해석한다. 편견을 방지하고 열린 마음으로 아이디어를 나눌 수 있도록 진행해야 한다. 정성적 조사는 정량적 측정 단계에서 쓸 고객 니즈의 목록을 만들어내는 중요한 기능을 한다. 정성적 조사는 최종 답안을 제공하지는 않지만, 정량적 조사 단계에서 서비스 설계 과정에 관련된 이슈를 모두 다루도록 도와주는 역할을 한다.

서비스 설계가 막바지로 갈수록 측정치가 더 정확해지므로 정량적 측정은 서비스 설계 과정 후반부에 많이 실시한다. 측정도구는 설문지가 대표적이다. 설문지를 작성할 때는 설문지의 목적, 분석적 기법, 그런 기법에 필요한 데이터를 늘 염두에 두어야 한다. 시간을 들여 신중하게 작성해야 좋은 설문지를 만들 수 있다. 신서비스 개발 초기 단계부터 정확한 예측치가 필요하지는 않다. 설계 과정에서 아이디어가 여러 번 수정되므로 처음에 아무리 정확히 예측한다고 해도 별

의미가 없다. 이 단계에서 신서비스는 아이디어 또는 콘셉트 수준이므로 실패일지 보통일지 아니면 성공일지 여부만 개략적으로 예측할 수 있으면 된다. 따라서 보통 초기 단계에서는 신서비스 콘셉트를 가지고 잠재고객의 서비스에 대한 이해도와 선호도를 측정한 다음, 여기에 관리자의 경험과 통찰력을 가미해서 매출잠재력을 구한다. 그러나 신서비스 개발의 완성 시점이 가까울수록 정확한 예측치가 필요하므로 정교한 모형을 이용한다.

잠재력이 큰 서비스라고 해도 유통, 광고, 홍보 등 마케팅 활동이 뒷받침되지 않으면 매출잠재력을 달성하기 어렵다. 예를 들어, 신서비스를 알리지 못해 잠재고객들의 신서비스 인지도가 낮으면 매출이 오를 수 없다. 인지도가 높아도 구독가능성, 즉 서비스 취급률이 낮아서(예: 그 서비스를 취급하는 센터가 주위에 없음) 구입하지 못하면 매출이 감소한다. 매출잠재력은 최상의 마케팅 활동을 펼친다는 가정 하에 획득할 수 있는 매출이므로, 이를 그대로 사용해서는 안 된다. 자사의 실제 마케팅 능력을 감안해 달성 가능한 매출 수준으로 조정해야 한다. 대부분 위에서 산출된 매출잠재력보다 낮게 조정된다. 또 한 가지, 하향 조정된 매출잠재력도 하루아침에 달성 가능한 것이 아니라 서비스 상품의 특성에 따라 상당한 시간이 지난 후에야 힘을 발휘할 가능성이 있음을 기억해야 한다. 잠재고객의 인지도, 사용률, 반복구매율, 구독가능성 등이 목표 수준에 도달하기까지 시간이 걸리기 마련이므로 그때까지는 일시적이나마 매출에 상당한 기복이 있을 수 있다. 따라서 시간별 매출 예측이 중요하다. 일반적으로 제조업에서는 신상품 출시 후 1년간의 매출을 예측하는데, 서비스에서는 안정 상태에 이를 때까지의 매출을 예측한다. 이 기간은 취급하는 서비스 상품에 따라 다를 수 있다. 인력과 시간은 한정돼 있는데 어떤 서비스를 추가하고 어떤 서비스를 뺄지 결정하는 일은 신서비스 설계 시에 흔히 직면하는 문제이다.

단순히 매출잠재력을 예측하는 데서 그치기보다는 신서비스의 설계를 변경했을 때 또는 어떤 편익을 광고에서 특히 강조했을 때 매출잠재력이 어떤 영향을 받는지 알려줄 수 있는 방법이 더욱 바람직하다. 기업은 이익을 내야 하므로 서비스에서 창출되는 이익을 정확히 측정할 수 있어야 하겠지만, 단일 서비스에서 이익을 정확히 계산하기 어려운 경우가 많다. 어떤 서비스를 출시하는 목적이 이익 창출인 경우도 있지만 그렇지 않은 경우도 많기 때문이다. 다른 서비스의 구매를 유도하기 위한 경우도 있고, 앞으로 유망한 시장에 대해 노하우를 확보할 목적인 경우도 있다. 더구나 비영리조직의 경우에는 이윤 추구가 목적이 아니므로 매출잠재력의 의미를 확대해석해야 한다. 병원의 매출잠재력은 진료한 환자의 수와 관련되고, 대학은 경쟁률과 취업률 등과 관계가 있다.

가격 수용성 및 적정 가격 조사

신서비스의 가격을 산정할 때는 설문조사를 통해 고객의 가격 수용성을 조사하는 경우가 많다. 가격에 대해 조사할 때는 적정 가격 및 가격 수용성과 함께 가격 민감성을 조사한다. “상황에 따라 가격에 매우 민감하기도 하고, 때로는 가격을 따지지 않을 때도 있는가?”와 같은 질문을 설문지에 포함시키면 된다. 서비스 가치를 높이는 전략과 서비스 가격을 높게 받는 전략은 서로 긴밀하게 연결된다. 서비스의 가치를 높이려면 그 본질적 특성인 관계성과 쌍방향성에 주목하고, 서비스 가격을 높이려면 고객의 지불 의사에 영향을 주는 무형적 가치에 주목해야 한다. 서비스 가치나 가격이나 모두 서비스의 본질적 특성에 따라 좌우된다. 따라서 서비스의 본질에 대한 깊은 탐구가 서비스 가치 및 가격 관리의 중심이 되어야 하겠다.

제3절 | 프로세스 경영

전통경영에서는 기술에 대한 경영이 중요하였다. 신경영에서도 기술경영이 중요하지만, 기술이 고객 욕구를 충족시키기 위한 수단이므로 고객 욕구 충족을 위한 서비스경영이 중요해진다. 즉 서비스 프로세스가 신경영에서는 중심 주제가 된다. 또한 기존 경영에서는 결과를 중심으로 경영하였지만 신경영에서는 과정, 즉 프로세스를 중심으로 경영해야 한다. 프로세스가 곧 제품인 서비스 중심 경제이고, 제조업이라 하더라도 고객 욕구 파악부터 최종 판매까지 전체 프로세스를 고객에 대한 서비스라는 하나의 단위로 경영해야하기 때문이다.

생산성도 전체 라이프사이클 프로세스 차원에서 관리해야 하므로 여기에서 함께 중요하게 다룬다.

3.1 전체적 프로세스 관리

서비스 기업은 생산성 측정과 관리가 매우 어렵다. 제조 기업에서도 경영관리나 마케팅, 연구개발 등 서비스 부문의 생산성 및 성과는 관리하기가 어렵다. 이런 어려움을 어떻게 극복해야 좋을까.

보통 기업의 생산성은 직원의 생산성과 팀 생산성, 조직 전체의 생산성 등으로 나누어 생각할 수 있다. 서비스는 조직과 고객 사이의 수평적 관계에 기초해서 이루어진다. 직접 고객을 응대하는 부서뿐 아니라 기타 지원부서들도 고객과 같은 눈높이에 있어야 한다. 서비스 조직 전체가 한 단위로서 같은 수준에서 고객에게 서비스를 제공해야 한다. 이것이 이상적인 조직의 서비스 제공 형태이다. 개인과 팀, 조직을 가리지 않고 고객과의 수평적 관계에 집중해야 한다. 의료 서비스를 예로 들면, 환자의 필요에 따라 병원의 각 부문이 최적의 조합을 이루어 통합 진료를 제공해야 한다. 이때 각 부서의 고유 기능이 무엇인지는 별로 중요하지 않다. 환자와의 관계성에 주목해 서비스의 수평성을 구현해야 한다. 서비스 부문의 생산성은 서비스의 본질이 구현될 때 극대화될 수 있다. 관계성과 수평성의 주된 평가자는 고객이므로 서비스 생산성은 고객을 중심으로 측정해야 마땅하다. 고객 입장에서 서비스가 얼마나 생산적인가를 서비스 생산성이라고 정의하자.

직원의 생산성은 업종마다 차이가 크다. 소프트웨어 개발업은 직원간의 생산성이 100배 이상 차이 난다고 한다. 하루에 한 가지 기능을 개발하는 직원이 있는 한편, 100가지가 넘는 기능을 개발하는 직원도 있다는 말이다. 개발한 기능의 품질이 동일하다고 가정할 경우, 조직의 생산성은 큰 차이를 보이게 된다. 이처럼 직원의 생산성을 개별적으로 측정하고 잘 관리하면 조직의 효율을 크게 높일 수 있다. 다만, 같은 서비스 업종이라도 직무 성격에 따라 생산성 평가와 관리 방식이 달라진다. 마케팅이나 연구개발 서비스에서는 생산물의 절대적인 양보다 결과물의 가치로 생산성을 평가한다. 결과물의 품질이 기업의 수익성이나 경쟁력에 더 영향을 주기 때문이다. 개인에 대한 생산성 평가 및 관리 방식은 산업별, 조직별, 서비스 부문별로 다르기 때문에 여기에서는 서비스 기업의 공통적인 생산성 관리 가이드라인을 중심으로 다룬다.

제조업과 달리 서비스업은 개인보다 팀이나 조직 전체의 생산성이 중요한 경우가 많다. 고객을 100% 만족시키려면 조직 전체가 참여해 다방면에서 서비스를 제공해야 하기 때문이다. 서비스 생산성 관리 이슈는, 관계성과 수평성을 인지하는 고객을 중심으로 조직 전체의 서비스 생산성을 높이도록 설정된다. 따라서 서비스 생산성 관리는 기존의 부문별 생산성 관리와는 패러다임이 확연히 달라진다. 조직 전체 차원에서 서비스 생산성 관리에 성공한 대표적인 기업으로 사우스웨스트항공, 메이요클리닉, 숄다이스병원, 움프쿠아은행 등이 있다. 이들은 서비스본질에 충실하게 전체적 프로세스 관리를 수행하여 성공하였다. 관계성, 쌍방향성, 수평성, 조화성 관점을 적절히 반영하여 전체적 프로세스 관리를 구현하고 있다. 조화성 관점에서 조직의 전체 자원이 가장 효과적으로 조화되어 성과를 발휘하도록 운영하고 있으며, 관계성 관점에서 조직의 전체 자원과 고객 등 관련 주체들이 긴밀한 관계 속에 운영되고 있다. 수평성과 쌍방향성 관점에서 조직 내부 임직원 및 외부 고객들이 서로 도우며 함께 프로세스 품질을 만들어가고 있다. 예를 들어, 사우스웨스트항공은 조직의 핵심 목표가 전체 직원들에게 조화롭게 공유되고 있으며 실제 행동으로 구현되고 있다.[5)]

> "저희들에게는 단 한 가지 목표가 있습니다. 바로 고객 서비스입니다. 100% 중요하지요. 어떤 일이 있어도 고객에게 만족스러운 서비스를 제공해야 합니다. 터미널 쪽을 걸어보면 금세 확인할 수 있습니다. 램프 요원들도 나와서 비행기 탑승하는 것을 도와주려 할 겁니다. 우리에게는 팀의 일원이 되고 싶은 열망이 있습니다." (사우스웨스트 승무원 감독관 인터뷰)
>
> "사실 우리는 버스기사부터 엉덩이 한 번 땅에 붙이는 법이 없을 만큼 열심히 일합니다. 전 여기에서 자기 일만 열심히 하는 사람을 본 적이 없습니다. 직원들이 정시에 비행기를 이륙시키기 위해 계속해서 시간 체크하는 모습을 쉽게 볼 수 있습니다. 정말 열심히 일합니다. 그렇게 일이 끝나야 또 제시간에 쉴 수 있지 않겠습니까." (사

5) 사우스웨스트방식, 조디 호퍼 기텔 저, 황숙경 역, 도서출판 물푸레, 2003, pp. 66-67.

우스웨스트 조종사 인터뷰)

"가장 중요한 것은 직원들 모두가 서로에게 관심을 가진다는 점입니다. 서로 다른 분야에서 다른 업무를 하지만 그것은 중요하지 않습니다. 제일 꼭대기부터 제일 아래에 있는 사람까지 다 그렇죠." (사우스웨스트 고객 담당 관리자 인터뷰)

근무 부서는 각기 달라도 모두 자신에게 가장 중요한 목표는 '고객 안전, 비행시각 엄수, 고객 만족'이라고 생각하며, 그 목표가 왜 중요한지에 대해서도 정확히 공감하고 있다. 일례로 비행시각을 준수하는 일이 중요한 이유에 대해 토론할 때 모두가 "항공기 가격은 대단히 비쌉니다. 항공기가 지상에 있으면 돈을 벌 수 없기 때문에 비행시각을 지켜 항공기 가동률을 높여서 수익률을 높여야 합니다."라고 응답하고 있는 것은 전체 조직원이 긴밀한 관계 속에 있으며, 조직이 한 단위로 조화롭게 운영되고 있음을 보여준다. 위 인터뷰에서 나타나고 있듯이 직급에 관계 없이 수평적으로 서로에게 관심을 가지고 쌍방향으로 프로세스 관리를 하고 있는 것이다.

캐나다의 숄다이스(Shouldice) 병원도 조직의 핵심 목표가 전체 직원들에게 조화롭게 공유되고 있으며 고객들과의 긴밀한 관계성까지 업무 프로세스 설계에 구현되고 있다. 하버드 대학 MBA 과정에서 우수경영사례로 소개된 바 있는 이 병원은 서비스 집중화 및 표준화를 통해 조직 생산성을 획기적으로 높였다. 숄다이스 병원은 탈장 수술, 그중에도 외부 탈장 수술만을 전문으로 서비스한다. 설립자인 얼 숄다이스(Earle Shouldice) 박사는 2차 세계대전이 끝난 뒤 병원 공간의 부족, 수술 수요의 급증, 탈장 수술에 대한 홀대 등 사회적 현실을 인식하고 1945년 토론토의 쏜힐 지역에 탈장 전문병원을 세웠다. 숄다이스 병원은 조직 목표를 달성하기 위해 아래와 같이 프로세스 설계를 하였다.

- 오직 복부 탈장만 치료한다. 입원하는 즉시, 병원에 관한 모든 정보와 지침, 탈장 관련 의학상식을 체계적으로 제공한다. 입원 수속 시간을 최소화하고, 외과의사의 검진은 최단시간에 끝낸다.
- 환자가 걸어서 수술실에 들어간다. 이동할 때도 환자 스스로 걷게 하며 수술 전 면도도 직접 하게 한다. 수술 후 환자들이 의료진 도움을 받아 직접 걸어서 수술실을 나가도록 하는 것으로부터 회복 프로그램이 시작된다. 환자들이 직접 식당에 가서 식사하면서 간호사, 의사, 동료환자와 이야기를 나누며 회복을 스스로 도우도록 한다. 환자의 자발적 참여가 치료 효과를 높인다는 의학적 사실에 근거한 치료 서비스이다.
- 환자들이 서로 만나 커뮤니케이션을 하도록 지원한다. 선배 환자는 후배 환자에게 병원과 질병에 대해 지식이나 경험을 알려준다. 병원은 매년 동창회를 개최해 환자들이 서로 만날 수 있도록 배려한다(서비스의 관계성 본질을 최대한 활용).
- 의료진에게 충분한 보수를 지급하고, 일하기 좋은 환경을 조성한다. 입소문으로만 광고하여 경비를 절감한다.

이 병원의 생산성이 높은 이유는 수술 공정을 표준화·세분화하여 의사는 핵심 수술만 담당하기 때문이다. 본 수술 전 단계와 이후 단계는 간호사 등 다른 전문 인력이 맡는다. 의사라는, 원가가 높은 희소자원을 효율적으로 활용하기 위해 프로세스 혁신을 이룩한 결과, 의사 1명이 1년에 700건 정도의 수술을 하는 높은 생산성을 보이고 있다. 원가가 높고 귀중한 조직의 자원이 효율적으로 활용되도록 프로세스를 설계하고, 각 과정을 전문화하는 것이 프로세스 생산성 향상의 핵심이다.

서비스의 관계성 본질 차원에서 고객의 잠재력을 최대한 활용해 조직의 생산성을 높인 점도 괄목할 만하다. 숄다이스 병원은 환자의 입원 기간이 다른 병원의 5-8일에 비해 3.5일 정도로 매우 짧다. 병원의 자원은 한정되어 있으므로 고객(환자)이 직접 움직이고 서로 소통하면서 빠르게 회복할 수 있도록 시스템을 구축했다.[6)]

서비스 제공자와 서비스 수혜자가 각자의 입장에서 함께 노력할 때 서비스 생산성이 획기적으로 향상될 수 있음을 보여주는 사례다.

서비스 본질적 특성을 일찍부터 간파하여 조직 전체의 생산성 혁신을 이룬 사례로 미국의 메이요 클리닉(Mayo Clinic)을 들 수 있다. 이 병원은 파괴적 의료혁신의 대표적 사례로서 〈US 뉴스앤드 월드리포트〉지가 발표한 2015-2016년 각 전문분야별 병원 랭킹에서 가

---

6) 자료: 한국병원경영연구원 보고서, 숄다이스병원 홈페이지 http://www.shouldice.com/ 등 발췌 요약

[그림 6-12] 서비스 성과는 공급자와 수혜자의 공동작품

장 많은 분야에서 1위를 차지하고 있는 대형 병원으로 미국 미네소타 주 로체스터에 본원이 있고, 플로리다와 애리조나에 각기 분원이 있다. 메이요 클리닉의 혁신은 핵심 서비스로서 의료서비스의 본질을 정확히 간파한 설립자 메이요(W. Mayo)의 설립 철학에 기초한다.

의료에 있어서 개인주의란 더 이상 존재할 수 없다.
Individualism in medicine can no longer exist.

- 메이요클리닉은 미션(Mission)문에서부터 통합의료(integrated clinical practice)를 강조한다. 이에 따라 메이요클리닉은 고객(환자) 중심으로 전 의료진이 협력해 의료 서비스를 수행한다. 환자들의 집단이 아니라 개별 환자 개개인에게 집중한다. 환자의 요구를 최우선에 두고 진료한다. 설립초기인 1800년대부터 '통합의료팀'을 구성하여 진료하였으며, 현재도 의사들 간에는 물론이고 행정직원까지도 긴밀한 협업시스템 하에 운영되고 있다.
- 의료공급체계와 조직의 혁신을 위해 혁신센터를 운영하며 품질아카데미도 개설하고 있다. 단순히 환자를 돌보는 수준의 병원 경영

이 아니라, 고비용 저효율 의료시스템을 근본적으로 혁신하는데 경영의 초점이 있다. 신경영시스템을 거시적 차원에서 구축하고 있는 것이다.

- 진료와 치료는 신속하게 진행한다. 환자 중심 의료 서비스는 병원에 들어오는 순간부터 시작된다. 병원에 대한 두려움을 줄이고 환자의 심리적 안정을 도모하기 위해 병원을 호텔처럼 꾸미고 갤러리나 음악회장 같은 분위기를 연출했다. 환자들은 진료 외에도 다양한 부가서비스를 이용할 수 있도록 했다.
- 멀리 떨어진 병원들을 네트워크를 통해 지원하는 온라인협진(e-Consulting) 등 의료시스템 혁신을 지속적으로 추진하고 있다. 온라인협진이 새로운 비즈니스모델이 되기 위해서는 보험회사가 이 모델을 더 효과적이라고 인정해야 한다. 처음 프로토타입을 만들 때 보험회사를 참여시켜 적정한 가격을 도출하며 비즈니스모델의 가치를 제고하였다. 이를 통해 환자의 이동불편 감소, 시간 절약, 신속치료, 의료비절감 등의 효과를 거두고 있다.[7)]

그 결과 메이요클리닉은 플로리다와 애리조나 분원을 포함한 전체 병원에서 매년 130만 명 이상의 환자들을 치료하고 있으며, 6만 4천 명 이상의 의료진 및 연구진이 근무하고 있다.[8)]

여러 사례에서 살펴봤듯이 고객이 우위가 된 현대 산업에서는 협

7) 청년의사, 주간신문, 2012년 1월 16일, 병원에 불고있는 혁신의 바람, 메이요클리닉 혁신센터장 인터뷰 기사.

8) 메이요클리닉 홈페이지 http://www.mayoclinic.org/

업에 의한 생산성 혁신이 매우 중요하다. 특히 현대 경제의 주력 산업인 서비스 산업은 외부 환경의 변화가 빠르고, 고객과 상호작용을 반복하면서 고객 중심으로 움직여야 하므로 직원 간에 업무 의존도가 높고, 고유 업무가 불확실한 경우가 많다. 또 고객이 요청하면 즉시 서비스를 전달해야 하는 경우가 많기 때문에 시간 제약이 큰 편이다. 이런 제약과 불확실성을 극복하기 위해서는 직원간의 협업이 중요하다. 생산성 혁신과 고품질 서비스를 위해 팀 단위, 조직 단위의 생산성 관리에 주목해야 한다. 조직 단위, 팀 단위 생산성 관리로 성공하기 위한 전략을 생각해보자. 앞서 사우스웨스트항공 사례를 소개한 조디 호퍼 기텔이 수행한 공항 간 성과 비교 연구에서 사용된 설문조사 항목들은 항공서비스 뿐만 아니라 대다수 기업에도 큰 시사점을 줄 수 있는 보편성을 가지고 있다고 볼 수 있으므로 이 책에서는 그녀의 항공서비스 조사 항목들에 대한 소개로부터 시작하여 전체적인 생산성 관리 방법을 제시한다. 조사에서 사용된 설문조사 항목을 종합하면 아래와 같이 5개의 범주로 정리된다.[9)]

① 인간관계 관리

- 공유한 목표: 같은 그룹에 속한 사람들과 동일한 목표를 가진 정도
- 공유한 지식: 같은 그룹에 속한 사람들이 당신의 업무에 대해 알고 있는 정도
- 상호 신뢰: 당신이 같은 그룹 사람들에게 존중받는 정도

9) 사우스웨스트방식, 조디 호퍼 기텔 저, 황숙경 역, 도서출판 물푸레, 2003, pp. 80-84.

② 의사소통 관리

- 의사소통 빈도: 같은 그룹의 사람들과 의사소통이 잦은 정도
- 의사소통의 시의 적절성: 같은 그룹의 사람들이 필요할 때 즉시 당신과 의사소통하는 정도
- 문제점 해결 의사소통: 해결 중심 의사소통의 정도(잘못을 비판하지는 않음)

③ 비행기 이륙 준비시간 관리

- 비행기 이륙 준비시간: 이륙 1회당 게이트에서 머무는 시간(분). 항공기별 예상 도착시간과 예상 출발시간의 평균 차이 값과 동일함. 1박 2일이 소요되는 비행은 제외.
- 동원된 직원 시간: 하루 공항이용객 1,000명당 직원 수. 발권 업무, 게이트 업무, 램프 업무, 객실 청소 업무에 종사하는, 정식 직원에 준하는 모든 인력 포함

④ 품질 성과 관리(조사당시 미국 교통청에서 사용한 기준과 동일)

- 고객 불만: 승객 10만 명당 공항과 관련된 불만 건수
- 수하물 분실: 고객 1,000명당 관리 부실로 소실된 가방 개수
- 도착 지연: 15분 이상 연착된 비행기 비율

⑤ 상품 척도 관리

- 일일 비행 횟수: 하루 동안 비행기 이륙 횟수
- 평균 비행거리: 1회 비행당 평균 비행거리
- 비행당 고객 수: 1회 비행당 평균 이용객 수
- 비행당 화물량: 1회 비행당 평균 화물량

전체적 프로세스 관리에서의 생산성 관리 지표로는 인간관계와 의

사소통 항목이 가장 먼저 채택될 필요가 있다. 서비스의 조화성, 쌍방향성, 수평성, 관계성 본질을 프로세스에 구현하기 위해서는 직원을 최우선으로 여기고, 직원들끼리 서로를 이해하고 전체 업무를 공유하도록 하는 것이 중요하기 때문이다. 인간관계 조율과 의사소통 활성화를 위해서는 일선 리더십에의 투자, 인간관계 역량이 있는 직원 고용 및 교육, 갈등을 이용한 인간관계 강화, 경계 연결자 만들기, 경계에 있는 직무에 유연성 유지, 공급자들과 동반 관계 형성 등의 방법을 사용할 필요가 있다.

이렇게 조직 전체 차원에서 서비스의 중심인 직원을 최우선으로 여기는 조직 철학을 구현하여 생산성 관리에 성공한 사례로 미국 오리건 주의 움프쿠아 은행(Umpqua Bank)을 들 수 있다. 이 은행은 공식 홈페이지에서 "우리는 우리를 단순히 하나의 은행이라고 생각해 본적이 없다. 우리는 잘 아는 이웃이고, 커피 한잔 하자고 초대되는 사람들이며, 담장 너머로 잡담도 할 수 있고 조언도 구할 수 있는 사람들이다. 우리는 여러분의 생활을 돕기 위해 존재한다"라고 선언하고 있다. 이 은행의 헌장에도 고객의 전체 삶과 함께 하겠다는 굳건한 마음자세가 명시되어 있다.[10]

움프쿠아 은행은 1953년 작은 지역은행으로 설립되었는데, 지역사업이던 벌목 사업이 번창하면서 주변의 작은 은행들을 인수해 지방대표 은행으로 성장했다. 그러다 벌목 사업이 쇠퇴해 은행의 성장이

10) 자료: https://www.umpquabank.com/

한계에 부딪친 상황에서 1994년 레이 데이비스(Ray Davis)가 새로운 CEO로 영입됐다. 그는 은행업의 개념을 금융업에서 소매업으로 바꾸었다. 고객 서비스를 최우선 가치로 두고, '은행원이 일하는 스타벅스', '우리의 경쟁사는 리츠칼튼 호텔'과 같은 목표를 세웠다. "세계 최고의 은행입니다!"라고 직원들에게 외치게 하며 조직 혁신을 시작하였다.

직원들이 자신들이 일하는 은행을 '매장'이라고 부르게 하고, 고객들은 은행을 편안한 커피숍처럼 여기게 하였다. 은행에 대한 고정관념을 깨고, 은행 직원이라기보다 호텔이나 백화점 직원처럼 고객을 대하게 하였다. 이렇게 혁신하기 까지는 CEO의 마음자세와 열정이 필요했다. 레이 데이비스는 직원들에게 치어리더와 같은 리더가 될 수 없다면 성공은 없다고 했다. 스스로 열정을 발산하고 그것을 직원에게 나누어주었다. 그는 고객과 대화하다가도 직원이 찾아오면 고객에게 양해를 구하고 직원의 용건을 먼저 물었다. 또 끊임없이 직원들이 일하는 현장을 찾아 고충을 해결해주고, 직원들로부터 불만과 충고를 받아들었다. 그러한 리더의 태도로부터 확산된 문화가 깊이 스며들어 움프쿠아 은행에서는 상호간에 자유롭고 활발한 커뮤니케이션이 이루어진다. 이것이 기업의 성장을 강력하게 이끄는 열정으로 연결되었다. 인재 채용과 직원 관리 방법도 혁신하였다. 인재 채용에 있어서는 은행 업무 경험만 있는 사람은 지양하고 소매업체에서 서비스 업무를 해본 사람을 채용했다. 직원들에게는 서비스 제공자의 입장에서 고객의 삶을 직접 체험하도록 견학을 권장했다.

직원들의 열정이 고객에게 전달되어, 움프쿠아 은행의 서비스를 자주 체험하는 고객들은 은행에서 머무는 시간이 늘어나면서 점점 더 많은 거래를 하게 되고, 직원들과 더 자주 접촉하면서 자연스럽게 매출이 늘고 큰 폭의 성장으로 이어졌다.[11]

종합적으로 서비스 기업은 단위 직원의 생산성보다는 고객 차원과 기업 수익성 차원의 종합 지표를 개발해 생산성을 관리하는 방식이 바람직하다. 생산성 관리 단계를 살펴보자.

(1) 조직의 수익성과 고객 차원의 생산성을 측정하는 지표 개발

첫 단계에서는 조직 차원에서 가장 핵심적인 소수의 지표를 개발해야 한다. 예를 들어, 사우스웨스트항공은 항공기 지상 체류 시간을 생산성 관리 지표로 정했다. 항공서비스에서 항공기는 가장 비싼 자원이며, 이 자원을 어떻게 활용하느냐가 기업 수익성에 결정적인 영향을 준다고 판단했기 때문이다. 이들은 수치로 나타낸 생산성 목표를 달성하기 위해 자동차 경주장을 벤치마킹하여 착륙 후 이륙까지 준비 시간을 최소화하는 전략을 세웠다. 정비사와 청소원, 승무원 등의 작업 방식 및 동선을 바꾸고 연료 주입 수단을 트럭에서 펌프로 바꿨다. 또 좌석을 선착순으로 배정함으로써 고객이 신속하게 탑승하도록 유인해 출발 시간을 단축했다. 그 결과 운항 간격을 경쟁업체(30~50분)보다 훨씬 단축된 15분으로 유지할 수 있게 되었다. 이와

11) 움프쿠아처럼 체험을 팔아라, 레이 데이비스, 알란 샤더 저, 유영희 역, 파인트리, 2007, 출판사 서평, 움프쿠아 은행 홈페이지 https://www.umpquabank.com/ 등

함께 단일 항공기 기종만을 운항하여 유지보수비와 훈련비를 줄이고, 관리에 들어가는 시간을 감축했다.[12)]

숄다이스 병원은 희소자원의 생산성이 지표가 되었다. 의사라는 값비싼 희소자원이 최고의 생산성을 낼 수 있도록 프로세스를 설계하였다. 본 수술 전 단계와 이후 단계는 간호사 등 다른 전문 인력이 맡도록 하는 것은 물론이고, 환자 본인의 스스로의 회복 노력 강화, 환자들 간의 교류 활성화 등도 모두 의사라는 희소자원의 생산성을 높이는 데 큰 역할을 하고 있다.

(2) 생산성 지표 지속 관리

설정한 생산성 지표는 체계적이고 지속적으로 관리해야 한다. 그러려면 종합 지표를 구성하는 세부 지표를 설정하고, 이를 지속적으로 측정해야 한다. 사우스웨스트항공이 핵심 지표인 '항공기 지상 체류 시간 최소화'라는 종합 지표 목표를 달성하기 위해 위에 언급한 여러 세부 지표를 설정하고, 그 세부 지표의 개선을 통해 종합 지표 목표를 달성하고 있는 바와 같이, 핵심 세부 지표를 잘 설정하고 관리하는 것이 중요하다. 메이요클리닉이 '통합의료'라는 목표를 달성하기 위해 병원 내에서 협진을 하는 것은 물론이고, 발전되는 정보기술을 활용하여 멀리 떨어진 병원들을 네트워크로 연결하여 환자를 진료하는 온라인협진을 구현한 것은 생산성 지표를 지속적으로 개선

12) 서비스마케팅&매니지먼트, 이문규, 안광호 저, 집현재, 2011, pp.130-132.

하는 활동이라고 할 수 있다. 설정된 결과 지표와 세부 지표와의 관련성을 꾸준히 모니터링하면서 최종 생산성 지표 개선을 위해 노력해야 한다.

(3) 생산성 지표 개선

종합 지표와 세부 지표를 시장 상황이나 고객 변화에 맞춰 개선해 간다. 품질과 생산성의 관계를 인식하고, 품질을 고객이 만족하는 적정 수준으로 유지하면서 생산성은 극대화할 수 있는 방안을 모색한다. 이때 생산성 관리 전략을 재검토하여 시장과 고객 상황에 따라 기존 전략을 수정할 필요도 있다. 예를 들어, 기존 항공서비스 기업들은 수익성 제고라는 목표를 설정하고 항공노선을 허브 앤 스포크(Hub and Spoke) 방식으로 운영하고 있었는데, 사우스웨스트항공은 포인트 투 포인트(Point to Point) 방식으로 변경했다. 허브 앤 스포크는 항공 노선이 거점 공항을 중심으로 뻗어나가는 방식이다. 항공사 입장에서는 승객을 한곳에 모아 수송할 수 있으니 단위당 비용을 줄일 수 있으나 승객 입장에서는 거점 공항을 경유해서 목적지에 가야 하니 번거로움이 따른다. 포인트 투 포인트는 출발지에서 목적지까지를 직항으로 연결하는 방식이다. 따라서 조직의 효율성을 핵심 지표로 채택할 경우, 허브 앤 스포크 방식이 바람직하고, 고객의 효율성을 핵심 지표로 채택할 경우 포인트 투 포인트 방식이 바람직한 것이다. 시대와 시장과 고객의 욕구를 반영하여 생산성 관리 목표 전략을 지속적으로 개선할 필요가 있다.

박스사례

ALLSAINTS "매장을 가진 IT회사"로 생산성 향상

신경영 모델로 생산성을 혁신한 사례로 한국인 CEO 윌리엄 킴의 올세인츠(ALLSAINTS)를 들 수 있다. 침몰해 가던 영국의 패션 기업 올세인츠를 윌리엄 킴은 5년 만에 세계적인 글로벌 디지털 패션 기업으로 성장시켰다. 구찌 피렌체 사무소에서 근무하였고, 버버리의 디지털 전략 책임자로 근무하다 올세인츠의 CEO로 영입된 윌리엄 킴은 2012년 취임 즉시 조직 혁신을 시작하였다. 그는 세상이 너무나 빠르게 변하고 있기 때문에 회사 전체가 구글이나 애플과 같은 디지털 기업으로 정체성을 바꾸지 않으면 급속도로 변신하는 세상의 변화에 뒤쳐질 것이라 판단했다고 한다. 그래서 올세인츠를 '매장을 가진 IT회사'로 변신시키기 시작하였다. 회사 부임 초기 그는 패션 기업들을 찾아다닌 것이 아니라 13군데의 업계 최고의 IT 기업들을 찾아다니고 아마존과 구글 같은 IT 기업들과 기술 제휴를 시작했다고 한다.

윌리엄 킴은 IT의 중요성과 함께 융합의 효과성을 잘 간파하고 있었다. 구찌 피렌체 근무 당시 르네상스시대에 레오나르도 다빈치나 갈릴레오 갈릴레이 같은 천재들이 융합을 통해 큰 업적을 남겼음을 인지한 후 융합 마인드로 단단히 무장하였다. 그래서 그는 융합을 촉진하기 위해 기술보다는 마인드셋을 강조하였다. 소통을 위한 문화 혁신을 먼저 추진하였다. 사우스웨스트항공을 비롯하여 전체적 생산성 혁신을 이룩한 회사들의 공통점은 조직이 모두 한 단위로 움직이는 것인데, 올세인츠도 전체 조직이 한 단위로 움직이도록 문화 혁신을 추진하였다. 처음에 직원들은 윌리엄 킴을 거의 이해하지 못했다고 한다. 직원들의 마음의 변화가 먼저 중요하다고 생각하고 SNS를 적극 활용하여 직원들이 서로 가장 쉬운 방법으로 소통할 수 있게 했다. 회사의 목표를 중심으로 전체 직원이 한 방향으로 나아가도록 문화적 토대를 구축하였다. 조직 의사결정 단계도 기존의 11단계에서 5단계로 대폭 축소하고, 기업의 매출 및 재무 정보를 전 직원에게 가장 먼저 알리는 투명성 기반의 신뢰 경영도 정착시켰다.

이러한 문화 혁신으로 직원들이 서로를 이해하고 공감하기 시작하자 변화의 속도는 빨라졌다. 전 세계 젊은 프로그래머들의 IT 경진대회를 열어 IT 인재도 발굴하고 회사의 시스템을 창조적으로 개발하는 등 올세인츠는 디지털 패션 기업으로 변신해갔다. 이러한 속도를 기반으로 전세계로 빠르게 진출하여 2012년에는 빚 더미에 있었던 이 기업은 2017년 하반기 기준 26개국 240개 직영 매장과 프랜차이즈 및 아웃렛을 운영하는 성공적인 디지털 패션 기업으로 변신하였다.

조직 문화 혁신의 기반 위에서 IT를 이용한 생산성 혁신으로 전 세계에 흩어져 있는 디자이너들이 동시에 함께 디자인 작업을 수행하는 등 전체적 프로세스관리의 성공적 모델을 구현하였다.

출처: KBS 스페셜, 2016.6.16. 방송
조선비즈, 48시간 후 파산할 패션 회사가 디지털로 거듭난 비결은? 김은영 기자, 2017.10.25. 등 참조 사례 구성

3.2 프로세스 모듈화 및 표준화

서비스 기업은 생산성을 높이기 위해 서비스 프로세스를 표준화하고 모듈화 한다. 모듈화란 본래 자동차나 선박 조립 공정에서 개별 부품을 먼저 조립해 하나의 덩어리로 만든 뒤 본체에 조립하는 방식이다. 수많은 부품을 하나하나 다루기는 너무 비효율적이고 품질 관리도 쉽지 않으므로, 영역별 기능별로 덩어리를 만들어 관리하는 것이다. 앞서 살펴본 캐나다 숄다이스 병원이나 인도 아라빈드안과병원 역시 수술 과정을 표준화, 모듈화하여 생산성을 높였다. 이들의 표준화와 모듈화를 통한 생산성 향상은 두 가지 측면에서 이루어졌다. 첫째, 각 프로세스를 전문화하고 분업화함으로써 프로세스별 생산성을 높였다. 둘째, 전체적으로 고급 인력(의사)이 투입되는 프로세스 수와 시간을 줄여서 고급 인력의 생산성을 높였다. 희소자원인 고급 인력의 투입이 원활해지면서 병목 현상이 줄고, 전체 프로세스의 생산성이 향상되었다.

서비스를 표준화·모듈화하는 과정에서 중복된 프로세스를 발견, 통합함으로써 프로세스 전체를 합리화할 수도 있다. 선진 기업에서는 비즈니스 컴포넌트별로 2차원 프로세스 모듈을 작성하여 생산성 향상과 비즈니스 성과 개선에 활용하고 있다.

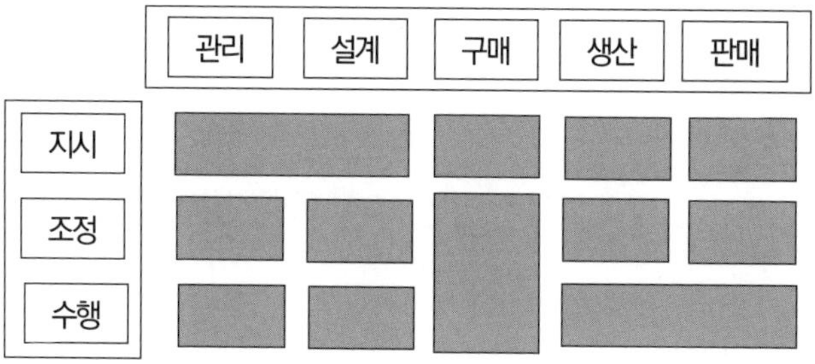

[그림 6-13] 서비스공정의 모듈화: 컴포넌트 비즈니스 모델링(CBM)

프로세스별 매뉴얼을 작성하는 기업도 많다. 매뉴얼은 효율적인 업무와 직원 훈련에 많은 기여를 한다. 매뉴얼을 작성할 때는 몇 가지 유의할 점이 있다. 업무를 수행하는 직원이 쉽게 이해할 수 있도록 내용이 구체적이고 일관성이 있어야 한다. 풍부한 노하우와 경험에 바탕을 두어야 하며, 상황 변화에 따라 갱신할 수 있는 형태라야 한다. 매뉴얼은 장점이 많은 동시에 문제점도 있으므로 이에 대한 대비책도 마련해야 한다. 경영환경 변화에 따라 적절한 주기로 매뉴얼을 갱신해야 하는데, 갱신하지 않고 오랜 시간 매뉴얼에 의존하면 창의성과 유연성이 상대적으로 떨어져 쇠락의 길을 걷게 된다. 생산성 향상을 위해 표준화와 매뉴얼이 권장되기는 하지만, 그 문제점과 한계를 유념하고 사용해야 하겠다.

박스사례

인적자본 경영의 새로운 방향

넷플릭스(Netflix)의 CEO 리드 헤이스팅스(Reed Hastings Jr.)가 제시한 '넷플릭스 문화: 자유와 책임(Netflix Culture: Freedom & Responsibility)'는 많은 사람들에게 공감을 얻으며 실리콘밸리에서의 인적자본경영의 새로운 방향을 제시하였다. 스스로 탁월함을 이루는 것을 넷플릭스 문화의 목적으로 삼고 아래와 같은 7가지 관점을 제시하였다.

1. 우리가 실제로 가치 있게 여기는 것이 가치다.
2. 높은 성과
3. 자유와 책임
4. 통제가 아닌 맥락의 전달
5. 강하게 연결되어 있지만, 느슨하게 짝지어진 조직
6. 동종업계의 최고임금 대우
7. 승진과 자기계발

이 7가지 관점에 대해 자신들의 문화를 설명하였는데, 이는 조직경영 및 인적자본 경영의 새로운 방향을 제시한다고 볼 수 있다.

먼저 실제적인 가치에 대해서는, 많은 기업들이 로비에 멋진 단어들을 가치로 제시하고 있지만(예를 들어 CEO의 사기로 파산한 엔론이 로비에 자신들의 가치를 '청렴, 소통, 존중, 탁월함'으로 제시), 조직에서의 실제 가치는 그럴 듯해 보이는 구호가 아닌, 누가 보상받고, 승진하고 해고 되는지로 나타난다고 했다. 회사의 실제 가치는 동료

직원들이 가치 있게 여기는 행동과 능력 속에 있으며, 넷플릭스에서는 9가지 행동과 기술을 가치 있게 여긴다고 소개했다.

모호한 상황에서도 현명한 결정을 내리는 판단력, 언어적 비언어적 모든 소통력, 많은 중요한 일을 처리하고 좋은 결과를 내는 큰 영향력, 열정적인 호기심, 어려운 문제들을 해결하는 혁신성, 위험을 감수하고 어려운 결정을 내리는 용기, 탁월함을 추구하는 열정, 실수를 인정하는 정직성, 동료들을 돕는 이타성 등 9가지를 가치 있게 여기며 이 9가지 가치가 내재된 직원과 일하기를 원하며 이 가치들이 채용, 동료 간 평가, 연봉협상, 퇴사와 승진의 기준이 된다고 했다.

높은 성과 관련해서는 평범한 성과를 내는 직원들은 퇴사를 권유하고, 뛰어난 성과를 유지하는 직원들로만 조직을 운영한다는 것이다. A급 노력을 했는데도 B급 성과를 내는 직원은 후한 퇴직금을 주어 내보내고, 작은 노력으로도 A급 성과를 지속적으로 내는 직원은 더 많은 권한을 주고 급여도 인상한다는 것이다. 높은 성과에 집착하는 이유는 자신들의 사업 영역이 고성과자와 저성과자의 성과 차이가 매우 큰 영역이기 때문이라는 것이다.

자유와 책임 관련해서는 '책임감 있는 사람은 많지 않다'라는 가정에서 출발한다. 스스로 동기부여하고 스스로 규율을 지키며 자신을 개선해가고 리더처럼 행동하는 책임감 있는 사람은 많지 않다. 그래서 대다수의 조직은 규모가 커지면서 직원의 자유가 제한되고 관료적 조직이 된다. 자유가 제한되고 관료적이 되면 뛰어난 인재들이 많이 떠나면서 우수인재 밀도가 감소하게 된다. 넷플릭스는 우수인재를 붙잡아두기 위해 휴가를 자유롭게 쓸 수 있는 등 최소 필수 규율만을 유지하며 자기규율이 있는 책임감 있는 사람들과 일한다는 것이다.

고성과자를 늘려 조직의 혼란을 예방하고 장기적 유연성을 유지한다는 것이다.

통제가 아닌 맥락의 전달과 관련해서는 어린왕자의 저자 생택쥐베리의 '배를 만들고 싶다면 사람들을 시켜 나무를 모으고 역할을 나누고 명령을 내리면서 북을 칠 것이 아니라, 거대하고 끝없는 바다를 열망하게 하라'는 맥락 전달을 강조한다.

If you want to build a ship,
don't drum up the people
to gather wood, divide the
work, and give orders.
Instead, teach them to yearn
for the vast and endless sea.

높은 성과를 내는 인재들은 맥락을 이해하고 행동할 때 더 일을 잘한다는 것을 믿기 때문이다.

강하게 연결되어 있지만, 느슨하게 짝지어진 조직 관련해서는, 전략과 목표가 구성원 전체에게 명확하게 이해된 강하게 연결된 조직이 된 상태에서는 각 팀 간에 조정 작업 필요성이 낮아진다는 것이다. 각 팀에서는 독립적으로 업무를 수행하고 주기적으로 전략과 목표의 부합성을 관리하면 된다는 것이다. 이는 본서 제5장의 목표가치 경영에서 강조하는 바와 같다.

동종업계의 최고임금대우 관련해서는 평범한 직원 2명보다 뛰어난 직원 1명이 더 높은 성과를 낸다는 가정에 근거하여, 뛰어난 직원에게 최고의 대우를 해준다는 것이다. 다른 회사에서 받을 수 있는 급여 수준, 이 사람을 대체하는데 필요한 비용 수준, 이 사람을 회사에 붙잡아 두는데 필요한 임금 수준 등을 모두 고려하여 최고의 임금을 지급한다는 것이다. 직원끼리 경쟁하도록 하지 않고, 시장과 경쟁하도록 한다. 시장에서 최고의 성과를 내고 최고의 급여로 회사에서 대우를 받으라는 것이다.

승진과 자기계발 관련해서는 승진의 3가지 조건을 제시하고 있다. 해당 역할에서 할 일이 충분히 많은지, 현재 역할에 최고의 기량을 발휘하는지, 넷플릭스 문화와 가치를 훌륭하게 대변하는지가 3가지 조건이다. 회사 차원의 자기계발 계획은 없고 개인 스스로 계획을 세워 자기계발하기를 권유하고 있다. 스스로 경력관리를 하는 것이다.

이렇게 탁월함을 추구하는 조직문화를 발전시키고 있는데, 이는 실리콘밸리와 같이 변화가 많은 첨단 산업의 기업들에게는 시사점이 큰 인적자본경영 방향이다.

참고: 넷플릭스 문화: 자유와 책임(Netflix Culture: Freedom & Responsibility), 리드 헤이스팅스(Reed Hastings Jr.), 2009년 첫 발표이후 지속적으로 갱신 및 추가 중임.

제7장

신기업의 경영

현대 경제에서는 100% 제조기업도 없고 100% 서비스기업도 없다. 모든 기업이 제조업 속성과 서비스업 속성을 함께 가지고 있다. 이러한 제조기업의 속성과 서비스기업의 속성을 모두 가진 현대적 기업을 우리는 신기업이라고 부른다. 모든 기업이 하나의 산업 내의 기업이라고 할 수 있다. 이 장에서는 경계가 해체된 산업 생태계에서의 새로운 경영 방식을 서술한다.

제1절 | 경계가 해체된 산업 생태계

현대 경제의 가장 큰 특징은 산업간 경계의 소멸이라고 할 수 있다. 또한, 기존 산업분류체계가 사실상 의미 없는 구분이 되고 있다. 영국의 경제학자인 콜린 클라크(Colin Clark)가 1940년 그의 저서 경제 진보의 제 조건(The Conditions of Economic Progress)에서 제시했던 1차산업, 2차산업, 3차산업 개념을 아직도 산업계에서 사용하고 있기는 하지만, 구분의 의미는 많이 퇴색되었다. 산업간 경계를 넘나드는 기업들이 경제를 리드하는 중심이 되고 있기 때문이다. 표준산업분류에서도 어느 한 분류로 소속시키기 어려운 산업들이 많이 생겨나고 있고, 새로 생겨나는 다수의 기업들을 위해 분류를 조정하거나 추가해야 할 필요성도 커지고 있다. 예를 들어 애플을 2차산업 기업이라고 하기 어렵고, 카메라산업을 기계산업이라고 분류하기 어려운 것이다.

산업 현장에서의 가장 큰 특징은 제조업과 서비스업의 구분 경계가 사실상 사라지면서 전체 산업이 서비스화하고 있다는 것이다. 서비스 경제가 부상하면서 농업 등 1차 산업과 제조업 등 2차 산업은 부가가치와 고용 창출 측면에서 서비스업보다 비중이 낮아져 왔지만, 이제는 모두 하나의 산업으로서 윈윈하는 공동 발전을 추구하는 상황에 있다. 다양한 인간의 욕구를 충족시키기 위해 기존의 1차산업과 2차산업의 결과 산출물은 여전히 중요한 역할을 해야 하기 때문이다.

산업간 경계가 해체된 시대에는 경영 패러다임이 변화해야 한다. 과거 경영은 전략과 기술 중심이었으나 현재와 미래의 경영은 여기에 사람을 더해 사람과 전략과 기술이 삼위일체를 이루어야 한다. 제품/서비스 개발부터 마케팅 및 판매에 이르기까지 경영 전반에 임직원, 고객, 고객의 욕구 등이 중요한 요소로 자리 잡았다.

제조와 서비스의 구분이 큰 의미는 없지만, 현재 구분을 존중하여 제조기업과 서비스기업을 중심으로 새로운 경영을 소개한다. 즉 눈에 보이고 손에 잡히는 유형 재화를 생산하여 제공하는 기업을 제조기업이라 칭하고(농축수산물 등 1차산업 유형재화를 생산하여 제공하는 기업도 이 구분에 포함함) 눈에 보이지 않고 손에 잡히지 않는 무형재화를 제공하는 기업을 서비스기업이라 칭한다.

경제 현장에는 100% 제조업인 기업도 없고 100% 서비스업인 기업도 없다. 모든 기업이 그 중간 어디쯤엔가 자리 잡고 있는 것이다. 아래 [그림 7-1]에서 기업의 현재 비즈니스 포지션을 A 또는 B라고 하자. 그러면 포지션 A 기업은 제조업에 가깝고, 포지션 B 기업은 서비스업에 가까운 게 현재 상황이다. 그런데, 산업간 경계가 해체되고 4차 산업혁명으로 기술혁신이 가속화되면서 기업 경쟁력을 계속 유지하기 위해서는 현재 기업이 갖지 못한 역량을 강화해야 한다. 즉 포지션 A 기업은 서비스적 역량을 강화하기 위해 포지션 B 쪽으로 이동하려 할 것이고, 포지션 B 기업은 제조적 역량을 강화하기 위해 포지션 A 쪽으로 이동하려 할 것이다.

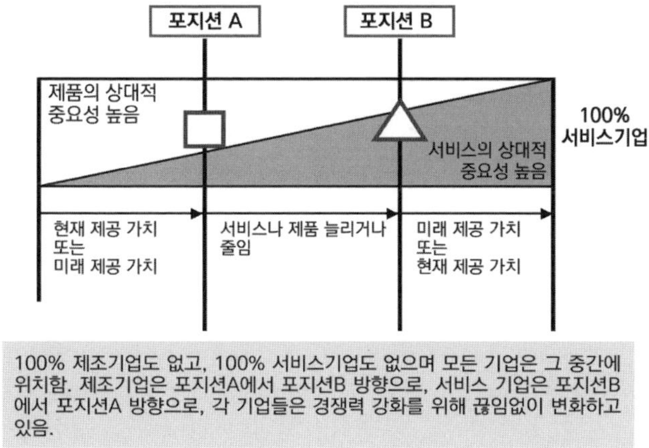

[그림 7-1] 제조업과 서비스업간의 경계 소멸

예를 들어, 자동차나 타이어 생산 및 판매기업이 주력 제품 관련 서비스를 개발하여 주력 사업의 구조를 바꾸는 것은 포지션 A에서 포지션 B로 이동하는 경우의 사례이며, 은행 등이 자동화기기를 도입하고 모바일을 확대하여 사람이 일을 하는 순수인적서비스 부문을 계속 축소하고 있는 것은 포지션 B에서 포지션 A로 이동하는 경우의 사례이다. 애플과 삼성전자를 비롯한 스마트폰 판매 기업들이 휴대폰을 통신 제품으로 팔지 않고 인터넷 검색, 음악 감상, 각종 부가서비스 이용이 가능한 서비스기기로 판매하는 것은 포지션 A에서 포지션 B로 이동한 사례이며, 구글이 독자적 휴대폰 판매를 추진하는 것은 포지션 B에서 포지션 A로 이동하고 있음을 보여준다. 맥킨지 등의 거의 100% 순수서비스 기업이 지식자산을 제품화하여 전 세계 어디에서든 구성원들이 제품처럼 활용할 수 있게 하는 것도 포지션 B에서 포지션 A로 이동하는 사례가 된다.

서비스기업들은 기존 서비스산업의 주요 특성인 비분리성과 비일관성을 극복하기 위해 제조업적 역량을 도입하여 융합하고 있으며, 제조기업들은 고객 지향성을 강화하기 위해 서비스적 역량을 융합하고 있는 것이다. 이를 통해 서비스 기업들은 서비스 생산성을 획기적으로 높여 왔고, 제조기업들은 고객 대응성을 높여 왔다. 따라서 과거에는 제조기업과 서비스기업으로 사업 영역이 명확히 구분되던 기업들이 산업간 경계 해체 시대에는 저마다 반대쪽 포지션을 강화함으로 인해 이제는 같은 도메인에서 사업을 하며 경쟁을 벌이고 있다.

이러한 추세는 가속화될 것으로 전망되는데, 그 이유는 시장에서의 힘의 중심이 이미 공급자에서 소비자로 확실하게 이전되었기 때문이다. 영향력이 커진 소비자는 자신을 위해서 제품과 서비스가 공조하여 역할을 해달라고 더 강하게 요구할 것이기 때문이다.

이렇게 산업간 경계가 해체된 시대에서 진화된 방식의 경영이 신경영이다. 경쟁기업이나 경쟁 상황에 대한 분석이 더 어려워지고 전략 수립이 곤란해졌다. 따라서 신기업의 경영은 새로운 경영패러다임이 필요하다.

제2절 | 제조업의 서비스화

제조 기업이 제품에 서비스를 부가하는 것을 서비스화(Servitization)라고 한다. 제품과 서비스를 결합하는 일이 제조 기업 입장에서는 서비스화이다. 서비스화는 제품을 서비스로 파는 유형, 제품에 서비스를 부가해 제품으로 판매하는 유형 등 여러 형태로 진행되고 있다. 제품을 서비스로 파는 유형은 과거 외환위기 때 웅진코웨이가 정수기를 일시불 제품으로 파는 대신 월 서비스료를 받으며 판매했던 사례부터 최근 자동차나 타이어를 주행 거리당 비용으로 판매하려는 시도까지 다양하다. 서비스 요금에는 제품의 감가상각비, 서비스요원의 인건비, 제품 유지보수 비용, 적정 이윤 등이 모두 포함된다.

제조업의 서비스화는 제조업의 성장 한계를 극복하고, 고부가가치를 창출하는 주요 수단으로 인식되고 있다. 대표 제조기업들은 기업 경쟁력이 제조업의 서비스화에 달려 있다고 생각하고 제조업의 서비스화를 적극적으로 추진하고 있다. 제조업이 서비스화를 추진하는 사례를 보면서 서비스화의 효과적인 방향을 찾아보자.

서비스화를 통한 제품 경쟁력 제고

제조 기업은 서비스를 제품 경쟁력 제고 방안으로 활용하는 경우가 많다. 제품에 서비스를 부가해 제품의 가치와 매력도를 높여서 제품 판매를 촉진하는 것이다. OTIS 엘리베이터는 자사의 엘리베이터에 고장을 감지할 수 있는 마이크로프로세서를 내장하여 지속적으로 엘리베이터의 상태를 진단하고, 이상 상황이 발생할 경우 서비스센터에 스스로 통보하도록 했다. 고객이 수리를 요청하기 전에 기업이 먼저 상황을 인지하고 애프터서비스 요원을 보내 엘리베이터를 수리할 수 있게 됐다. 삼성전자의 원격 PC A/S 서비스는 고객이 직접 서비스센터에 오지 않아도 프로그램을 통해 문제를 해결해준다. 기계적 결함이 아닌 경우 대부분 문제를 집에서 해결할 수 있기 때문에 기업에게는 비용 절감, 고객에게는 시간 단축 효과가 있다.

또 중장비 제조회사 캐터필러(Caterpillar)는 위성통신을 이용해 전 세계 다양한 지역에서 작업 중인 굴삭기의 상황을 실시간으로 파악해서 소모성 부품을 고장 나기 전에 미리 공급하여 장비의 가동률을 높이고 있다. 또 장비 상태와 이력을 분석하고, 최적의 정비상태로 관리할 수 있도록 하며, 연료 소모량도 파악해 연비를 향상시키는 서비스도 제공하고 있다.

제품이 아닌 서비스로 판매

제조 기업이 제품을 일시불로 판매하고, 그 후에는 소모품 등을 판매하면서 추가 수익을 취하는 일반적인 판매 방식을 변경하여 처음부터 서비스 판매로 전환하는 경우가 늘어나고 있다. 이로써 고객은 편의성이 높아지고 기업은 수익이 올라간다.

예를 들어, 기존에 프린터 한 대당 얼마의 가격을 받고 판매했던 프린터 판매기업이 사용량에 따라 요금을 청구하는 PPU(Pay per Use) 방식을 취하면 이는 서비스로 판매하는 것이 된다. 출력하는 만큼만 한 장에 얼마씩 서비스료를 지급하기 때문이다. 스웨덴의 일렉트로룩스(Electrolux)가 세탁기 이용 횟수당 사용료 청구 방식으로 세탁기를 판매하는 PPW(Pay per Wash) 방식이나, 정수기를 대당 얼마씩에 팔지 않고, 월 사용료를 받으면서 판매하는 방식도 서비스 판매에 해당한다. GE는 항공기 엔진 GE90을 제품 값을 받고 판매하지 않고, 유지보수비용을 포함하여 사용시간 기준으로 요금을 받고 판매하는 방식으로 성공을 거두었다.

Lena (The Fashion Library)는 일반적인 의류 브랜드이고 그곳에서 구매할 수 있지만, 그 가게에서 입고 싶은 옷을 모두 일정한 값을 지급하여 빌려 입을 수 있는 서비스를 제공하고 있다. 옷을 빌려 입은 만큼 즉 사용한 만큼 값을 지급하는 서비스 과금 방식이다.

이렇게 제품을 서비스로 판매하면 고객은 제품의 유지보수 및 수리에 대해 불필요한 신경을 쓰지 않아도 되므로 편리하고, 기업은 수익성을 높일 수 있다.

새로운 수익 창출원으로서 서비스 라인 추가

수명주기가 비교적 긴 제품을 판매하는 제조 기업은 구매와 재구매 사이의 상당 기간 고객과의 접촉이 사실상 단절된다. 이는 고객에게 마케팅할 기회를 잃는 것이나 마찬가지이다. 따라서 고객과의 접촉을 늘리고 재구매 확률을 높일 수 있도록 구매와 재구매 사이에 고객 서비스를 제공할 수 있는 비즈니스가 필요하다. 수명주기가 긴 제품을 판매하는 기업에서 이런 서비스를 개발해 고객과의 접촉을 강화함은 물론이고 새로운 수입을 창출하는 비즈니스로 발전시키는 경우가 최근 늘어나고 있다.

한국타이어는 고품질의 제품 생산 및 판매에 주력하다가 2006년에 타이어 중심 자동차 종합 관리 서비스 프랜차이즈인 T-station을 도입했다. T-station은 타이어 구매 및 교환, 타이어 진단 및 위치 교환, 소모품 교환, 밸런스 조정, 휠 얼라이먼트 서비스 등을 제공한다. 이로써 구매와 재구매 사이에 고객과 직접 만나면서 새로운 수익도 창출한다.

다시 서비스 기업화

과거에는 맞춤 양복점이나 양장점이 대부분이었는데 요즘은 기성복 판매 기업이 훨씬 많다. 서비스업인 양복점과 양장점이 제조업인 기성복 기업으로 대체된 것이다. 이는 기성복 기업이 고객의 맞춤형 의복 욕구를 수용할 수 있을 정도로 기술 및 생산성 혁신을 이루어냈기 때문에 가능했다.

최근 IT 서비스가 발전하면서 기성 제조와 맞춤 제조의 경계가 허물어지는 추세다. IT 서비스를 활용해 기존 맞춤형 수제품의 단점을 극복하고 품질과 가격 경쟁력을 확보하는 사례가 생겨나고 있다. IT 기술의 발전으로 인해 제조와 서비스 간에 고객 지향성 경쟁과 효율성 경쟁이 일어나는 양상이다. 당초 수작업으로 생산하던 소규모 서비스 기업이 대형 제조 기업으로 자라났는데, 이제는 대형 제조 기업이 서비스 기업을 향해 나아가고 있다.

나이키는 NIKEiD서비스를 통해 고객들이 나이키 제품을 자신에게 맞게 디자인하도록 하는 서비스를 제공하고 있다. 이 서비스는 온라인으로도 제공되고 매장(NIKEiD Studios)을 통해서도 제공된다. 고객들은 디자이너가 되어 자신의 취향에 맞게 감각적으로 선택된 제품을 디자인하여 자신의 것으로 만들 수 있다. The NIKEiD studio는 고객에게 다양한 경험을 추가로 제공하기 위한 공간으로도 디자인되었다. 스튜디오에서 고객은 다양한 컬러, 재질의 제품을 경험할 수 있다.

유통 채널로서 서비스 라인 증대

소비재 제조 기업은 일반적으로 백화점이나 할인점 등 유통 채널을 통해 제품을 판매한다. 이런 유통 채널은 제조 기업 입장에서는 불편한 점이 많다. 고객 정보를 수집하기도 어렵고, 마케팅을 직접 할 수도 없어 불편하다. 자연스레 유통 채널로서의 서비스 라인을 갖추고 싶은 마음이 생긴다. 이에 제조 기업이 판매 및 체험 숍(Shop) 서비스를 제공하면서 고객과의 접점을 늘리고, 고객을 체계적으로 관리하고 있다. 엘지생활건강이 더페이스샵을 인수하여 화장품 유통 채널을 확보한 것이라든지, 요거트 제조기업 다논이 뉴욕에 요거트 카페를 열어 고객과의 직접 접촉라인을 강화하는 것도 이러한 사례라 할 수 있다. 고객에게 제품을 체험하게 하여 제품의 인지도와 신뢰도를 높이는 동시에, 고객 욕구를 구체적으로 조사하고 이해할 수 있어 신제품 개발에도 많은 도움이 된다.

제품에 서비스 기능 추가

제품 경쟁력을 높이거나 제품에 대한 사회적 요구를 충족하기 위해 기계자동차기업이나 전자 기업들은 지속적으로 제품에 서비스 기능을 추가하고 있다. 예를 들어, 자동차 회사는 주행 시 환경오염 물질 배출과 연료 소비를 줄이기 위해 리터당 이동거리, 연료 사용량, CO_2 배출량 등의 정보를 저장하고 이를 환경지수(eco-index)로 변환하여 운전자에게 제공한다. 운전자의 운전 습관과 환경오염 물질 배출량의 관계를 분석해 경제적인 연료 사용법을 알려주기도 한다. 주요 전자 기업들은 TV를 비롯한 가전제품에 인터넷을 자유롭게 쓸 수 있는 서비스 기능을 더해서 판매하고 있다. 많은 제품들에 서비스 기능이 부가되어 서비스기기화 되고 있다.

명품 AV 브랜드로 유명한 뱅앤올룹슨(Bang&Olufsen: B&O)의 알람시계인 '베오타임(BeoTime)'은 서비스기기로 디자인되었다. 누구나 힘든 아침 기상을 쉽게 할 수 있도록 제품을 기상 및 수면 도움 서비스기기로 디자인한 것이다. 모차르트의 마술피리에서 영감을 얻어 아침 기상을 달콤한 체험이 되도록 제품을 개발하였다. 슬립타이머 기능으로 설정된 시간에 맞추어 CD나 TV를 자동으로 끄는 기능이 있어 음악을 듣거나 TV를 보면서 편히 잠들 수 있도록 하는 등 여러 서비스기능을 추가하여 알람시계를 숙면 및 기상서비스기기화 하였다.

이처럼 제조 기업이 서비스화를 추진하는 현상은 흔히 볼 수 있게 되었다. 과제는 서비스의 경쟁력을 얼마나 더 높이느냐에 있으므로 제조 기업의 서비스화 경쟁은 가속화될 것이다.

제3절 | 서비스업의 제조업화

산업간 경계가 해체되면서 서비스기업도 제조업 패러다임을 차용하여 제조업 성격을 띠어가고 있다. 서비스산업의 주요 특징인 무형성(비가시성), 비분리성, 비일관성, 재고 불가성 특징이 점점 극복되고 있다.

서비스업의 장치산업화

인적서비스 중심의 기업들이 과학기술을 활용하여 서비스업의 무형성을 극복하면서 생산성과 경쟁력을 증대하고 있다. 예를 들어, 금융서비스업의 대표 업종인 은행은 단순 업무 프로세스들을 표준화하여 ATM 등의 자동화기기로 대체하였다. 최근에는 모바일 뱅킹을 도입하여 일선 창구 업무를 더 많이 시스템화하고 있다. 증권회사와 보험회사도 인터넷 등 과학기술 활용으로 사람이 직접 서비스하는 업무 비중을 줄이고 있다. 투자 관련 업무도 로보어드바이저 등의 도입으로 시스템화되고 있어, 금융산업이 전반적으로 기계와 시스템에 의한 장치산업이 되고 있다.

의료서비스, 지식서비스 등 많은 서비스업에 장치 산업적 요소가 증대되고 있다. 업무의 표준화 및 모듈화와 과학기술의 도입으로 서비스업의 특징인 비분리성 한계가 극복되고, 비일관성 문제가 해결되고 있는 것이다.

[그림 7-2] 은행의 셀프서비스 기기들

(제조업화 되어가는 서비스업 사례)

서비스기업의 제품 제조기업화

최근에는 많은 서비스기업들이 자신들이 제공하는 서비스와 관련되는 제품을 직접 제조하여 판매하고 있다. 마이크로소프트나 구글 같은 대표적 서비스기업들이 휴대폰 제조라인을 부가하고 있고, 카카오 같은 국내 서비스기업도 캐릭터 상품 제조 등 제조라인을 보강하고 있다.

서비스기업은 고객과의 접점에 있으면서 고객의 욕구를 가장 먼저 파악할 수 있는 유리한 입장에 있으므로, 제품 제조 라인을 부가하기 쉬운 것이다.

서비스업의 제조 역량 융합

최근 수십 년간 서비스산업의 가장 큰 변화는 전통 인적 서비스업들이 제조업의 기본 패러다임을 기업 경영에 채용하여 경쟁력을 강화한 것이다. 서비스업과 비교되는 제조기업의 중요한 특징이 연구개발 활동과 판매채널 관리라 할 수 있다. 서비스업은 비가시성과 비분리성 특징으로 인해 독립적인 연구개발 활동이 없는 경우가 많다. 서비스 업무 중에 연구개발이 사실상 동시에 수행되는 경우가 많아 숨겨진 연구개발이라고도 표현한다.

그런데, 이제는 서비스기업들이 명시적인 연구개발 활동을 수행하여 기업 경쟁력을 강화하고 있다. 프랜차이즈 산업의 발전이 대표적인 명시적 연구개발 활동 강화 사례이다. 소규모 개별 기업으로 운영할 때는 숨겨진 연구개발일 수밖에 없는 활동들이 프랜차이즈화 되면서 명시적 연구개발로 되어 기업 경쟁력이 높아지는 것이다.

프랜차이즈가 아니어도 개별 산업 내에서의 필요에 의해 연구개발 활동이 독자적으로 강화되는 경우도 있다. 예를 들어, 엔터테인먼트 서비스업의 경우 연예기획사에서 연구개발을 명시적 활동으로 수행하고 있다. SM엔터테인먼트나 JYP 등 연예기획사들은 아이돌 그룹 멤버 후보를 이른 시기에 모집하여 수년간의 훈련을 거쳐, 즉 연구개발과 시험 활동을 수행하여, 시장에 출시하는 시스템을 도입하고 있다. 이러한 제조 융합 시스템으로 아이돌 그룹의 경쟁력을 강화하여 세계 시장 점유율을 높이고 있는 것이다.

또한 전통 서비스기업들은 판매 채널이 단순하다. 직접 생산하여 직접 판매하는 것이 대부분이기 때문이다. 하나투어 등의 여행사들은 도매 여행사 개념을 도입하여, 생산 활동인 상품기획 활동과 판매 활동을 분리하여 성공하고 있는 사례다. 제조기업이 활용하는 다양한 판매 방식을 전통 서비스기업도 채용하여 규모를 확대하고 경쟁력을 강화하고 있는 것이다.

서비스업의 전통적 한계 극복

서비스업은 기본적으로 서비스를 재고로 저장하여 나중에 판매할 수 없어 경영상 어려움이 많다. 그러나 과학기술의 발달로 재고 불가성 문제도 극복되어가고 있다. 예를 들어, 교육서비스의 경우 강의를 녹화하여 인터넷 등을 통해 공급함으로써 비분리성과 재고 불가성 문제를 극복하고 있다. 따라서, 서비스업에도 승자독식 현상이 일부 발생하고 있다. 제조업의 경우 우수 제품이 시장 전체를 장악하는 일이 보편적이지만, 서비스업에서는 공급자와 소비자의 비분리성과 재고 불가성 특징으로 인해 우수 서비스가 시장을 크게 장악하기는 어려웠다. 그러나 이제 과학기술의 도움으로 서비스업의 경영상 어려움들이 극복되기 시작하면서 우수한 서비스가 더욱 시장점유율을 높이고 더욱 경쟁력을 강화할 수 있게 되었다.

서비스의 대형 산업화가 어려웠던 이유가 무형성, 비분리성, 비일관성, 재고 불가성 등 전통적 서비스의 특성에 있었다. 과학기술이 발전하고, 서비스기업들의 자체 혁신 노력이 가속화되면서 이들 어려움들이 극복되어가고 있다. 즉 제조 프로세스와 같이 서비스 제공 프로세스도 모듈화되고 가시화되어가고 있어서 제조 융합이 확산되고 있다. 인터넷과 인공지능의 도입으로 비일관성과 비분리성으로 인한 어려움들은 많이 개선되고 있다.

[그림 7-3] 온라인 강의로 비분리성/무재고성을 극복하고 있는 교육서비스

(K-MOOC 사례 / 세계 유명대학들과 사설학원들이 선도하여 교육서비스 혁신 중)

이와 같이 서비스기업들은 제조업의 강점을 적용하여 경쟁력을 강화하고 있으며, 이를 통해 기존에 산업화가 어려웠던 많은 서비스업들이 서비스산업화 하고 있고, 또 글로벌화가 어려웠던 많은 서비스업들이 글로벌 서비스산업화하고 있다. 서비스업이 제조기업의 특징을 차용함으로서 과거에 교역재화가 되지 못하였던 많은 무형적 서비스 활동이 교역이 가능한 서비스재화가 되고 있는 것이다.

제4절 | 제4차 산업혁명시대의 경영

경영은 기업이 처한 새로운 환경에 부합해야 한다. 제4차 산업혁명시대를 맞아 기술과 경제와 사회가 모두 크게 변화하고 있다. 4차 산업혁명시대의 신경영은 창조적 무형경영이다. 전 산업이 경계가 없어진 고객 중심의 서비스 비즈니스이므로, 신경영에서는 눈에 잘 보이지 않는 무형재화를 창출하고 효과적으로 경영하는 것이 핵심이다.

4.1 파괴적 혁신과 기업생태계

제4차 산업혁명시대의 가장 큰 특징은 파괴적 혁신의 일상화라고 할 수 있다. 클라우스 슈밥이 과학기술과 디지털화가 모든 것을 완전히 바꾸는 것이 제4차 산업혁명이라고 주장하였듯이, 많은 것이 새롭게 변화될 것이다.[1)]

물리학 기술, 디지털 기술, 생물학 기술이 각기 또는 함께 발전하면서 새로운 과학기술에 의한 혁신 시대가 도래할 것이다.

---

1) 클라우스 슈밥 저, 제4차 산업혁명(The Fourth Industrial Revolution), 송경진 옮김, 새로운 현재, World Economic Forum, 2016.4.

따라서 4차 산업혁명시대에는 전체 산업 간의 전방위 경쟁 체제가 될 것이며, 생태계간의 경쟁도 심화될 것이다.

이를 그림으로 도시하면 아래와 같다.

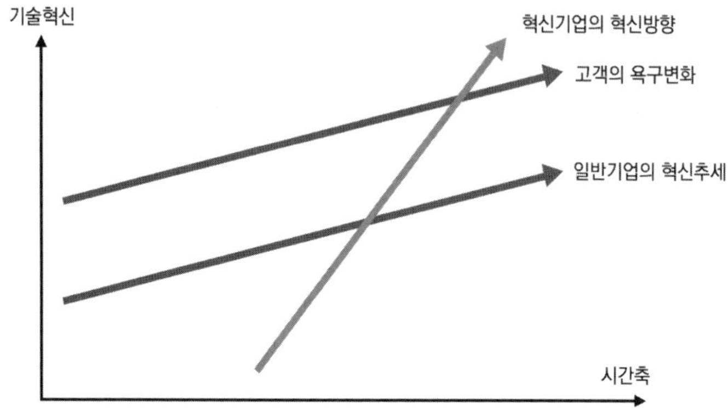

[그림 7-4] 파괴적 혁신 시대의 경쟁

즉 위 그림과 같이, 산업 간에 생태계 경쟁과 함께, 일반기업과 혁신기업간의 경쟁이 심화될 것이다. 일반기업은 대체로 자신의 고객과 해당 산업분야의 시장에 초점을 두고 경영한다. 따라서 시장과 고객의 욕구 변화를 주시하면서 경영활동을 그에 맞추어 수행한다. 위 그림과 같이 기존 고객 및 기존 시장을 일반기업은 잘 따라가고 있는 것이다. 한편 혁신기업은 근본적 고객의 욕구 또는 잠재된 고객의 욕구에 주목하고, 혁신적 기술 개발을 추구한다. 따라서, 일정 시점 이후에 파괴적 혁신이 일어나면, 일반기업은 쇠퇴하고 혁신기업이 산업의 중심이 된다. 민첩하고 혁신적인 역량을 갖춘 기업들은 연구개발, 마케팅, 유통 부문에서 일반기업과 달리 새로운 플랫폼을 활용하여 혁신을 추진하기 때문에 기존의 거대한 일반기업들을 쉽게 추월할 수 있는 것이 현대 경제의 특징이다. 가장 위협적인 경쟁자는 산업내의 기업이 아니라 눈에 보이지 않는 혁신기업인 것이다. 이것이 제4차 산업혁명시대의 기업 경쟁 생태계다.

이러한 위험을 인식하고 기존 기업들도 스타트업 기업의 특성을 조직에 반영하려고 노력하고 있다. GE처럼 거대한 기업도 이미 스타트업 기업들을 벤치마킹하여 스타트업 기업의 혁신 DNA를 조직에 이식하기 시작했으며, 세계적으로 유수의 거대기업들이 이와 같은 방향으로 조직 혁신을 추진하고 있다. 거대 기업들도 축적된 다양한 기술과 폭넓은 고객층을 기반으로 혁신을 추구한다면 작고 민첩한 기업으로부터의 위협을 이겨내고 계속 성장해갈 것이다.

따라서 작고 민첩한 혁신기업과 거대한 혁신적 일반기업간의 전방위 경쟁이 제4차 산업혁명시대의 주요 특징이다.

세계경제포럼의 소프트웨어와 사회의 미래에 관한 글로벌어젠다 카운슬에서 2015년 발표한 자료에 의하면 파괴적 혁신의 정도를 짐작할 수 있다. 아래 표에 2025년에 60% 이상의 확률로 발생할 티핑 포인트를 발췌하여 제시한다.

할 수 있다. 이는 고객 대응 능력 향상을 의미한다. 한편 고객도 기업의 제품과 서비스의 기획과정, 생산 및 제공 과정, 경영 과정 등에 대한 다량의 데이터에 접근할 수 있어 더 많은 소비자 권력을 가질 수 있다.

사용자가 스토리를 만들어내고, 여러 기업들의 제품과 서비스를 다수의 사용자가 비교 분석할 수 있으므로, 기업들의 고객 전략은 새로운 국면을 맞이한다. 즉 기업과 고객 간의 경계가 소멸되고 사실상 한 단위로 조직이 운영되는 상황에서의 고객 경영이라고 할 수 있다.

이러한 투명한 신경제 고객기반의 변화를 간파하고 샤오미는 휴대폰 제조 전 과정을 고객과 함께 하여 큰 성공을 거두었다. 샤오미는 자신을 휴대폰 제조기업이 아니라 인터넷기업이라고 선언하는 등 고객기반의 적극적 활용을 선도하고 있다. 많은 선도적 기업들이 고객과의 소통을 강화하며 구축된 고객기반을 사업 성장에 활용하고 있다.

모바일 기기와 사물인터넷이 고객기반의 변화를 더욱 촉진하고 있다. 선진국은 물론이고 후진국에서도 모바일 기기는 대세가 되고 있다.

기업고객의 기반도 개인고객과 마찬가지고 변화되고 있다. 기업 간 비즈니스에서도 공급자와 수요자의 경계가 소멸되고 윈윈 파트너십 체제로 변화되고 있다. 고객 기업의 성공이 공급자 기업의 성공이라는 비즈니스의 수평성 철학이 확산되고 있다.

4.3 기업운영모델의 변화

신경영의 기업운영모델은 서비스중심논리를 구축하는데 초점이 있다. 신경제는 서비스네트워크경제로 이동하고 있고 기업운영은 수평적 플랫폼 기반으로 가고 있다. 경영 부문별로 차이점을 살펴보자.

[표 7-2] 전통적 운영과 신경영 운영모델

경영부문	전통적 운영모델	신경영 운영모델
구매 · 조달	물적 자원 중시 효율성 중시	인적 자원 중시 효과성 중시
생산	기술완전성 강조 기능 및 성능 중심	프로세스 개선 강조 인적 자원 혁신 중심
마케팅 및 판매	일방향 판매 전략 기술 및 성능 중시	양방향 판매 전략 경험 및 충성도 중시
유지보수	무료서비스 최소화 대상 활동	유료서비스 수익창출 원천 활동
R&D	원천기술개발 중시 기술혁신 중시	융합 및 결합 중시 고객 욕구 중시
경영전략	원가, 차별화 중심 블루오션 등	고객과 대화 중시 고객 가치 중시

필요자원의 구매·조달 방식

전통 제조업은 원재료나 반제품을 구매한 뒤 반제품이나 완제품을 생산하여 판매하는 업무가 중심이다. 따라서 생산기술 개발과 혁신이 주요 과업이다. 제품을 잘 만들면 판로는 있기 마련이라고 가정하고, 고품질 제품 생산에 주력했다. 반면, 최근의 제조업은 생산과잉 시대에 살아남기 위해 디자인과 마케팅, 고객 서비스 등 서비스 역량을 키우는 데 많은 노력을 기울인다. 삼성전자나 LG전자 같은 대형 IT기업은 수백 명 이상의 디자인 인력을 자체 보유하며 서비스에 투자하고 있다. 또 예전에는 영업 인력이 대부분이었으나 이제는 마케팅 인력을 대폭 늘려 전략적 서비스 역량을 강화하는 추세다.

이와 동시에 자원에 대한 인식도 달라졌다. 원재료나 반제품, 노동 인력 등의 정태적 자원 개념에서 유동적이고 융통성 있는 동태적 자원의 개념으로 바뀌고 있다. 과거에는 '필요한 자원을 획득할 수 있는가', '자원의 가격은 적정한가' 등의 질문을 먼저 했다. 과거의 자원은 정태적이므로 '있다', '없다', '가격이 적정하다', '가격이 적정하지 않다' 등으로 명확하게 답이 나왔다. 노동력 자원을 예로 들어보자. 기업들은 국내 인건비 단가가 적정하지 않다고 판단하는 경우 중국 등 해외로 생산기지를 이전했다. 부품 및 원재료를 조달할 때도 마찬가지로 의사결정을 내렸다. 그러나 서비스경제 시대에는 제조 기업이 생산하는 제품일지라도 서비스를 동반하는 경우가 대부분이다. 그러면서 자원을 보는 시각이 달라졌다. 동태적이고 유동적이라는 인식이 늘어났다. 인적자원에 대해서도 과거에는 숫자를 중시했으나 지금은 모 그룹 회장이 '천재 한 명이 10만 명을 먹여 살린다'는 말을 할 정도로 질적인 면을 중시한다. 제품 디자인도 마찬가지다. 기능과 성능 중심으로 제품을 설계했던 과거와 달리 최근에는 고객 욕구를 충족시키는 서비스를 제품에 부가할 수 있는 디자인을 중시한다. 통신 기능만 있던 휴대전화기가 인터넷 검색과 다양한 응용 서비스를 원하는 고객 욕구에 발맞춰 이런 서비스를 탑재할 수 있는 스마트폰으로 디자인된 사례가 대표적이다. 고객 욕구를 중심으로 제품이 디자인되는 지금, 필요자원은 인간의 상상력, 고객 욕구 파악 능력, 현존하지 않는 새로운 자원 창출 능력 등 다각도로 확장된다.

이는 제조 기업의 자원 조달 및 경영 활동에서도 창조 활동이 강화되고 있다는 말이다. 과거에도 혁신을 선도한 여러 기업이 기술개발을 통해 무에서 유를 창조하며 새로운 제품을 만들어내기는 했지만, 현대 서비스경제에서는 그 정도가 훨씬 넓고 크다. 과거에는 과학기술의 혁신만으로 신제품을 낼 수 있었으나 현대에는 과학기술 혁신은 물론이고 인간 감성의 혁신, 사회과학 혁신까지 동원해서 새로운 서비스를 더한 제품을 개발해내야 한다.

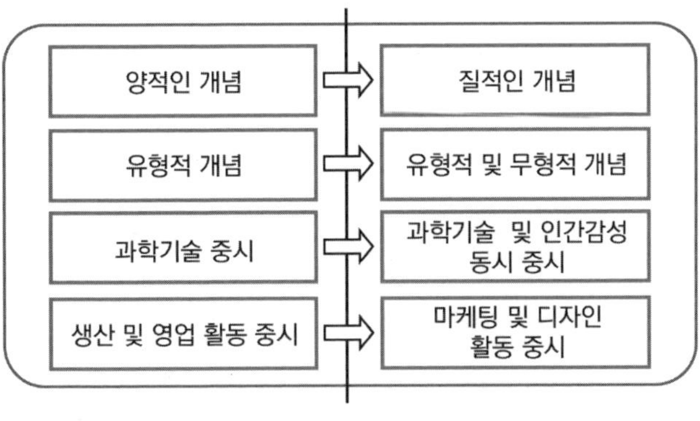

[그림 7-5] 서비스경제하의 기업의 자원 개념 변화

서비스경제에서 제조기업은 자원에 대한 개념을 먼저 전환해야 한다. 양에서 질로, 유형에서 유형과 무형의 융합으로, 과학기술 중심에서 과학기술과 인간 감성을 모두 중시하는 방향으로, 생산과 영업 중심에서 마케팅 및 디자인 중심으로 바꾸어야 한다.

전통 서비스기업도 자원에 대한 인식에서 변화를 겪고 있다. 기존에는 인적자원을 양적인 투입요소로 생각했다. 단순 노동이 많았고, 인적자원의 역량에 큰 차이가 없다고 가정했기 때문이다. 그런데, 과학기술 발전으로 단순노동의 기계대체와 프로세스 자동화가 촉진되면서 인적자원에 대한 인식이 변화하고 있다. 창조적 협동역량이 인적자원의 가장 중요하고 필요한 역량임을 인식하고, 인적자원 개발을 강화하고 있다. 인적자원의 양보다 질을 중시하며, 질적인 관리를 강화하고 있다.

생산 부문의 경영 방식

전통 제조업은 고품질의 제품을 생산하는 데 주력했다. 제품 100만 개 가운데 불량품을 3~4개 이하로 관리하는 식스시그마 활동은 이제 제조업에 뿌리 내린 일상이 되었다. 우수한 기능과 성능, 완전에 가까운 품질을 유지하는 일이 생산관리의 핵심이었다. 최근에는 여기에 고부가가치와 서비스 개념이 더해졌다. 일상적인 제품의 부가가치율이 낮아지면서 부가가치가 높은 제품 생산의 필요성이 커졌고, 서비스경제를 살아가는 고객들이 제품에서 서비스 욕구를 충족하려고 하기 때문이다. 전화를 휴대하는 것만으로도 고맙다고 생각하던 고객들이 이제는 인터넷 검색이나 DMB 서비스가 되지 않는 휴대폰에는 불만을 품는다. 자동차도 마찬가지다. 실내가 안락하고 고장 없는 안전한 이동수단에 만족하던 고객들이 이제는 지능적인 서비스를 제공하는 거실과 같은 자동차를 원한다. 내비게이션, TV, 날씨 및 교통 예보, 각종 정보 안내 서비스 등을 요구한다. 인간의 욕구는 본질적으로 무한하기 때문에 이를 충족시키기 위해 제품을 고급화하고, 제품에 서비스를 부가하는 추세는 더욱 강화될 것이다.

제조 기업이 고부가가치 제품과 서비스 융합 제품을 지속적으로 개발·생산하기 위해서는 프로세스 혁신과 인적자원의 혁신이 필수이다. 서비스경제 시대 제조 기업의 생산 활동은 이 두 가지로 요약된다. 고객 욕구를 충족하려면 생산 프로세스의 매 단계마다 고객 중심 활동이 수반되어야 한다. 최종 목표 산출물의 용도와 사용 방식이 생산 현장에도 반영되어야 한다. 고객의 욕구는 지속적으로 진화하므로 프로세스 혁신도 지속적으로 이루어져야 한다. 한편 인적자원은 고부가가치 및 고품실 생산 활동에 결정적인 역할을 한다. 제품에서 사소한 기능과 성능의 차이가 고객에게 불편을 주는 원인이 될 수 있는데, 생산 인력이 고객 입장에서 이런 차이를 인식하고 현장에서 지속적으로 개선하려고 노력할 때 고객에게 유용한 고품질의 제품을 생산할 수 있다.

전통 서비스기업들도 서비스 생산 방식에 큰 변화를 추구하고 있다. 기존의 순수 인적서비스를 제조업 특성을 가진 혼합형 서비스로 혁신하고 있다. 프로세스를 모듈화하고 표준화하여 기계로 대체하고 있다. 글로벌 플랫폼을 구축하여 네트워크 경제의 장점을 최대한 활용하고 있다.

박스사례

로컬모터스(Local Motors)

미국 자동차회사 로컬모터스(Local Motors)는 기술혁신과 프로세스혁신으로 기존 자동차 산업을 재창조하고 있다. 로컬모터스는 2018년 1월 라스베가스 CES 전시회에서 장애가 있는 사람들도 이용할 수 있는 자율주행 서틀 차량 올리(AccessibleOlli)를 발표하였다. 3D 프린터로 제작한 전기차 버스 올리는 IBM과 협업하여 인공지능시스템을 장착하고 시각장애자 등도 이용할 수 있도록 개발되었다. 개발과정도 크라우드 소싱 방식으로 전세계의 광범위한 파트너들과 헥카톤 및 워크샵 등을 통해 디자인하는 등 혁신적 프로세스를 구현하고 있다. 2014년 미국 백악관에서 열린 메이커페어에서 혁신의 대표기업으로 찬사를 받은 바 있는 이 기업은, 생각이 앞선 수준을 넘어서 행동까지 앞선 기업이다. 홈페이지 초기 화면에서도 자신들의 철학을 강조하고 있다(We prefer to be called action-leaders rather than thought-leaders. But we do have thoughts about that).

잠재 고객을 개방적 협업파트너로 참여시켜 자동차 디자인 생산 출시 판매의 전 과정을 함께 하고 있고, 부품업체와도 광범위한 파트너십을 구축하고 있다. 판매, 마케팅도 SNS로 한다. "제조업은 장치산업이 아니라 협업에 의한 소프트웨어산업인 만큼 얼마든지 대규모 공장 없이 값싸게, 빨리 자동차를 생산할 수 있다"는 게 로컬모터스 측 논리다.

로컬모터스는 이미 44시간 만에 3D프린터로 찍어낸 전기자동차 '스트라티(Strati)'를 공개하여 자동차 산업의 혁신을 리드한 바 있다. 부품 수 40여 개, 차체 무게 450파운드 정도의 자동차가 디자인되고 프린터로 생산될 수 있음을 보임으로써 자동차산업의 비즈니스모델을 혁신하였다. 소비자들이 오픈소스를 통해 직접 디자인을 내려 받고 원하는 대로 자동차 모양을 수정, 프린트할 수 있다. 로컬모터스는 클릭(Click) → 프린트(Print) → 드라이브(Drive)라는 단순한 과정을 거쳐 자동차를 생산하는 게 목표다. 머지않은 미래에 각자 집에서 인터넷으로 클릭하면 쉽게 자동차를 생산하는 시대를 꿈꾸고 있다.

이렇게 제조업을 서비스업으로 전환하여 제조 활동을 새로운 방식으로 수행하는 신형 제조업이 확산되고 있으므로, 신기업의 경영자들은 기존 업종의 구분을 넘어서는 파괴적 경영이 필요하다.

출처: 온라인 중앙일보, [혁신의 현장을 가다 | 로컬모터스] 자동차 제조에 오픈 이노베이션 도입, 2016.12.11. 문희철 기자, 매경이코노미 제1826호 (2015.09.23.~10.06일자), 김경민 기자 기사, 로컬모터스 홈페이지 https://localmotors.com/ 등 참조 발췌 편집 사례 구성

마케팅 및 판매 방식

전통 제조업에서 판매 활동은 고객에게 제품을 알리고, 기능과 성능의 우수성을 인지시키는 데 중점을 뒀다. 그러나 서비스경제 시대에는 단순히 제품을 알리는 수준으로는 판매에 성공하기 어렵다. 또 제품의 기능과 성능이 우수한 것만으로는 고객에게 매력을 주지 못한다. 기능과 성능 이상의 무엇이 있어야 한다. 제품의 매력도를 높이기 위해 고객과 함께 공동 마케팅을 할 수도 있고, 제품 출시 전에 고객에게 제품을 미리 경험하게 하여 고객 충성도를 높일 수도 있다. 단순한 시장점유율이나 당기순이익보다 로열티 있는 고객 확보가 중요하므로 기업들은 서비스를 부가해 고객 잠금 효과를 높이려고 한다. 때문에 기업에서 고객에게로 향하는 일방향 마케팅이 아니라 고객과 기업이 상호 소통하는 쌍방향 마케팅이 중요해진다.

판매 대상과 방식에도 변화가 많다. 제품을 일시불로 판매하던 방식을 탈피해 제품을 대여한 뒤 월 사용료 및 유지보수비를 받는 방식, 즉 서비스로 판매하는 방식이 늘어나고 있다. 서비스로 제품을 판매할 경우 고객 경험과 부가서비스의 중요성이 커진다. 서비스경제의 성숙과 함께 소유에 대한 의식 변화도 이러한 판매 방식의 변화를 촉진하고 있다. 공유 경제의 확산은 전통 제조 기업의 서비스화를 부채질한다. 실제 자동차 공유 서비스(Car Sharing Service) 등 제품을 나눠 쓰는 서비스를 제공하는 기업이 늘어나고 있다. 본격적인 저성장 시대를 맞이해 효율적인 소비 욕구가 커짐에 따라 제조 기업들의 판매 방식에도 많은 변화가 예상된다.

서비스기업들도 마케팅 및 판매 방식을 변화시키고 있다. 고객 경험 가치에 기반을 둔 마케팅 전략, 플랫폼 기반을 강화한 마케팅 전략, 제품과 연계한 서비스 마케팅 전략, 제조기업보다 많은 방대하고 상세한 고객 데이터에 기반을 둔 마케팅 전략을 개발하고 있다.

유지보수 등 판매 후 활동

전통 제조업에서 판매 후 활동은 부가가치를 창출하지 않는 순수한 무료 서비스였다. 판매 후 일정 기간까지는 무료로 유지보수 서비스를 제공하고, 일정 기간이 지나면 부품값과 출장비 등을 받는 실비 수준의 비수익활동이었다. 서비스경제 시대에는 판매 후 활동의 중요성이 매우 커지고 있다. 자동차나 가전제품같이 판매와 재판매 사이의 간격이 상당한 경우에는 더욱 그렇다. 기업은 이 기간 동안에 전혀 수익을 내지 못하므로 수익을 창출할 수 있는 방안을 마련해야 한다. 제품의 품질이 좋아지면 판매 후 재판매까지의 시간 간격이 더욱 커질 가능성이 높으므로 판매 후 활동에서 수익을 창출할 수 있어야 기업의 수익성이 유지될 수 있다.

선진 기업은 이런 문제를 인식하고 판매 후 활동에서 수익을 창출할 수 있는 방안을 마련하기 시작했다. 예를 들어, 현대자동차는 '와인 잔을 가득 채우자'라는 슬로건을 내걸고 판매와 재판매 사이의 수익원천을 발굴했다. 자동차 판매 후 다음 판매까지 고객과의 접촉이 단절되어 수입을 올릴 수 없던 과거의 방식을 탈피하여, 각종 부가서비스를 개발해 와인 잔을 가득 채우고 이 서비스들을 고객에게 제공하여 추가 수익을 확보하는 전략이다.

이 방식은 부가서비스를 통해 추가 수익을 올릴 수도 있거니와 고객과의 지속적인 커뮤니케이션 통로를 제공해 신제품 판매에도 매우 유리하게 활용할 수 있다. 고객에게 부가서비스를 제공할 때 신제품의 우수한 성능과 편리한 서비스 관련 정보를 함께 제시해 고객의 잠재된 구매 욕구를 조기에 촉발할 수 있기 때문이다.

엘리베이터나 중장비 등 고가 제품은 유지보수 활동이 매우 중요하므로 이를 별도 서비스로 판매하는 경우가 많다. 원격 점검 및 수리를 포함해 여러 가지 유지보수 방식의 대안을 금융 상품처럼 다양한 상품으로 구비해두고, 고객 입맛에 적합한 상품을 골라서 판매한다. 일반 제조 기업에서도 앞으로는 이처럼 다양한 서비스 상품을 설계·판매하여 수익을 개선하려는 노력이 커질 것으로 보인다. 판매 활동만큼이나 판매 후 활동이 중요하고 복잡해지리라고 예상되므로 마케팅 전문가의 역량이 서비스 상품 설계부문에까지 강화되어야 하겠다.

서비스 기업이 서비스 판매 후 재구매를 창출하려면 고객과의 신뢰 구축과 충성도 제고가 필요하다. 서비스기업은 고객과의 견고한 신뢰기반을 구축하기 위한 활동을 강화해야 한다.

연구개발 부문

전통 제조업은 원천기술 개발이 중요하다. 기술 혁신으로 우수한 원천기술을 확보하면 장기간 고수익이 보장되는 경우가 많다. 그러나 서비스경제가 도래하면서 고객의 취향과 욕구를 충족시키는 융합제품 및 결합서비스의 가치가 높아졌다. 우수한 기술보다는 고객 욕구를 충족시키는 기업의 융합 역량이 수익 창출에 훨씬 중요한 역할을 하는 시대가 되었다.

매출 대비 수익성이 가장 높은 제조 기업 가운데 하나인 애플사의 사례를 보자. iPhone을 개발할 때 그들은 별도의 원천기술을 개발하지 않았다. 휴대폰 통신 기술, 인터넷 검색 기술, 음악 및 동영상 스트리밍 서비스 기술, 컴퓨터 서비스 기술 등 기존의 원천기술을 그대로 사용했다. 오직 운영체제만 자체 개발하였다. 기존의 운영체제로는 고객의 복잡한 요구를 모두 수용해 충족시키기가 어렵다고 판단

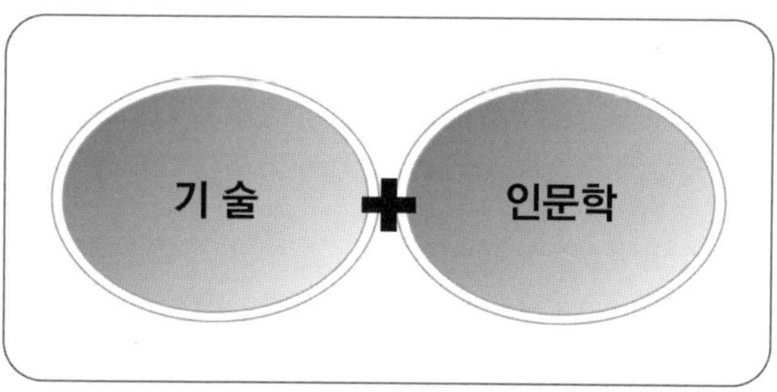

[그림 7-6] 기술과 인문학이 결합된 기업의 R&D활동

했기 때문이다. 이처럼 새로운 제품을 개발할 때 고객의 잠재 욕구를 충족하는 데 필수적인 기술만 자체 개발하고, 나머지는 기존 기술을 차용하는 방식이 서비스경제 시대의 전형적인 제품 개발 방식이다.

고객의 잠재 욕구를 발견해내고, 현존하는 기술을 결합하여 그 욕구를 충족시킬 수 있을지 탐색하는 일이 연구개발(R&D)의 중심 과제가 되었다. 기술과 인문학이 결합된 것이다. 이에 부합하려면 연구개발 프로세스와 인력 구성 측면에 많은 변화가 필요하다. 기술 인력과 인문학 전문 인력을 모두 보유하여 기술 혁신뿐 아니라 고객 욕구 분석을 중시하고, 응용 기술과 서비스 기술을 개발해야 하겠다.

서비스기업의 연구개발도 기술과 인문학이 결합되어야 한다. 고객의 욕구는 제품과 서비스가 결합되어야 제대로 충족될 수 있기 때문이다.

[표 7-3] 신기업의 연구개발 활동 변화

경영부문	전통적 연구개발	서비스적 연구개발
프로세스	기술혁신 강조	고객 욕구 분석 강조
인력구성	제품 분야 전문 인력	제품 기술 전문 인력 인문학 전문 인력
기간	중장기 연구개발 병행	단기 및 중기 중심
특징	원천 기술 개발 강조	응용기술 및 서비스 기술 강조

경영전략

전통 제조업은 원가우위, 신시장 개척, 집중화, 차별화 등 고전적인 경영전략을 사용했다. 전략을 세우거나 수행하는 방식도 주로 하향식이었다. 중장기 비전을 설정하고, 이를 달성하기 위한 구체적인 전략을 수립해 실천하는 방식이다. 그러나 서비스경제에서는 고객 욕구 충족 여부가 주요 경쟁요소이기 때문에 하향식 전략 수립 및 수행 방식은 많은 위험을 수반한다. 멋진 전략을 세워 시행하려고 하면 목표했던 시장과 고객 욕구는 이미 먼 곳으로 이동하고 있는 경우가 수시로 생긴다. 전통적인 방식으로 경영전략을 세우면 실패할 확률이 커졌다.

대안은 고객과의 접촉 창구를 항상 열어놓고 실시간으로 대화하며 전략을 수정 보완해나가는 것이다. 고객이 중요하게 생각하는 가치는 무엇이며, 고객은 어떤 서비스를 원하며, 잠재된 고객의 욕구는 무엇일지를 지속적으로 고객과 접촉하면서 파악하는 활동이 경영전략의 중심이 되어야 한다. 제품 개발, 마케팅 및 판매, 유지보수 활동 등 모든 경영 부문에서 고객과의 접촉 창구가 공고해지도록 경영선략을 수립하고, 전사적인 차원에서 대고객 활동을 강화할 필요가 있다.

서비스기업의 전략도 제조업과 마찬가지로 실시간 전략 모드가 바람직하며, 특히 융합경제 특성을 반영하여 제품을 융합한 새로운 비즈니스 개발 전략을 중시해야 한다.

제4차 산업혁명시대에는 파괴적 혁신 생태계 변화에 능동적으로 대응하기 위해 기업 간, 산업 간에 수평적 협력모델 구축이 중요하다. 산업의 디지털 전환이 촉진되고 있으므로, 기업들은 플랫폼 구축이나 플랫폼 활용 노력을 강화해야 한다.

자동차가 이제 바퀴달린 컴퓨터가 되었듯이, 제품과 서비스의 경계가 없어지고, 전체 산업이 고객에게 서비스하는 서비스산업이 되고 있다. 즉 신경영은 서비스경영이라고 할 수 있다.

따라서, 새로운 경영은 눈에 잘 보이지 않는 무형재화인 서비스를 중심으로 다루는 경영이다. 또 파괴적 혁신 생태계의 보편화로 인해 눈에 잘 보이지 않는 기업들의 위협이 더 중요해진다. 신경영은 눈에 잘 보이지 않는 무형재화의 창출에 보다 집중해야 한다.

새로운 경영은 눈에 잘 보이지 않는 것을 마음의 눈으로 보고 경영하는 활동이고, 경영자의 최고 역량은 눈에 잘 보이지 않는 것을 마음의 눈으로 볼 수 있는 역량이다. 무형재화 관계재화인 서비스의 본질에 충실해야 한다.

참고문헌

기텔, 조디 호퍼 저, 사우스웨스트방식, 황숙경 옮김, 도서출판 물푸레, 2003.

김광재, 김현수 외 8인, 지식경제시대의 서비스사이언스, 생능출판사, 2011년 2월.

김광재 외 9인, 서비스 혁신 연구 : 프레임워크와 연구이슈, 대한산업공학회지, Vol. 35, No. 4, 2009, pp.226-247.

김경민, 매경이코노미 제1826호 (2015.09.23.~10.06일자) 기사.

김위찬, 르네 마보안 저, 블루오션전략, 교보문고, 2005.

김현수, 서비스본질 기반의 서비스산업 정책방안, 서비스연구, 제7권 제1호, 2017.3, pp.15-26.

김현수, 4차 산업혁명의 서비스경제화 촉진 연구, 서비스연구, 제6권 제3호, 2016.9, pp.15-28.

김현수, 전통경제에서 신경제로의 이행전략, 서비스강국코리아 2015 자료집, 2015.12, pp.175-185.

김현수 외 2인, 서비스네트워크경제 이행로드맵, 서비스강국코리아 2015 자료집, 2015.12, pp.269-286.

김현수 외 5인, 고객가치기반의 마케팅인텔리전스 솔루션 기술개발, 연구보고서, 2011.

김현수, 경영프로세스혁신, 국민대학교 출판부, 2006.

김형택, 동아비즈니스리뷰 기고, 2016.3, p.77.

노자, 도덕경, 장기근 역, 삼성출판사, 1982.

데이비스, 레이, 알란 샤더 저, 움프쿠아처럼 체험을 팔아라, 유영희 역, 파인트리, 2007.

드러커, 피터 저, 경영의 실제, 이재규 옮김, 한국경제신문, 2006.

드러커, 피터 저, 변화리더의 조건, 이재규역, 청림출판, 2000.
드러커, 피터 외 저, 미래의 기업 어디로 갈 것인가, 이재규, 서재현 옮김, 한국경제신문, 2005.
램브레히트, S.P. 저, 서양철학사, 김태길 외 2인 역, 을유문화사, 1963.
매일경제 더비즈타임스, "GE 글로벌 HR 총책임자인 수전 피터스 인터뷰 기사", 2016.7.1.
수크테브, 파반 저, 2020 새로운 기업이 온다: 지속가능한 기업의 4가지 조건. 이재석 역, Lemon Culture, 2014.
슈밥, 클라우스 저, 제4차 산업혁명(The Fourth Industrial Revolution), 송경진 역, 새로운 현재, 2016.4.
에더샤임, 엘리자베스 하스 저, 맥킨지의 모든 것, 안진환 역, 스마트비즈니스, 2006.9.
윌리암스, 쥬디, 크리스 라반 저, 심리학의 즐거움, 김문성 역, 서울: 휘닉스, 2007, pp.779-781.
이기동 역해, 주역강설, 성균관대학교 출판부, 2010.
이나모리 가즈오 저, 좌절하지 않는 한 꿈은 이루어진다, 홍성민 역, 더난출판사, 2011.
이나모리 가즈오 저, 카르마 경영, 김형철 역, 서돌, 2005.
이문규, 안광호 저, 서비스마케팅&매니지먼트, 집현재, 2011.
이주희, 강자의 조건, MID, 2014.
장병열 외 2인, 제품서비스 융합을 위한 서비스 R&D 전략, 과학기술정책연구원 연구보고서, 2010.12.
지몬, 헤르만 저, 히든 챔피언, 이미옥 역, 서울: 흐름출판, 2008.
황석공 원저, 문이원 편저, 신연우 감수, 소서(素書) -삶의 근원은 무엇인가, 동아일보사, 2015.
히라마쓰 요이치, 『일본 최고의 가게는 다르다』, 장미화 옮김, 서울: 랜덤하우스

코리아, 2005.

Baron, S. Warnaby, G. and Hunter-Jones, P., "Service(s) Marketing Research: Developments and Directions", International Journal of Management Reviews, Vol 16, Issue 2, 2014, pp. 150-171.

Fahnrich, K. P. and Meiren, T., "Service engineering : state of the art and future trends", In Spath, D. and Fahnrich, K.P. (Eds), Advances in Service Innovations, Springer, Berlin, Germany. 2007.

Fitzsimmons, James. A. and Mona J. Fitzsimmons, Service Management: Operations, Strategy, Information Technology, 7th ed., McGraw-Hill International Edition, 2011.

Hastings, Reed, Netflix Culture: Freedom & Responsibility, 2009.

Ivanović, A. and Fuxman, L., "Productivity and Innovation in Services: The Multidisciplinary Perspective Offered by Service Science", Service Science Research, Strategy and Innovation: Dynamic Knowledge Management Methods, 2012, pp. 170-183.

Kano, N., "Life Cycle and Creation of Attractive Quality," Proceedings of International QMOD Conference on Quality Management and Organizational Development, 2001.

Kim, Hyunsoo, S.Y. Kim, "Introduction of the 'Service Industry Development Index' : Initial Thoughts on the New Paradigm Shift", Journal of Service Science Research, Vol.8, No.1, 2016.6, pp.85-94.

Lusch, R.F., S.L. Vargo, G. Wessels, "Toward a conceptual foundation for service science: Contribution from service-dominant logic", IBM Systems Journal, Vol.47, No.1, 2008.1, pp.5-14.

Maguire, Garvin, "Practices for effective service design", Proceedings of the International Conference on Knowledge Services, The Ministry of Knowledge Economy, Korea, 2011.11, pp. 97-140.

Mehta, Pavithra, "Infinite Vision: The Story of the Aravind Eye Hospital", uTube Lecture, 2012.

Mills, John, Elena Neaga, Glenn Parry, and Valerie Crute, "Toward a framework to assist servitization strategy implementation", POMS 19th Annual Conference, La Jolla, CA, USA, May 2008.

Mont, O., "Clarifying the Concept of Product-Service System", Journal of Cleaner Production, Vol 10, No.3, 2002, pp. 237-245.

Moris, R., SSME(Service Science Management and Engineering) Conference, 2006.

Ostrom, A.L., Bitner, M.J., Brown, S.W., Burkhard, K.A., Goul, M., and Smith-Daniels, V., "Moving forward and Making a difference: Research priorities for the Science of service", Journal of Service Research, Vol.13, No.1, 2010, pp.4-36

Piketty, Thomas, Capital in the Twenty-First Century, Harvard University Press, 2013.

Sawhney, M., Balasubramanian, S., an Krisnan, V., "Creating Growth with Services", MIT Sloan Management Review, Winter 2004, pp.34-43.

Silvester, M. and Ahmed, M,, Living Service, Prentice Hall, 2008.

Timmers, Paul, "Business Models for Electronic Markets", Electronic Markets, Vol.8, No.2, 1998.

World Economic Forum, New Vision for education: Unlocking the potential of technology, 2016.

경영의 신경영 값 15,000 원

초판인쇄 | 2018년 2월 19일
초판발행 | 2018년 2월 22일
초판2쇄 | 2020년 3월 16일
저　자 | 김 현 수
발 행 인 | 임 홍 재
발 행 처 | 국민대학교 출판부
주　소 | 서울시 성북구 정릉로 77
전　화 | 02-910-4242
팩　스 | 02-910-4240
등록년월일 | 1975년 6월 17일
등록번호 | 제6-33호
인　쇄 | 삼아인쇄사 Tel. 02-2272-2126

ISBN 978-89-7812-416-4 (93320)

국립중앙도서관 출판예정도서목록(CIP)

경영의 신경영 = New management of management / 저자: 김
현수. -- 서울 : 국민대학교 출판부, 2018
p. ; cm

ISBN 978-89-7812-416-4 93320 : ₩15000

경영(관리)[經營]
4차 산업 혁명[四次産業革命]

325.1-KDC6
658.401-DDC23 CIP2018002102